国家出版基金项目
NATIONAL PUBLICATION FOUNDATION

"十三五"国家重点图书出版规划项目
建设现代化经济体系丛书

加快完善社会主义市场经济体制

JIAKUAI WANSHAN SHEHUIZHUYI
SHICHANG JINGJI TIZHI

高培勇 常欣 杨新铭◎著

SPM
南方出版传媒
广东经济出版社
·广州·

图书在版编目（CIP）数据

加快完善社会主义市场经济体制 / 高培勇，常欣，杨新铭著. —广州：广东经济出版社，2020.7

（建设现代化经济体系丛书）

ISBN 978-7-5454-7240-0

Ⅰ. ①加… Ⅱ. ①高… ②常… ③杨… Ⅲ. ①中国经济—社会主义市场经济—市场经济体制—研究 Ⅳ. ①F123.9

中国版本图书馆CIP数据核字（2020）第095294号

责任编辑：韩文君　宋昱莹　林跃藩
责任校对：杨　蕾
责任技编：陆俊帆

加快完善社会主义市场经济体制
JIAKUAI WANSHAN SHEHUIZHUYI SHICHANG JINGJI TIZHI

出版人	李　鹏
出　版 发　行	广东经济出版社（广州市环市东路水荫路11号11~12楼）
经　销	全国新华书店
印　刷	广东海洋印刷有限公司 （佛山市南海区里水镇和桂工业园A区和安南路1号F栋1~2楼）
开　本	787毫米×1092毫米　1/16
印　张	20.5　2插页
字　数	283千字
版　次	2020年7月第1版
印　次	2020年7月第1次
书　号	ISBN 978-7-5454-7240-0
定　价	61.00元

图书营销中心地址：广州市环市东路水荫路11号11楼
电话：（020）87393830　邮政编码：510075
如发现印装质量问题，影响阅读，请与本社联系调换
广东经济出版社常年法律顾问：胡志海律师

建设现代化经济体系丛书

编委会

总序

呈现在读者面前的，是一套以“建设现代化经济体系”为主题的学术丛书。

从党的十九大根据我国社会主要矛盾以及经济发展阶段发生的重大变化作出建设现代化经济体系的战略部署，到党的十九届四中全会从制度建设意义上赋予建设现代化经济体系推动经济高质量发展的制度保障新内涵，在中国，围绕建设现代化经济体系的理论和实践探索一直在持续。

建设现代化经济体系不仅是跨越转变发展方式、优化经济结构、转换增长动力等关口的迫切要求，而且是关乎我国发展的战略目标。作为推动经济高质量发展的制度保障，建设现代化经济体系不仅是推动经济高质量发展的基础性和支撑性要素，而且在其制度体系中居于“四梁八柱”地位。

现代化经济体系，是由社会经济活动各个环节、各个层面、各个领域的相互关系和内在联系构成的一个有机整体。这一体系所覆盖的内容相当广泛，既包括创新引领、协同发展的产业体系，也包括统一开放、竞争有序的市场体系；既包括体现效率、促进公平的收入分配体系，也包括彰显优势、协调联动的城乡区域发展体系；既包括资源节约、环境友好的绿色发展体系，也包括多元平衡、安全高效的全面开放体系；等等。因而，围绕现代化经济体系的建设，是一项复杂的系统工程，牵涉领域广，影响范围大，亟须站在历史新的更高起点上，对建设现代化经济体系所涉及的一系列重大理论和实践问题展开深入而系统的研究。以此为基础，为建设现代化经济体系提供学理支撑和方法论支持。此乃本套丛书的立意与宗旨。

本套学术丛书的编辑出版设想，可追溯至2017年末。当时党的十九大闭幕不久，广东经济出版社的领导和几位编辑就专程赴京，邀请张卓元教授和高培勇教授担任主编，并安排《经济研究》编辑部具体负责，计划组织、编辑一套建设现代化经济体系丛书。认识到建设现代化经济体系的极端重要性，主编和编辑部随即组织研究了编辑出版方案。初步确定本套丛书由七本构成，包括一本总论和六本分论（根据党的十九大报告第五部分《贯彻新发展理念，建设现代化经济体系》的六个小标题而定），并请对这一问题有深厚研究基础的专家执笔撰写。

2018年2月4日，丛书编辑委员会在北京举行了论证会议。出席会议的委员共有8人，分别是（按姓氏汉语拼音排序）：迟福林、高培勇、郝寿义、黄群慧、王一鸣、袁富华、张晓山、张卓元。会议由张卓元教授和高培勇教授主持，就如下一些重要问题达成了高度共识：

第一，关于丛书的意义与定位。委员们高度认可丛书的编辑出版工作，认为这是一项直面新时代中国重大经济问题的出版工程，对于推动经济高质量发展具有重大理论和实践意义。

第二，关于丛书的主要内容。委员们认可丛书的内容体系。除总论之外，其余六本的内容方向分别为：深化供给侧结构性改革、加快建设创新型国家、实施乡村振兴战略、实施区域协调发展战略、加快完善社会主义市场经济体制、推动形成全面开放新格局。

第三，关于丛书的特色。委员们认为，要厘清理论依据、理论体系，同时，要处理好丛书各分册选题所代表的各相关领域之间以及各相关领域同现代化经济体系之间的逻辑关系。既注重用理论解释现实，又力求对实践经验作出理论概括。

第四，关于丛书的主编和作者。本套丛书由张卓元和高培勇主编，各分册的书名和作者分别为：

《建设现代化经济体系论纲》，王一鸣。

《深化供给侧结构性改革》，张平、袁富华。

《创新发展理念与创新型国家建设》，黄群慧、贺俊、杨超。

《乡村振兴战略》，张晓山。

《区域协调发展战略》，郝寿义、倪鹏飞。

《加快完善社会主义市场经济体制》，高培勇、常欣、杨新铭。

《推动形成全面开放新格局》，迟福林、张飞、郭达。

第五，关于丛书的文风。委员们主张，丛书应具有较强的理论性、学术性和可读性，坚持文笔流畅、深入浅出、朴实无华、简洁生动。

理论来源于实践，理论又具有前瞻性。现在看来，当初编辑出版建设现代化经济体系丛书，确是一件颇具眼光的事情。

广东经济出版社的领导和编辑，《经济研究》编辑部的张永山、王红梅等同志为本套丛书做了大量组稿、审稿、校对、联络等出版工作，在此一并致谢！

时光荏苒。从2018年2月算起，这套丛书的组织编写已历时两年，这套丛书凝聚了各位作者和编者的汗水与心血。我们自知，正如中国史诗般改革与发展的伟大进程一样，经济理论也处于深刻的演进变革之中。由于建设现代化经济体系刚刚起步，积累的经验尚不丰富，加上写作时间仓促，水平所限，书中不足之处和错误在所难免，敬请广大读者批评指正！

建设现代化经济体系丛书编辑委员会

2020年2月

目录

导　言

一

建设现代化经济体系是一项复杂的系统工程，需要从多方面着手，采取扎实管用的政策举措和行动，实现一体建设、一体推进。其中具有基础意义和支撑意义的一项重要工作，就是加快完善社会主义市场经济体制，构筑建设现代化经济体系的制度保障。

从党的十九大首次提出建设现代化经济体系的命题并作出系统部署，到党的十九届四中全会从“坚持和完善社会主义基本经济制度，推动经济高质量发展”的高度布局现代化经济体系建设，迄今我们围绕建设现代化经济体系所走出的基本轨迹，一再验证了这样一个基本事实：制度建设与现代化经济体系建设息息相关，加快完善社会主义市场经济体制与加快建设现代化经济体系血脉相连。换言之，现代化经济体系离不开社会主义市场经济体制的制度保障，加快完善社会主义市场经济体制是加快建设现代化经济体系的基础工程。

正是出于这样的考虑，将加快完善社会主义市场经济体制与加快建设现代化经济体系有机结合起来，基于加快建设现代化经济体系的目标而探索加快完善社会主义市场经济体制之路，构成了本书的出发点和归宿。

二

一个时代有一个时代的主题。新时代加快完善社会主义市场经济体制当然要站在新的历史起点上，根植于中国特色社会主义进入新时代的国情土壤。

中国特色社会主义新时代，既同改革开放以来的发展历程一脉相承，又体现了很多与时俱进的新特征和新趋势。

（一）社会主要矛盾的变化

从“人民日益增长的物质文化需要同落后的社会生产之间的矛盾”转化为“人民日益增长的美好生活需要和不平衡不充分的发展之间的矛盾”[①]，我国社会主要矛盾的这一重大历史性变化，不仅标志着中国特色社会主义进入了新时代，而且对中国发展全局产生了广泛而深刻的影响。

与以往有所不同，新时代人民的需要不仅层次提升了——对物质文化生活提出了更高的要求，而且范围拓展了——在领域和重心上超出了物质文化范畴而延伸至对民主、法治、公平、正义、安全、环境等方面的要求。

新时代制约满足人民需要的主要因素也与以往有所不同，不仅已由社会生产能力落后转化为发展的不平衡不充分，而且发展的不平衡不充分涵盖了涉及人的全面发展和社会全面进步的几乎所有领域、所有方面。

社会主要矛盾是各种社会矛盾的主要根源和集中反映，在社会矛盾运动中居于主导地位。它的存在和发展，决定或影响着其他社会矛盾的存在和发展。抓住了社会主要矛盾，便找准了解决当代中国发展主要问题的根本着力点。

这意味着，新时代加快完善社会主义市场经济体制，必须紧扣社会主要矛盾的变化，围绕破解发展不平衡不充分问题、满足人民日益增长的美好生活需要展开。

（二）经济发展阶段的变化

美好生活需要与物质文化需要虽都着眼于让老百姓过上好日子，但后者的立足点是物质短缺的客观实际，关注并着力解决的问题是“有没有”“有多少”；前者则立足于总体上实现小康的现实背景，关注并着力

---

① 习近平：《决胜全面建成小康社会，夺取新时代中国特色社会主义伟大胜利：在中国共产党第十九次全国代表大会上的报告》，人民出版社，2017，第11页。

解决的问题是“好不好”“优不优”。两者所表述的，显然不是一个发展阶段的问题。

同样，不平衡不充分的发展与落后的社会生产虽均为满足人民需要的主要制约因素，但后者围绕解决“有没有”“有多少”问题而聚焦经济“体量和速度”，追求的是“体量优势”和“速度优势”；前者则围绕解决“好不好”“优不优”问题而聚焦经济“质量和效益”，追求的是“质量优势”和“效益优势”。两者所表述的，显然也不属于一个发展阶段的问题。

更明确地说，随着社会主要矛盾的变化，经济发展阶段也在变化。由“人民日益增长的物质文化需要同落后的社会生产之间的矛盾”转化为“人民日益增长的美好生活需要和不平衡不充分的发展之间的矛盾”，实质上就是“质量和效益”替代“体量和速度”成为经济发展的首要问题，也就是中国经济从高速增长阶段转向高质量发展阶段。社会主要矛盾变化同经济发展阶段变化如同一枚硬币的两个面，两者一脉相承、彼此贯通、相互依托，其理论逻辑和实践逻辑高度一致。

党的十九大之所以明确作出“我国经济已由高速增长阶段转向高质量发展阶段”的重要论断，其基本指向，就在于说明中国经济发展的环境、条件、任务、要求等都发生了一系列新的变化。不仅增长速度要从高速转向中高速，而且发展方式要从规模速度型转向质量效益型。不仅经济结构调整要从增量扩能为主转向调整存量、做优增量并举，而且发展动力要从主要依靠资源和低成本劳动力等要素投入转向创新驱动。所有这些变化，都是中国经济发展到一定阶段必然会呈现的现象，也都是中国经济向形态更高级、功能更齐全、作用更完整、结构更合理、分工更优化的阶段演进的必经过程。

这意味着，新时代加快完善社会主义市场经济体制，必须在紧扣社会主要矛盾变化的同时，围绕推动经济发展从“有没有”“有多少”向“好不好”“优不优”，从“体量优势”“速度优势”向“质量优势”“效益优势”的转变展开。

（三）全面深化改革

从总体上说，中国改革开放起步于经济体制改革。以基本确立社会主义市场经济体制框架为主要标志，经济体制改革取得了举世瞩目的成就。然而，改革开放终归是一场深刻而全面的社会变革，牵涉一系列体制机制的转型。作为一项宏大而复杂的系统工程，经济体制改革不可能单兵突进。事实上，随着经济体制改革的不断深入，各领域、各环节之间改革的互动性明显增强，几乎每项改革都会牵动或影响到其他方面的改革，几乎每项改革都需要其他方面的改革协同配合。任何一个方面的改革滞后，都会制约和影响改革目标的实现。

来自各方面的信息一再表明，中国经济体制改革进程中遇到的阻力以及暗礁、潜流、漩涡，是与政治、文化、社会、生态文明等领域的问题相互交织的，只能通过全面的而非限于某一领域、某一角度、某一线索、某一侧面或某一环节的改革加以推进。

进一步说，要在继续推动发展的基础上，着力解决好发展不平衡不充分的问题，大力提升质量和效益，更好满足人民在经济、政治、文化、社会、生态等方面日益增长的需要，就要求经济、政治、文化、社会、生态文明建设全面推进，就要求实行经济、政治、文化、社会、生态文明体制“五位一体”改革联动。要有效解决中国改革开放进程中所积累的一系列不容回避的社会矛盾和问题，就要全面深化改革。除了全面深化改革，别无他途。

这意味着，新时代加快完善社会主义市场经济体制，必须以国家治理体系和治理能力现代化为主轴，融入全面深化改革，在同经济体制、政治体制、文化体制、社会体制、生态文明体制改革的联动中展开和推进。

三

一个阶段有一个阶段的使命。新时代加快完善社会主义市场经济体制，当然要根据党中央重大决策部署，立足于高质量发展阶段的新目标、新任务，奔着解决高质量发展阶段的突出矛盾和问题而去。

（一）全面贯彻新发展理念

理念是行动的先导。一定的发展实践都是由一定的发展理念来引领的。发展阶段的变化，自然会伴随着发展理念的变化。2015年10月，党的十八届五中全会正式提出的“创新、协调、绿色、开放、共享”五大新发展理念，既是基于中国经济转向高质量发展阶段的客观状态而提出的，也是奔着解决高质量发展阶段的突出矛盾和问题而去的。

在高速增长阶段，面对物质短缺，关注并着力解决的问题是“有没有”和“有多少”的客观实际，GDP（国内生产总值）的规模和增速自然是核心目标，一切围绕GDP的规模和增速转，以GDP论英雄。从高速增长阶段转向高质量发展阶段，面对总体上实现全面建成小康社会的目标任务，关注并着力解决的问题是“好不好”和“优不优”的现实国情，除了GDP的体量和速度外，至少要做一道“加法”——将GDP的质量和效益纳入核心目标系列。在此基础上，还要做一道“除法”——将GDP的质量和效益放在GDP的体量和速度之前，作为第一位的目标。坚持质量第一、效益优先。

既然要以提升经济发展的质量和效益为出发点和归宿，那么高质量发展阶段的经济发展就必须突出新发展理念，坚持“创新、协调、绿色、开放、共享”。概括起来讲，就是让创新成为引领发展的第一动力，让协调成为持续健康发展的内生特点，让绿色成为永续发展的必要条件和人民对美好生活追求的重要体现，让开放成为国家繁荣发展的必由之路，让共享成为经济发展的根本目的。

进一步看，新发展理念是一个整体，提出的要求是全方位、多层面的，并非只有“经济”一个维度，也并非只有“GDP增速”一个方面的指标。对此，必须全面而系统地加以把握，让各方面形成合力。决不能依据自身偏好做拆分，搞选择性执行，更不能顾此失彼，攻其一点不及其余。

这意味着，经济高质量发展首先就是体现新发展理念的发展。新时代加快完善社会主义市场经济体制，就要紧紧牵住新发展理念这个“牛鼻子”，把注意力集中到解决发展不平衡不充分的问题上来。

（二）坚持以供给侧结构性改革为主线

所谓主线，就是占主导地位、统领事物发展的主要线索。在推动经济高质量发展的问题上，2015年12月中央经济工作会议正式提出的供给侧结构性改革，就是这样一条居于主导地位、统领经济发展和经济工作的主要线索。它既是在全面分析中国经济阶段性特征的基础上提出的，也是奔着解决高质量发展阶段经济运行的主要矛盾和矛盾的主要方面而去的。

结构与总量、供给与需求是市场经济内在关系的两个基本方面，是既对立又统一的辩证关系。不过，在不同的发展阶段，矛盾的凸显状况不同，在经济运行中的作用不同，主要矛盾和矛盾的主要方面也就有所不同。在高速增长阶段，面对物质短缺，关注并着力解决的问题是“有没有”和“有多少”的客观实际，唯有侧重于解决总量性问题和需求侧问题，才能通过需求牵引供给，增加经济总量。从高速增长阶段转向高质量发展阶段，物质短缺被总体上实现小康所替代、“有没有”和“有多少”被“好不好”和“优不优”所替代，这个时候的主要矛盾便不再是总量性问题，而是结构问题。矛盾的主要方面也不再是需求侧，而是供给侧。

既然主要矛盾和矛盾的主要方面发生了变化，经济发展和经济工作的主线当然也要随之改变。由立足需求侧转为立足供给侧、由聚焦需求总量转为聚焦供给结构、由注重短期平衡转为注重经济增长动力、由主要依托政策调整转为主要依托改革行动，便是这一变化的主要内容。换言之，随着我国经济从高速增长阶段转向高质量发展阶段，经济发展和经济工作的主攻方向已经让位于结构性调整，主要战场已经让位于供给侧，主要依托已经让位于改革行动。于是，供给侧结构性改革必然要取代需求管理成为经济发展和经济工作的主线。

进一步说，供给侧结构性改革实质是对需求管理的颠覆性调整和方向性改变。在这一主线下，即便也有实施以逆周期调节为代表的需求管理的必要，但其目的是为供给侧结构性改革创造条件，终归属于辅助线索。相对于以优化供给结构、提高供给质量为核心目标的供给侧结构性改革，需求管理并非平行政策线索。从根本上来说，需求管理是配角，供给侧结构性改革才是主角。

这意味着，经济高质量发展就是以供给侧结构性改革为主线的发展。新时代加快完善社会主义市场经济体制要紧紧抓住供给侧结构性改革这条主线，把注意力集中到推动我国供给能力更好满足人民日益增长、不断升级以及个性化的物质文化和生态环境需要，从而实现社会主义生产目的上来。

（三）加快建设现代化经济体系

国家强，经济体系必须强。新发展理念也好，供给侧结构性改革主线也罢，最终都要落实于经济体系建设上并通过经济体系建设体现出来。党的十九大关于建设现代化经济体系的命题，既是在深刻分析我国国民经济体系面临的短板与弱项的基础上提出的，也是奔着解决高质量发展阶段的突出矛盾和问题而去的。

新的发展阶段需要新的经济体系支撑。不仅要实现结构转型，即由中低端产业为主转向中高端产业为主，而且要实现动能转换，由传统动能当家转为新动力崛起，创业创新、网络经济、数字经济、分享经济加快发展。加之改革进入深水区、攻坚期，国民经济正处在转变发展方式、优化经济结构、转换增长动力的攻关期，只有按照新发展理念要求，以供给侧结构性改革为主线，改造现有的经济体系，方能推动我国经济发展焕发新活力、迈上新台阶。

高质量发展语境下的现代化经济体系，是由社会经济活动各个环节、各个层面、各个领域的相互关系和内在联系构成的一个有机整体。这一体系所覆盖的内容相当广泛，既须建设创新引领、协同发展的产业体系，也须建设统一开放、竞争有序的市场体系；既须建设体现效率、促进公平的收入分配体系，也须建设彰显优势、协调联动的城乡区域发展体系；既须建设资源节约、环境友好的绿色发展体系，也须建设多元平衡、安全高效的全面开放体系，以及充分发挥市场作用、更好发挥政府作用的经济体制；等等。故而，对于建设现代化经济体系，一方面要全面贯彻新发展理念，将其作为一个统一整体，实现一体化建设；另一方面要立足于用供给侧结构性改革的办法，通过体制机制创新加以推动。

进一步说，实体经济既是一国经济的立身之本，又是财富创造的根本源泉和国家强盛的重要支柱，建设现代化经济体系的着力点当然必须放在实体经济上，以加快发展先进制造业的努力，坚定不移地建设制造强国。不仅互联网、大数据、人工智能要同实体经济深度融合，而且作为实体经济血脉的金融，也须全面提高为实体经济服务的效率和水平。

这意味着，经济高质量发展就是建立在现代化经济体系基础上的发展。新时代加快完善社会主义市场经济体制，就要全力夯实现代化经济体系建设这个基础工程，把注意力集中到以新发展理念引领现代化经济体系建设，以供给侧结构性改革推动转变发展方式、优化经济结构、转换增长动力上来。

四

从新时代的主题到新时代的使命，由新时代呈现的新特征、新趋势到新时代面临的新目标、新任务，我们已经看到，新时代加快完善社会主义市场经济体制，既须根植于中国特色社会主义新时代的国情土壤，又须奔着解决高质量发展阶段的突出矛盾和问题而去。

事实上，正是在对标社会主要矛盾变化、经济发展阶段变化、全面深化改革等一系列新特征、新趋势，以及对标全面贯彻新发展理念、以供给侧结构性改革为主线、加快建设现代化经济体系等一系列新目标、新任务的过程中，我国现行经济体制存在的突出短板和弱项日渐凸显并演化成为非解决不可的体制机制障碍：市场体系还不健全、市场发育还不充分，政府和市场的关系没有完全理顺，市场激励不足、要素流动不畅、资源配置效率不高、微观经济活力不强，等等。

所以，针对这些短板和弱项，瞄准这些体制机制障碍，在一个大不同于以往的历史条件下进一步解放思想，坚定不移深化市场化改革，扩大高水平开放，不断在经济体制关键性、基础性重大改革上突破创新，无疑是为加快完善社会主义市场经济体制、为加快建设现代化经济体系提供制度保障的必由之路。

可以说，正是基于如此的背景和判断，党的十九大在首次提出建设现代化经济体系命题的同时，围绕加快完善社会主义市场经济体制勾勒出更加清晰的顶层设计：

“经济体制改革必须以完善产权制度和要素市场化配置为重点，实现产权有效激励、要素自由流动、价格反应灵活、竞争公平有序、企业优胜劣汰。要完善各类国有资产管理体制，改革国有资本授权经营体制，加快国有经济布局优化、结构调整、战略性重组，促进国有资产保值增值，推动国有资本做强做优做大，有效防止国有资产流失。深化国有企业改革，发展混合所有制经济，培育具有全球竞争力的世界一流企业。全面实施市场准入负面清单制度，清理废除妨碍统一市场和公平竞争的各种规定和做法，支持民营企业发展，激发各类市场主体活力。深化商事制度改革，打破行政性垄断，防止市场垄断，加快要素价格市场化改革，放宽服务业准入限制，完善市场监管体制。创新和完善宏观调控，发挥国家发展规划的战略导向作用，健全财政、货币、产业、区域等经济政策协调机制。完善促进消费的体制机制，增强消费对经济发展的基础性作用。深化投融资体制改革，发挥投资对优化供给结构的关键性作用。加快建立现代财政制度，建立权责清晰、财力协调、区域均衡的中央和地方财政关系。建立全面规范透明、标准科学、约束有力的预算制度，全面实施绩效管理。深化税收制度改革，健全地方税体系。深化金融体制改革，增强金融服务实体经济能力，提高直接融资比重，促进多层次资本市场健康发展。健全货币政策和宏观审慎政策双支柱调控框架，深化利率和汇率市场化改革。健全金融监管体系，守住不发生系统性金融风险的底线。”①

也可以说，正是基于如此的背景和判断，党的十九届四中全会以制度建设为主轴，在坚持和完善中国特色社会主义制度的语境下，将社会主义市场经济体制纳入社会主义基本经济制度“版图”——“公有制为主体、多种所有制经济共同发展，按劳分配为主体、多种分配方式并存，社会主义市场经济体制”，并从制度建设意义上进一步深化和拓展了加快完善社会主义市场经济体制的内涵：

“必须坚持社会主义基本经济制度，充分发挥市场在资源配置中的决定性作用，更好发挥政府作用，全面贯彻新发展理念，坚持以供给侧结构性改革为主线，加快建设现代化经济体系。”②

有必要指出，我们党对社会主义市场经济体制的认识，事实上经历了一个不断深化的过程。从党的十四大正式提出我国经济体制改革的目标是建立社会主义市场经济体制，“要使市场在社会主义国家宏观调控下对资源配置起基础性作用”，到党的十八大提出“更大程度更广范围发挥市场在资源配置中的基础性作用”，再到党的十八届三中全会将市场在资源配置中的“基础性作用”改为“决定性作用”，党的十九大再次强调“使市场在资源配置中起决定性作用”并系统勾勒完善社会主义市场经济体制“路线图”，直至党的十九届四中全会将其纳入社会主义基本经济制度“版图”，成为构成社会主义基本经济制度的三项制度之一，其间的每一步，均属于与时俱进的产物，均是中国特色社会主义的重大理论和实践创新。

---

① 习近平：《决胜全面建成小康社会 夺取新时代中国特色社会主义伟大胜利：在中国共产党第十九次全国代表大会上的报告》，人民出版社，2017，第33—34页。

② 中共中央：《中共中央关于坚持和完善中国特色社会主义制度、推进国家治理体系和治理能力现代化若干重大问题的决定》，载《〈中共中央关于坚持和完善中国特色社会主义制度、推进国家治理体系和治理能力现代化若干重大问题的决定〉辅导读本》，人民出版社，2019，第19—23页。

从社会主义基本经济制度而非一般经济制度的层面定位社会主义市场经济体制，这一变化的影响非同小可。它不仅标志着我国经济体制改革进入了一个新阶段，而且意味着加快完善社会主义市场经济体制对于推动其他领域制度建设乃至整个中国特色社会主义制度建设具有基础性、根本性和全局性意义。这为我们在更高起点、更高层次、更高目标上推进经济体制改革和其他方面改革，构建更加系统完备、更加成熟定型的高水平社会主义市场经济体制进一步指明了方向。

五

加快完善社会主义市场经济体制无疑是一项宏大工程，对于它的研究不可能面面俱到。因此，一个既务实又有效的选择，是在有所取舍的基础上，围绕构筑建设现代化经济体系的制度保障这样一条主线，从“四梁八柱”性质的制度安排以及具有基础性和支撑性作用的要素起步。

循着上述思路和线索，本书的讨论将先后聚焦如下基本内容。

第一，加快建设现代化经济体系与加快完善社会主义市场经济体制之间高度关联。作为我国发展的战略目标以及中国特色社会主义经济发展规律的必然要求，加快建设现代化经济体系离不开深化经济体制改革，必须与改革如影随形，依托于改革推动——将建设现代化经济体系与完善社会主义市场经济体制有机结合起来，坚决破除各方面体制机制弊端，以加快完善社会主义市场经济体制的行动，完善加快建设现代化经济体系的制度保障。

第二，完善产权制度和要素市场化配置是加快完善社会主义市场经济体制的基础工程。加快完善社会主义市场经济体制当然要从夯实市场经济基础性制度做起，产权制度和要素市场制度便是其中的重心所在——在坚持社会主义市场经济改革方向的前提下，建设高标准市场体系，全面完善产权、市场准入、公平竞争等制度，加快建设统一开放、竞争有序的市场体系，推进要素市场制度建设。以此为依托，筑牢社会主义市场经济有效运行的体制基础，实现产权有效激励、要素自由流动、价格反应灵活、竞争公平有序、企业优胜劣汰。

第三，坚持公有制为主体、多种所有制经济共同发展。加快完善社会主义市场经济体制当然要以坚持和完善社会主义基本经济制度为前提，巩固和发展公有制经济，鼓励、支持、引导非公有制经济发展——坚持有进有退、有所为有所不为，推进国有经济布局优化和结构调整，做强做优做大国有资本。按照完善管理、强化激励、突出主业、提高效率的要求，规范有序发展混合所有制经济。健全支持民营经济、外商投资企业发展的市场、政策、法治和社会环境，进一步激发非公有制经济的活力和创造力。以此为依托，夯实社会主义市场经济体制的根基，极大增强微观主体活力。

第四，创新和完善宏观经济治理体制，构建有效协调的宏观调控新机制。加快完善社会主义市场经济体制当然要以正确处理政府和市场关系为原则，既要尊重市场经济一般规律，最大限度减少政府对市场资源的直接配置和对微观经济活动的直接干预、充分发挥市场在资源配置中的决定性作用，也要尊重社会主义市场经济特殊规律，更好地发挥政府作用，有效弥补市场失灵——加快建立与高质量发展要求相适应、体现新发展理念的宏观调控目标体系、政策体系、决策协调体系、监督考评体系和保障体系。健全以国家发展规划为战略导向，以财政政策和货币政策为主要手段，就业、产业、投资、消费、区域等政策协同发力的宏观调控制度体系。以此为基础，增强宏观调控的前瞻性、针对性和协同性，进一步提高宏观经济治理水平。

第五，加快建立现代财政制度。作为社会主义市场经济体制的重要组成部分，加快建立现代财政制度对于加快完善社会主义市场经济体制不可或缺，必须将其作为具有基础性和支撑性意义的重要举措，从“四梁八柱”性质的制度建设起步——优化政府间事权和财权划分，建立权责清晰、财力协调、区域均衡的中央和地方财政关系，形成稳定的各级政府事权、支出责任和财力相适应的制度。完善标准科学、规范透明、约束有力的预算制度，全面实施预算绩效管理，提高财政资金使用效率。完善直接税制度并逐步提高其比重，健全地方税体系，形成结构均衡、功能完备、科学有序的现代税收制度新格局。完善政府债务制度，依法构建管理规范、责任清晰、公开透明、风险可控的政府举债融资机制。

第六，深化金融体制改革。作为社会主义市场经济体制的重要组成部分，深化金融体制改革对于加快完善社会主义市场经济体制至关重要，必须针对现行金融制度所存在的突出矛盾和问题，以强化货币政策、宏观审慎政策和金融监管协调为主线，深化相关金融领域体制改革——建设现代中央银行制度，健全中央银行货币政策决策机制，完善基础货币投放机制，推动货币政策从数量调控为主向价格调控为主转型。建立现代金融监管体系，全面加强宏观审慎管理，强化综合监管。依法依规界定中央和地方金融监管权责分工，强化地方政府金融监管属地职责和风险处置责任。以此为基础，在促进利率市场化、汇率弹性化、银行商业化、融资直接化、金融服务贸易和资本项目投资自由化以及监管协调化等方面不断取得新的实质性进展，进一步提高金融体系的资本配置效率与国际竞争力。

第一章

建设现代化经济体系的制度保障

持续40多年的经济快速增长，无论是在我国过去的经济发展史上，还是在赶超发达经济体的经济发展历程中，都是绝无仅有的。对中国经济增长奇迹成功密码的探究，成了当代经济学家们的一个热门课题。对此，有的学者以“市场化”，有的学者以“民营化”，还有的学者以“改革开放”作为关键词对40多年来中国经济发展的脉络进行总结。应该说，这些研究或者解读都从某一个侧面给出了有一定说服力的解释。但是，经济增长或者说经济发展不仅是一连串漂亮的数字，它还是一个完整的经济结构，一套合理的经济制度，以及一系列持续、连贯、恰当的政策。若把这些都囊括进来，中国经济的成长便可以用一个词来概括，那就是“现代化”。之所以选择这个词，不仅是因为它很好地概括了新中国成立以来党和政府的一贯追求，更重要的是，从洋务运动以来，中国就在追求现代化的道路上不断探索，但直到新中国成立后才真正找到了一条发展现代化的道路。从这个角度讲，中国经济增长奇迹才真正具有了不一般的历史意义；从这个角度讲，新中国成立以来，特别是改革开放以来的经济上所取得的成就才更加显著；从这个角度讲，中国改革开放40多年来的经济快速发展才是真正意义上的奇迹。

党的十九大报告明确指出，要全面深化改革，不断推进国家治理体系和治理能力现代化，坚决破除一切不合时宜的思想观念和体制机制弊端，突破利益固化的藩篱，吸收人类文明有益成果，构建系统完备、科学规范、运行有效的制度体系。

第一节　改革开放以来的经济体制改革：一个大致脉络

1978年党的十一届三中全会拉开了改革开放的大幕，自此之后，从农村到城市、从家庭到企业都经历了一次现代化组织方式的变革。这种变革，为中国取得经济增长奇迹提供了制度保障。在新的历史方位上，推进经济高质量发展，建设现代化经济体系离不开制度保障，这就需要进一步深化改革。以深化改革为现代化经济体系建设提供制度保障，回过头来仔细看一下我们曾经走过的改革道路，从中获得一些启示和经验，无疑是必要的。

一、放权让利——改革高度集中的计划经济体制（1978—1992年）

中国的改革开放始于1978年党的十一届三中全会，谁都不会质疑这次会议的重要性。因为，这次会议确立了全党工作的基本路线和工作重心，即“全党工作的着重点应该从一九七九年转移到社会主义现代化建设上来”，并指出了原有经济体制的弊端和改革思路——“现在我国经济管理体制的一个严重缺点是权力过于集中，应该有领导地大胆下放，让地方和工农业企业在国家统一计划的指导下有更多的经营管理自主权”。这就为中国的发展做了思想动员，并为发挥基层积极性，探索不同的经营组织形式奠定了政策基础。

（一）农村经济体制改革——家庭联产承包责任制的确立

一般认为，农村经济体制改革是从1978年11月小岗村18户农民签订“生死契约”搞包产到户开始的。但实际上，1978年春天，为了抗御旱灾，安徽省不少生产队就已经开始实行包产到户，到1979年全省约有10%的生产队实行了这种生产责任制。另外，与包产到户并行并得到政策支持的是另一种向下放权的农村改革——缩小原有的生产单位，即将生产经营权由生产大队下放给生产小队或者生产小组，实际上形成的是包产到组的改革。这种改革更符合向下放权的政策，因此得到了政策支持。与包产到户相比，包产到组是一种不彻底的改革，并没有从根本上解决激励不相容的体制问题，所以，生产积极性与效率都没有很大的提高。

对于包产到户，则争议不断。1979年党的十一届四中全会通过的《中共中央关于加快农业发展若干问题的决定》明确提出，“可以在生产队统一核算和分配的前提下，包工到作业组，联系产量计算劳动报酬，实行超产奖励。不许分田单干。除某些副业生产的特殊需要和边远山区、交通不便的单家独户外，也不要包产到户”。1980年，邓小平同志在与中央工作人员谈话时为包产到户正了名，“一些适宜搞包产到户的地方搞了包产到户，效果很好……我看这种担心是不必要的。我们总的方向是发展集体经济”。此后，包产到户得到快速发展，继安徽后，四川、内蒙古、河南、贵州等地区普遍实行了包产到户。在1980年中共中央印发的《关于进一步加强和完善农业生产责任制的几个问题》中，明确提出“可以包产到户，也可以包干到户，并在一个较长的时间内保持稳定”。此后，在1982—1986年连续五个中央一号文件的推动下，家庭联产承包责任制成为“马克思主义农业合作化理论在我国实践中的新发展”。

实践证明，家庭联产承包责任制是适合我国农村农业发展的一项制度，以粮食生产为例，随着家庭联产承包责任制在全国范围内的逐渐实行，我国的粮食生产效率大幅度提高，每公顷的粮食产量从1976年的2.4吨增长到1984年的3.6吨，需要特别指出的是，1980年，在2977.6万公顷土地受灾的情况下，粮食产量却没有大幅度减少，这进一步说明家庭联产承包责任制在农业生产中的重要作用。更为重要的是，农村经济体制改革的过程为进一步改革积累了经验，总结起来至少包括三点：第一，帕累托改进的预期要确定；第二，实践操作上要渐进；第三，理论上要逻辑一致。

（二）城市经济体制改革——从责任制到承包制

农村经济体制改革的成功，为城市经济体制改革探索了道路，积累了经验。

1984年，党的十二届三中全会通过《中共中央关于经济体制改革的决定》，标志着我国经济体制改革由农村转向城市。城市经济体制改革的核心是改善国营（有）企业的经营绩效。该决定明确指出，“要使企业真正成为相对独立的经济实体，成为自主经营、自负盈亏的社会主义商品生产者和经营者，具有自我改造和自我发展的能力，成为具有一定权利和义务的法人”。1986年12月，《国务院关于深化企业改革增强企业活力的若干规定》颁布，提出根据企业所有权与经营权分离的原则，推行多种形式的经营承包责任制，给经营者以充分的经营自主权。这里多种形式的经营承包责任制包括适用于全民所有制的租赁、承包经营。由此，承包制在全国推广开来。

此后，国务院又细化了一系列政策规定，使企业的承包制得到进一步完善。这些政策规定包括：1987年的《关于深化企业改革完善承包经营责任制的意见》，1988年的《全民所有制工业企业承包经营责任制暂行条例》，1990年新修订的《全民所有制工业企业承包经营责任制暂行条例》等。应该说，承包制在赋予企业经营管理者自主权方面取得了较大突破，使国营企业的经营绩效有了极大的提高，但随着时间的推移，承包人短期化经营的弊端也逐渐显现。由此，企业改革仍需深化。

实际上，在实行承包制之前，中央对国营企业经营管理体制也进行了探索。为了贯彻党的十一届三中全会向企业放权的精神，解决党政企不分、以党代政、以政代企的现象，1979年，国务院制定并下发了《关于扩大国营工业企业经营管理自主权的若干规定》。根据该规定，在保证完成国家下达的各项经济计划的前提下，企业被赋予了一定的生产、销售和分配的自主权。然而，企业生产所需的一系列材料、设备、能源以及劳动力和资本金等都需要依托原有计划，这种自主权实际上被压缩在极小的范围内，其核心也就集中体现在利润留成上。沿着利润留成的思路，衍生出了企业利润全额留成、超额留成、基数利润留成、超额高留成、利润包干、亏损包干、以税代利和自负盈亏等多种形式。这些形式被统称为“经济责任制”。根据《关于实行工业生产经济责任制若干问题的意见》，所谓经济责任制，就是实行责、权、利紧密结合的生产经营管理制度，即企业的主管部门、企业、车间、班组和职工层层明确在经济上对国家应负的责任，建立健全企业的生产、技术、经营管理各项专责制和岗位责任制。1982年党的十二大明确指出，“无论在国营企业或集体企业中，都必须认真实行经营管理上的责任制”。经济责任制在所有企业全面铺开。显然，这种责任制带有多重委托代理的性质。无论是利润留成还是利润包干，都试图从激励机制的角度出发改变原有的平均主义分配倾向，调动企业和职工的生产积极性。但这种激励是以利润绝对数量为标准进行的，它的弊端是这种包干是静态的，不能根据企业的实际经营状况进行调整，由于信息不对称，容易导致分配上的相对不公平，特别是难以保证利润上缴国家的部分。

为此，1983年国务院颁布了《关于国营企业利改税试行办法》，通过利改税的形式，寻求企业和国家之间的一种动态平衡。1984年，根据国务院批转财政部的《国营企业第二步利改税试行办法》，开始第二步利改税改革，即实行完全以税代利[①]。应该说，利改税是利润留成改革的终极模式，但与承包制相比，它不能实现经营权和所有权的两权分离，因此不能避免政府对企业的干预和企业对政府的依赖。

（三）经济体制改革——从高度集权的计划经济到计划与市场的内在统一

中国的经济体制转型是从改革高度集中的苏联式计划经济开始的。对

① 其中，经国务院或财政部、国家经委批准试行利润递增包干等办法的企业，尚未到期的，继续试行原办法，到期后改为税收形式。

于计划经济体制的改革，是从弥补计划经济的不足开始的。改革之初，计划经济的弊端往往被描述为高度集权的计划导致整个经济体缺乏活力，从而形成僵化、效率低下的结果。因此，如何搞活经济，提高微观主体的积极性是改革之初面临的主要问题，解决的关键就是在不改变计划的同时向下放权，以激活微观主体的积极性。

1978年，党的十一届三中全会在将党的工作重心转移到经济工作的同时强调，一方面要改革经济管理体制权力过于集中的缺点，让地方和工农业企业在国家统一计划的指导下有更多的经营管理自主权；另一方面要重新肯定价值规律在经济工作中的重要性，会议公报指出，“应该坚决实行按经济规律办事，重视价值规律的作用，注意把思想政治工作和经济手段结合起来，充分调动干部和劳动者的生产积极性”。其后，无论是农村还是城市经济改革的初步探索都是沿着放权、提高基层组织和个人的积极性这一路径发展的。其中，农村逐渐形成了以家庭联产承包责任制为主的两权分离式新型经济模式，而城市则从利润留成转向多重代理的经济责任制。应该说，改革是以问题为导向的，是摸着石头过河，是在不断解决旧问题迎来新问题中前进的。

在农村和城市放权让利的改革取得进展的同时，在公有制占有绝对优势的条件下，非公有制经济开始出现并发展，高度集中的计划经济体制开始出现松动。为了更好地管理国民经济，1982年党的十二大提出要“正确贯彻计划经济为主、市场调节为辅的原则”，即“有计划的生产和流通，是我国国民经济的主体。同时，允许对于部分产品的生产和流通不作计划，由市场来调节，也就是说，根据不同时期的具体情况，由国家统一计划划出一定的范围，由价值规律自发地起调节作用。这一部分是有计划生产和流通的补充，是从属的、次要的，但又是必要的、有益的”。

如果说党的十二大界定了一个允许市场调节存在的计划经济体制，那么，1984年党的十二届三中全会则将计划经济体制重新界定为“有计划的商品经济”，并将商品经济视为一个不可逾越的社会发展阶段，这就为商品经济进一步发展奠定了基础。

具体来看，有计划的商品经济就是：第一，就总体说，我国实行的是计划经济，而不是完全由市场调节的市场经济；第二，完全由市场调节的生产和交换，主要是部分农副产品、日用小商品和服务修理行业的劳务活动，它们在国民经济中起辅助性的但不可缺少的作用；第三，实行计划经济不等于以指令性计划为主，指令性计划和指导性计划都是计划经济的具体形式；第四，指导性计划主要依靠运用经济杠杆的作用来实现，指令性计划则是必须执行的，但也必须运用价值规律。按照这一界定，市场调节、指令性计划、指导性计划都有各自的作用领域。其中，对关系国计民生的重要产品中需要由国家调拨分配的部分和关系全局的重大经济活动实行指令性计划；对其他大量产品和经济活动根据不同情况分别实行指导性计划或完全由市场调节。

显然，党的十二届三中全会虽然进一步扩大了市场调节的领域，并逐渐压缩指令性计划，但计划和市场是各自作用于经济生活的。1987年，党的十三大重申了有计划的商品经济，并指出有计划的商品经济是党对社会主义经济作出的科学概括，是对马克思主义的重大发展，是我国经济体制改革的基本理论依据。与十二届三中全会相比，十三大对于有计划的商品经济的认识更加深入：首先，有计划的商品经济是由我国所处的阶段——社会主义初级阶段——决定的；其次，有计划的商品经济体制是计划与市场内在统一的体制，即“国家调节市场，市场引导企业”的机制，而且计划调节和市场调节都是手段；最后，深化经济体制改革的任务是围绕转变企业经营机制，分阶段地进行计划、投资、物资、财政、金融、外贸等方面体制的配套改革，逐步建立起有计划的商品经济新体制的基本框架。

应该说，在20世纪80年代，经济体制改革的主线是围绕着破除计划经济体制的弊端展开的，无论是农村经济体制改革还是城市经济体制改革，其道路的探索都既有经验也有教训，但总的来看都取得了显著成效。尊重价值规律，承认商品经济无疑是这一阶段在理论和认识上取得的最大成果，而家庭联产承包责任制则是符合中国经济实际的制度安排的，此后的农村经济体制改革都是在这一制度基础上的完善；城市经济体制改革不仅没有终止于承包制，而且在两权分离和政企分开的路径上继续深化。

二、制度创新——建设和完善社会主义市场经济体制（1992—2012年）

尽管经济体制改革在20世纪80年代取得了很大成就，但困扰着人们的意识形态负担——计划与市场的关系——始终没有得到彻底解决。尽管邓小平同志多次强调“计划和市场都得要”[①]，但直到1992年的南方谈话才对姓“资”姓“社”的判断标准这一制约改革进程的问题从理论上作出了明确回答。邓小平同志指出，姓“资”还是姓“社”的判断标准是“三个有利于”，“计划多一点还是市场多一点，不是社会主义与资本主义的本质区别。计划经济不等于社会主义，资本主义也有计划；市场经济不等于资本主义，社会主义也有市场。计划和市场都是经济手段。社会主义的本质，是解放生产力，发展生产力，消灭剥削，消除两极分化，最终达到共同富裕”[②]。

这就从根本上解除了把计划经济和市场经济看作属于社会基本制度范畴的思想束缚。自此，中国经济体制改革走上了稳定发展的快车道。

（一）经济体制改革的新阶段——社会主义市场经济体制的确立与完善

1992年，党的十四大明确了经济体制改革的目标，即“在坚持公有制和按劳分配为主体、其他经济成分和分配方式为补充的基础上，建立和完善社会主义市场经济体制”。建立社会主义市场经济体制的核心，是正确

---

① 邓小平：《善于利用时机解决发展问题》，载《邓小平文选（第三卷）》，人民出版社，1993，第364页。

② 邓小平：《在武昌、深圳、珠海、上海等地的谈话要点》，载《邓小平文选（第三卷）》，人民出版社，1993，第372—373页。

认识和处理计划与市场的关系，也就是“使市场在社会主义国家宏观调控下对资源配置起基础性作用，使经济活动遵循价值规律的要求，适应供求关系的变化”。

1993年，党的十四届三中全会把“三个有利于”作为决定各项改革措施取舍和检验其得失的根本标准，并勾勒了社会主义市场经济体制的基本框架，包括：以公有制为主体、多种经济成分共同发展；全国统一开放的市场体系；以间接手段为主的完善的宏观调控体系；建立以按劳分配为主体，效率优先、兼顾公平的收入分配制度；多层次的社会保障制度。

1997年，党的十五大进一步指出，“把社会主义同市场经济结合起来，是一个伟大创举”“建设有中国特色社会主义的经济，就是在社会主义条件下发展市场经济，不断解放和发展生产力”。完善社会主义市场经济体制，就要加快国民经济市场化进程，尽快建成统一开放、竞争有序的市场体系；而宏观调控主要是通过深化金融、财政、计划体制改革，完善宏观调控手段和协调机制。2001年“十五”计划开始将完善社会主义市场经济体制定位在打破部门、行业垄断和地区封锁上，并将市场的基础性作用引向结构调节，把培育和发展的重点市场定位在要素市场。

经过10年的建设发展，到2002年党的十六大，社会主义市场经济体制已经初步建立。此后，完善社会主义市场经济体制成为改革的主要任务。2003年，党的十六届三中全会将这一任务细化为：“完善公有制为主体、多种所有制经济共同发展的基本经济制度，建立有利于逐步改变城乡二元经济结构的体制，形成促进区域经济协调发展的机制，建设统一开放竞争有序的现代市场体系，完善宏观调控体系、行政管理体制和经济法律制度，健全就业、收入分配和社会保障制度，建立促进经济社会可持续发展的机制。”其中，发展要素市场主要锁定在大力发展资本市场，而完善国家宏观调控体系则要求财政政策、货币政策相互配合。需要指出的是，2005年，在原有五年计划的基础上将政府的作用限制于制定中长期和指导性规划上面，因此，“十一五”由“计划”改为“规划”。相应地，在科学发展观的指导下，以转变政府职能和深化企业、财税、金融等改革为重点，加快完善社会主义市场经济体制，形成有利于转变经济增长方式、促进全面协调可持续发展的机制，使关系经济社会发展全局的重大体制改革取得突破性进展，完善落实科学发展观的体制保障。党的十七大进一步提出“加快形成统一开放竞争有序的现代市场体系，发展各类生产要素市场，完善反映市场供求关系、资源稀缺程度、环境损害成本的生产要素和资源价格形成机制”。

（二）农村经济体制改革——延长承包期与促进农村土地流转

社会主义市场经济体制确立后，重点一直是城市和国有企业改革，但这并不意味着统分结合的家庭联产承包责任制不需要完善，相反，随着时间的推移，一些制度上的弊端开始暴露。主要问题是对土地长期投资不足和规模不经济（劳动力向城市转移）。基于此，农村经济体制完善的方向也是沿着延长承包期与促进农村土地流转发展的。具体来看如下。

1992年，党的十四大再次强调了农业作为国民经济基础的地位，提出“要把家庭联产承包为主的责任制，统分结合的双层经营体制，作为一项基本制度长期稳定下来，并不断充实完善”。

1993年，党的十四届三中全会通过了《中共中央关于建立社会主义市场经济体制若干问题的决定》，提出“在坚持土地集体所有的前提下，延长耕地承包期，允许继承开发性生产项目的承包经营权，允许土地使用权依法有偿转让”。并开始试点通过转包、入股等多种形式发展适度规模经营，提高农业劳动生产率和土地生产率。

1996年，“九五”计划开始鼓励土地使用权合理流动，并逐步推进土地适度规模经营；而发展乡镇企业成为繁荣农村经济的战略重点。从1983年农村家庭联产承包责任制在全国推广，到1997年农村土地第一个承包期（15年）到期。为了稳定党在农村的基本政策，1997年，党的十五大进一步强调要长期稳定以家庭联产承包为主的责任制，完善统分结合的双层经营体制，逐步壮大集体经济实力。此后，开始了第二轮农村土地承包，并开始了土地制度法制化建设的进程。2002年通过的《中华人民共和国农村土地承包法》明确了相关制度，并将农村耕地的承包期限以法律的形式确定为30年。此外，1998年，减轻农民税费负担的改革开始启动，拉开了工业反哺农业的大幕。2003年取消农业特产税，从2006年1月1日起废除《中华人民共和国农业税费条例》，至此，农业税彻底取消。2008年，党的十七届三中全会通过了《中共中央关于推进农村改革发展若干重大问题的决定》，进一步完善农村土地流转，并“允许农民以转包、出租、互换、转让、股份合作等形式流转土地承包经营权”。

（三）城市经济体制改革——基本经济制度与现代企业制度的确立

社会主义市场经济体制改革需要与其相匹配的独立、自主经营的市场主体。自改革以来，微观市场主体从“纯而又纯”的公有制，到“公有制为主体，多种所有制并存”，再到“公有制为主体、多种所有制共同发展”“两个毫不动摇”，社会主义初级阶段基本经济制度不断巩固发展。转换国有企业的经营机制是社会主义市场经济体制改革的中心环节，国有企业改革作为经济体制改革的核心，沿着两权分离的路径进一步发展。从股份制到建立现代企业制度，从“抓大放小”到“三年脱困”，再到大幅度盈利，国有企业现代化改革成效显著。

第一，社会主义初级阶段基本经济制度的确立与完善。经济体制改革打破了“纯而又纯”的公有制经济一统天下的格局，个体经济、私营经济以及不同形式的外资经济在所有制结构中的份额不断增加，如何界定这些非公有制经济就显得尤为重要。

党的十四大指出，“以公有制包括全民所有制和集体所有制经济为主体，个体经济、私营经济、外资经济为补充”。这就明确了公有制经济与非公有制经济的关系，即主体和补充。党的十四届三中全会对公有制的主体地位进行了说明，即“公有制的主体地位主要体现在国家和集体所有的资产在社会总资产中占优势，国有经济控制国民经济命脉及其对经济发展的主导作用等方面”。而所有制结构进一步调整的方针则确定为，“在积极促进国有经济和集体经济发展的同时，鼓励个体、私营、外资经济发展，并依法加强管理”。

党的十五大确定了社会主义初级阶段基本经济制度，即“公有制为主体、多种所有制经济共同发展”。其中，公有制作为社会主义经济制度的基础，其主体地位主要体现在公有资产在社会总资产中占优势，国有经济控制国民经济命脉并对经济发展起主导作用。非公有制经济是我国社会主义市场经济的重要组成部分。需要说明的是，党的十五届五中全会通过的《中共中央关于制定国民经济和社会发展第十个五年计划的建议》从理论上阐释了所有制结构多样性是由我国社会主义初级阶段生产力水平的多层次性决定的。这就为非公有制经济快速发展提供了理论基础。此后，坚持和完善基本经济制度就成为所有制结构调整的主要方针。

2002年，党的十六大进一步提出了“两个毫不动摇”，即毫不动摇地巩固和发展公有制经济和毫不动摇地鼓励、支持和引导非公有制经济发展，并提出个体、私营等各种形式的非公有制经济是社会主义市场经济的重要组成部分。至此，非公有制经济和公有制经济不再是对立存在的，而是共融于社会主义市场经济的两个部分。2003年，党的十六届三中全会进一步提出，产权是所有制的核心和主要内容。完善基本经济制度的内在要求是建立归属清晰、权责明确、保护严格、流转顺畅的现代产权制度。为了促进非公有制经济的发展，开始放宽市场准入，允许非公有资本进入法律法规未禁入的基础设施、公用事业及其他行业和领域。非公有制企业在投融资、税收、土地使用和对外贸易等方面，与其他企业享受同等待遇。为了促进非公有制经济的发展，2005年国务院印发了《国务院关于鼓励支持和引导个体私营等非公有制经济发展的若干意见》（“非公经济36条”），并开始建设相关配套制度，垄断行业（除关系经济安全的行业外）大都在理论和政策层面上向民营经济开放；2010年国务院以国发〔2010〕13号印发了《国务院关于鼓励和引导民间投资健康发展的若干意见》（“非公经济新36条”），旨在进一步拓宽民间投资的领域和范围，鼓励和引导民间资本向多领域发展。对民营经济而言，能放开的领域基本上都涉及了。由此可见，从党的十六大到十七大，完善基本经济制度的着力点都是构建不同所有制经济公平发展的环境。

第二，现代企业制度的确立与完善。1992年党的十四大指出，国有企业转换经营机制是社会主义市场经济体制改革的中心环节，要通过平等竞争发挥国有企业的主导作用。为此，要“通过理顺产权关系，实行政企分开，落实企业自主权，使企业真正成为自主经营、自负盈亏、自我发展、自我约束的法人实体和市场竞争的主体”，进一步完善经营承包制。同时，在积极试点的基础上，有序健康发展股份制，并允许部分小型国有企业出租或出售给集体或个人经营。通过不断探索，党的十四届三中全会进一步明确了国有企业改革的方向——建立现代企业制度，并指出“以公有制为主体的现代企业制度是社会主义市场经济体制的基础”。这就进入了公司制改造的轨道，而搞活中小国有企业的途径除了承包、租赁、出售外，又增加了改组为股份合作制这一形式。

进入20世纪90年代中期，国有企业改革进入加速期。根据党的十五大要求，“抓大放小”成为国有企业改革的新战略。即“以资本为纽带，通过市场形成具有较强竞争力的跨地区、跨行业、跨所有制和跨国经营的大企业集团。采取改组、联合、兼并、租赁、承包经营和股份合作制、出售等形式，加快放开搞活国有小型企业的步伐”。1999年，党的十五届四中全会根据十五大决议对国有企业改革进行了细化，提出从战略上调整国有经济布局，由此迈出了“国退民进”的步伐。此后，国有企业开始向涉及国家安全、自然垄断、重要公共物品和服务的行业以及支柱产业和高新技术产业集中。

为了更好地履行国有企业出资人职责，2002年党的十六大决定组建新的国有企业管理机构，改革国有资产管理体制。2003年，国务院国有资产监督管理委员会（简称“国资委”）成立，开始对196家国有大型企业进行直接监管。同年，党的十六届三中全会召开，细化了国有资产管理和监督体制，同时提出完善国有企业公司法人治理结构。国资委的成立标志着大规模的“国退民进”过程趋于结束，国有企业改革从数量调整走向质量提高的新阶段。党的十七大以后，一方面强调健全现代企业制度，优化国有经济布局和结构；另一方面着力对国有资产管理体制和制度的完善。

三、国家治理现代化——新时代全面深化经济体制改革（2012年至今）

经过30多年的实践，社会主义市场经济体制已经初步建立，市场机制在资源配置中发挥基础性作用的地位得以确立，但仍存在一些问题。中国迎来了全面深化改革的新时代，经济体制改革也随之进入新阶段。新阶段，经济体制改革的核心是处理好政府和市场的关系。一方面是推进市场在资源配置中发挥决定性作用，另一方面需要政府配合市场更好、更准确地发挥作用。鉴于市场经济已经基本建成，本阶段改革重点实际上已经由促进市场发育发展转向国家治理能力提升和国家治理现代化。

（一）经济体制改革——市场配置资源决定性作用的确立

党的十八大确立了中国经济社会发展的新目标——到2020年全面建成小康社会。全面建成小康社会依赖全面深化改革。为促进全面深化改革，2013年党的十八届三中全会通过了《中共中央关于全面深化改革若干重大问题的决定》（简称《决定》）。《决定》指出，“全面深化改革的总目标是完善和发展中国特色社会主义制度，推进国家治理体系和治理能力现代化”。其中，“经济体制改革是全面深化改革的重点，核心问题是处理好政府和市场的关系，使市场在资源配置中起决定性作用和更好发挥政府作用”。

之所以作出使市场在资源配置中发挥决定性作用的新定位，是因为理论和实践都证明市场配置资源是最有效率的形式[①]。因此，必须积极稳妥

---

① 中共中央文献研究室：《习近平关于社会主义经济建设论述摘编》，中央文献出版社，2017，第52页。

地从广度和深度上推进市场化改革，大幅度减少政府对资源的直接配置，推动资源配置依据市场规则、市场价格、市场竞争实现效益最大化和效率最优化。其中，市场决定价格是市场在资源配置中起决定性作用的关键，因此，价格机制是市场机制的核心。价格机制已经在全国97%以上的商品和服务价格形成中发挥着决定资源配置的作用[①]，而剩下3%的领域价格形成仍由政府管控。这些领域包括关系国计民生的重要公用事业、公益性服务、部分自然垄断环节以及资源、能源等。为深化重点领域价格机制改革，2015年，《中共中央国务院关于推进价格机制改革的若干意见》正式印发，推进水、石油、天然气、电力、交通运输等领域价格改革，放开竞争性环节价格，充分发挥市场决定价格作用。在前期改革成效显现的基础上，2017年，党的十九大进一步提出，要深化商事制度改革，打破行政性垄断，防止市场垄断，加快要素价格市场化改革，放宽服务业准入限制，完善市场监管体制。

发挥市场配置资源的决定性作用，不是不要政府发挥作用，而是要更好地发挥政府的作用。因为，科学的宏观调控、有效的政府治理，是发挥社会主义市场经济体制优势的内在要求。如何做到更好？一方面，政府要学会做减法，合理划定自己的作用边界，将市场能够决定的交给市场，减少不当干预。党的十八大以后，进一步简政放权，深化行政审批制度改革成为政府经济体制改革的重要一环。从2018年开始，全面实施负面清单制度。另一方面，政府要学会做加法，即加强市场监管，维护市场秩序，弥补市场失灵。为此，2017年，国务院印发《“十三五”市场监管规划》，相关部门在执行过程中坚持“宽进”与“严管”并重，有效促进各类市场主体公平竞争。为了配合加快完善社会主义市场经济体制改革，党的十八届二中全会通过《国务院机构改革和职能转变方案》，党的十九届三中全会通过《中共中央关于深化党和国家机构改革的决定》和《深化党和国家

① 张卓元、樊纲、汪同三、裴长洪、高培勇：《改革开放40年经济体制改革理论与实践》，《经济学动态》2018年第7期。

机构改革方案》。由此，作为国家治理体系和治理能力现代化的重要一环，党和国家机构进入深化改革的阶段。而深化党和国家机构改革的重要任务就是要破除现有体制机制弊端，使市场在资源配置中起决定性作用和更好发挥政府作用；建设现代化经济体系，推动高质量发展；调整优化政府机构职能，合理配置宏观管理部门职能；深入推进简政放权，完善市场监管和执法体制；完善公共服务管理体制，强化事中事后监管，全面提高政府效能。

（二）城市经济体制改革——非公有制经济地位提升与国有资产管理体制改革

党的十八届三中全会进一步强调，“公有制为主体、多种所有制经济共同发展的基本经济制度是中国特色社会主义制度的重要支柱，也是社会主义市场经济体制的根基”。强调基本经济制度是中国特色社会主义制度的重要支柱，意味着非公有制经济已经逐渐取得了与公有制经济同等重要的地位。因此，《决定》进一步指出，“公有制经济和非公有制经济都是社会主义市场经济的重要组成部分，都是我国经济社会发展的重要基础”“公有制经济财产权不可侵犯，非公有制经济财产权同样不可侵犯”。此外，《决定》还指出，混合所有制经济是基本经济制度的重要实现形式，这就为公有制经济和非公有制经济，特别是国有经济和非国有经济的进一步融合奠定了思想和政策基础，也为非公有制经济赢得了公平发展的环境，为废除各种形式的不合理规定和消除各种隐性壁垒扫清了制度障碍。

显然，鼓励非公有制经济参与国有企业改革，特别是发展非公有制经济控股的混合所有制企业必须完善现代企业制度，这样才能在一个制度体系内进行监管。不仅如此，深化国有企业改革要在准确界定企业功能的基础上实施分类监管，并通过管资本完善国有企业资产管理体制，进一步放开竞争性领域和竞争性环节，将国有资本投资进一步向关系国家安全、国民经济命脉的重要行业和关键领域集中。党的十九大进一步将完善国有资产管理体制聚焦于改革国有资本授权经营体制，并提出推动国有资本做强做优做大和培育具有全球竞争力的世界一流企业。

（三）深化农村经济体制改革——延长承包期与三权分置

随着农地流转规模的增加和城乡一体化进程的加速，农村家庭联产承包责任制需要进一步深化改革，特别是附着在土地上的各项权利需要明确，包括土地承包权、宅基地使用权、集体收益分配权以及征地进程中土地增值收益分配权属等。党的十八届三中全会明确指出，农村集体经营性建设用地实行与国有土地同等入市、同权同价，这为建设城乡统一的建设用地市场奠定了基础，也为农民获取更多的土地增值奠定了政策基础。在城乡一体化发展新阶段，需要破除制约城乡一体化发展的二元结构，这就要求健全体制机制，形成以工促农、以城带乡、工农互惠、城乡一体的新型工农城乡关系。为了鼓励农地流转，党的十八届三中全会提出在坚持农村土地集体所有的基础上，稳定农村土地承包关系并保持长久不变，赋予农民对承包地的占有、使用、收益、流转以及承包经营权抵押、担保权能，鼓励承包经营权在公开市场上向专业大户、家庭农场、农民合作社、农业企业流转。

为进一步健全农村土地产权制度，2016年中央办公厅和国务院办公厅联合下发了《关于完善农村土地所有权承包权经营权分置办法的意见》，就完善农村土地所有权、承包权、经营权分置（简称“三权分置”）办法提出指导。根据该意见，农村土地归属农民集体所有，要充分维护农民集体对承包地发包、调整、监督、收回等各项权能；农户享有土地承包权，这种承包权主要体现在承包农户享有使用、流转、抵押、退出承包地等各项权能；土地经营权归属经营主体，这种经营权主要体现在土地经营主体享有从事农业生产所需的各项权利。应该说，集体所有权是土地承包权的前提，承包经营权是集体所有的具体实现形式。只有在土地流转中，才会由承包经营权派生出土地经营权。由此可见，“三权分置”是针对新时期农村经济发展的新特征对原有“两权分离”式家庭联产承包责任制的一次重大制度创新。2017年党的十九大报告充分肯定了农村土地“三权分置”制度改革，并进一步指出“保持土地承包关系稳定并长久不变，第二轮土地承包到期后再延长三十年”。在2018年新修订的《中华人民共和国农村土地承包法》中，“三权分置”和延长承包期都以法律的形式进一步固定了下来。

第二节　建设现代化经济体系要求更好的经济体制环境

如经典作家所说，社会主义社会建立以后的主要任务是“尽可能快地增加生产力的总量”[①]。改革开放以来，中国创造了“二战”后经济持续快速增长的奇迹，促进了社会主要矛盾的转换，迎来了从规模扩张到质量提高的新阶段。比较“二战”后真正实现经济赶超的日本和韩国的发展，可以发现它们都经历了经济增长率的阶段性回落。这是一国经济在经历长期快速增长后的发展必然。

问题的关键是，这种增长回落能否呈现阶梯式降速，从而延长中高速增长的时间，为进一步赶超奠定基础。显然，原有依赖规模扩张和外资拉动的经济发展模式已经不能为经济成长提供持续的发展动力，不能助推中国经济跨过“中等收入陷阱”，实现由赶超经济向成熟经济，由发展中国家向发达国家，由中等收入国家向高收入国家跃迁。这就需要转换经济增长动力。

一、理解由高速增长转向高质量发展

改革开放以来，中国创造了“二战”后一个国家经济高速增长持续时间最长的奇迹，人民收入持续增长、生活水平有了极大的改善，在世界经济体中的地位也逐渐提高。1978—2012年，中国经济年均增长率达到9.94%，如果不算上1989年和1990年的整顿，则国内生产总值年均增长率可达到10.28%。人民收入不断提高。其中，农村居民人均纯收入由1978年的133.6元增加到2012年的7916.6元，增长了58倍；城镇居民

① 马克思、恩格斯：《共产党宣言》，载中共中央马克思恩格斯列宁斯大林著作编译局编《马克思恩格斯文集（第2卷）》，人民出版社，2009，第52页。

人均可支配收入从1978年的343.4元增加到2012年的24564.7元，增长了70倍。1981年，中国经济总量排在第12位，除落后于长期居于前7位的美国、日本、德国、英国、法国、意大利和加拿大等传统发达国家外，也落后于印度、巴西、墨西哥等发展中国家；到1994年，我国经济总量排在第8位，仅落后于美国、日本、德国、英国、法国、意大利和加拿大；1996年上升到第7位；2000年超过意大利，上升到第6位；2005年超过法国，居第5位；2006年超过英国，居第4位；2007年超过德国，居第3位；2009年超过日本，居第2位（见图1-1）。2010年，我国制造业规模超过美国，居世界第一。从趋势上看，除日本在20世纪90年代中期以前短暂与美国持续缩小差距以外，只有中国在新世纪奋起直追美国。2000年以后，中国、美国的经济总量均保持了持续的快速增长。

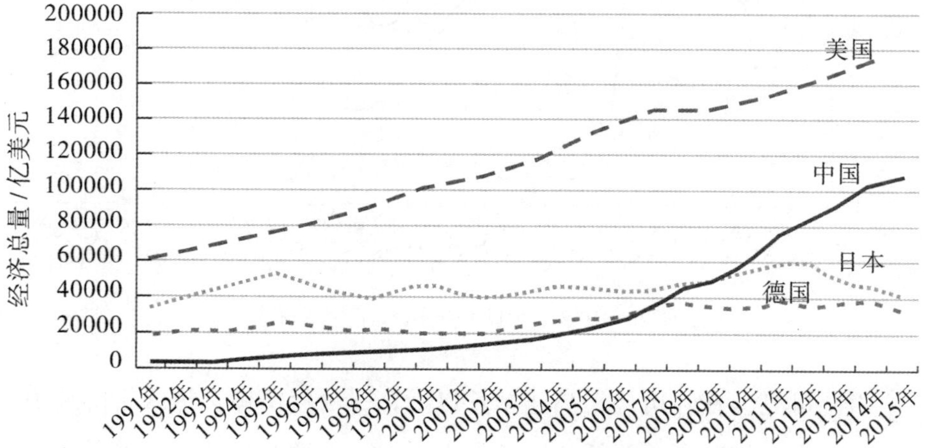

图1-1　世界主要国家经济总量变化（1991—2015年）

从制度匹配的角度讲，中国经济增长的赶超奇迹得益于20世纪90年代经济体制的快速市场化为各种经济的发展提供了巨大的发展空间。但随着经济快速增长，增长空间越来越小，表现在经济增长上就是经济增速的放缓，并偏离了2012年之前的平均增速（图1-2）。从成功赶超经济体看，在经历一轮长期快速增长后，几乎都进入了增速下滑的过程。

日本从20世纪50年代开始进入经济快速增长阶段，到石油危机结束后进入下降通道；韩国从20世纪60年代开始进入经济快速增长阶段，到1997年亚洲金融危机后进入下降通道。具体来看，日本1951—1973年平均经济增速为8.88%，1974—2018年平均经济增速只有2.16%；韩国1961—1997年平均经济增速为9.27%，1998—2018年平均经济增速只有3.94%。而欧洲发达国家进入中低速增长要更早一些，目前平均经济增速也更低一些，如英国和法国1961—2018年的平均经济增速只有1.85%左右，德国1971—2018年的平均经济增速只有1.65%[①]。

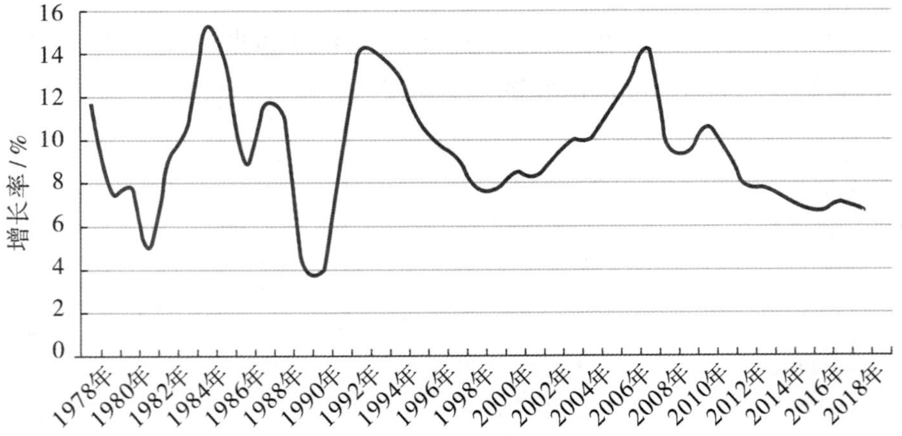

图1-2　1978—2018年中国经济增长率变化

由此可见，在经历一轮高速增长以后，一个经济体会进入下降通道，并稳定在一个相对之前要低的增长率水平上，而这个具体的增速是多少则因国情不同而有差异。这就意味着，中国经济增长速度的下滑带有不可避免的规律性，但维持在怎样水平的增长速度则依据中国各方面政策和进一步深化经济体制改革的成效。

习近平总书记在党的十九大报告中宣告，“中国特色社会主义进入新时代，我国社会主要矛盾已经转化为人民日益增长的美好生活需要和

① 数据来源：根据世界银行数据库相关数据计算得到。

不平衡不充分的发展之间的矛盾”。应该说，这种判断是对中国经济社会发展从整体上客观把握的结果。以经济学的视野看待社会主要矛盾的变化，可以将其归结为需求和供给两个方面及其两者之间关系的变化。

一方面，从需求的角度看，人民对美好生活提出了更高的要求。首先，这种要求表现在范围上的多维度，即不只局限在商品领域，更多地转向了民主、法治、公平、正义、安全、环境等方面；其次，这种要求在同一维度上表现为更高的质量要求，而不是更多的数量需要。

另一方面，从供给的角度看，“我国供给体系产能十分强大，但大多数只能满足中低端、低质量、低价格的需求”[①]。从更宽的维度看，“我国资源约束趋紧、环境污染严重、生态系统退化的问题十分严峻”。此外，“我国创新能力不强，科技发展水平总体不高，科技对经济社会发展的支撑能力不足”；“我国发展不协调是一个长期存在的问题，突出表现在区域、城乡、经济和社会、物质文明和精神文明、经济建设和国防建设等关系上”；而且“分配不公问题比较突出，收入差距、城乡区域公共服务水平差距较大”；等等[②]。

显然，满足人们对美好生活的需要不能通过压制需求来解决，而要通过改善供给，使供给能够跟上需求的变化，解决不平衡不充分的供给体系，把经济工作的着重点和着力点转换到以质量和效益为重心的轨道上。而且，还要从专注于物质产品和文化产品扩展到包括物质产品、文化产品以及制度产品、政策产品在内的涉及人的全面发展和社会全面进步的所有领域、所有方面需要。同时，要认识到当前人民日益增长的美好生活需要，更多地表现为对于制度产品和政策产品的需要，制约这一日益增长的需要的因素又主要在于政府系统供给的不平衡不充分，坚持物质文化供给和制度政策供给并重，以加快国家治理现代化进程的努力，建立起更好满

---

① 中共中央文献研究室：《习近平关于社会主义经济建设论述摘编》，中央文献出版社，2017，第113页。

② 习近平：《习近平谈治国理政（第二卷）》，外文出版社，2017，第198—200页。

足人民在经济、政治、文化、社会、生态等方面日益增长的需要的现代国家治理体系，又要成为重点中的重点。换言之，实现更高质量、更有效率、更加公平、更可持续的发展，在继续推动经济发展的同时，更好地实现各项社会事业全面发展，更好地发展中国特色社会主义事业，是新时代经济工作的重中之重。①

二、把握高质量发展的机遇期

观察日本和韩国的经济发展可以发现，从高速增长赶超到恢复正常增长都经历了两个阶段：第一阶段是中高速增长阶段，第二阶段是低增长常态。如图1-3所示，日本在经历了战后高速增长后，又维持了近20年的中高速增长（1975—1991年）②，这期间平均经济增速为4.34%，而此后的27年（1992—2018年）的平均经济增速只有0.91%。再看韩国，1999—2007年的9年中高速增长的平均经济增速为6.07%，其后11年（2008—2018年）的平均经济增速为3.06%。从赶超经济体的经济增长恢复常态

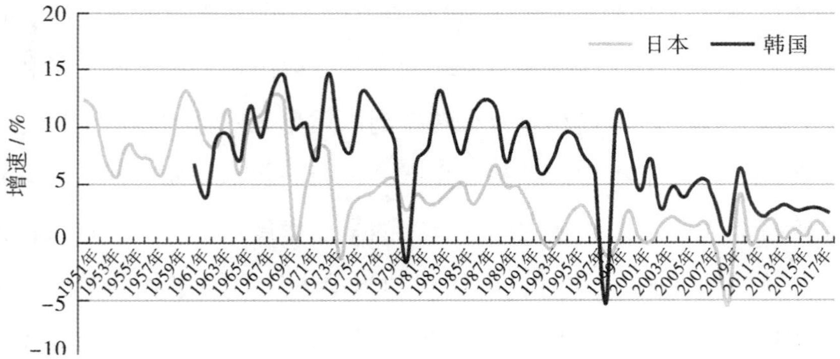

图1-3　经济增速从赶超到正常发展的日本和韩国

数据来源：世界银行数据库。

① 高培勇：《深刻理解社会主要矛盾变化的经济学意义》，《经济研究》2017年第12期。

② 由于1974年石油危机爆发，所以这一年的经济增速比较低，为-123%，故未将其列入计算。

看，我国经济进入中高速增长也符合赶超经济体发展的基本特征，所不同的是是否可以将中高速增长的时间维持得更长一些，增长速度相对于日本和韩国更高一些。如果可以实现这一目标，中国就能够跨过“中等收入陷阱”，顺利进入高收入国家的行列。

参照日本和韩国的发展经验，一个比较理想的结果是将6%左右或者更高的增长速度，维持20年左右或者更长时间。从当前经济发展基本态势看，维持6%以上的经济增长是可能的。按照图1–2，中国实际上从2008年开始进入经济增长下降通道，到2011年经济增速依然达到9.5%，可以说是延续了1998年以后的快速增长。从2012年开始，经济增长实质性下降，进入中高速增长的“新常态”，但这种下降呈现出一种渐进的过程，到2018年经济增速依然维持在6.6%。相比同期其他经济体来讲，中国依然维持在一个较高的经济增长速度上（见图1–4）。之所以中国能够维持较高的经济增长速度，得益于中国的潜在经济增长速度依然处于较高水平。

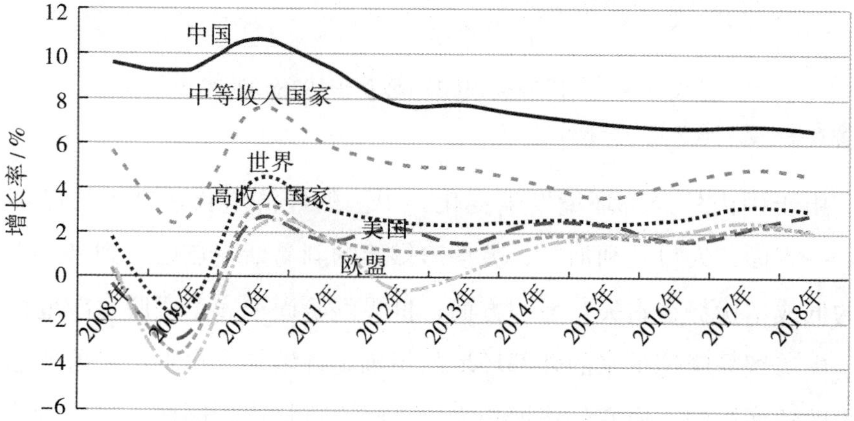

图1–4　主要国家和地区经济增长率（2008—2018年）

数据来源：世界银行数据库。

如果中国的经济增长率能够维持在6%以上的水平，中国GDP总量赶超美国就将在21世纪中叶之前到来。我们可以作一个简单估算。如果中国经济增长率维持在6%的保守水平上，而美国经济比较乐观，按照3%的长期增长率增长，那么到2033年，中国GDP总量将达到31.69万亿美元，而美国GDP总量为31.93万亿美元，二者大体相当；稍微乐观一点，如果中国经济按6.5%的增长率增长，美国还是按照3%的乐观水平增长，那么到2030年，中国GDP总量将达到28.97万亿美元，美国GDP总量为29.22万亿美元，二者大体持平（见图1–5）。从这个增长趋势看，如何促进经济稳定发展就成为接下来十几年的重点。

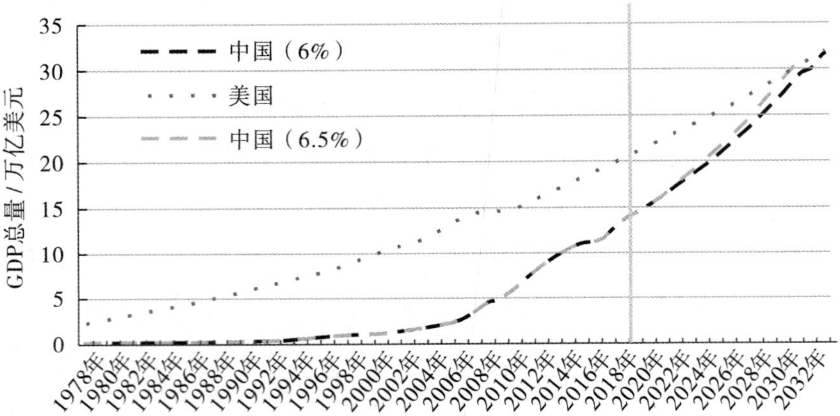

图1–5　中国和美国GDP总量（1978—2033年）

数据来源：世界银行数据库。

由于国内外经济环境发生变化，中国的经济增长速度下行已不可避免。一方面，人口红利消失，劳动力供给的刘易斯拐点已经到来，生产要素的低成本优势在丧失；另一方面，世界经济尚未完全摆脱金融危机的影响，中美贸易摩擦带来的外部环境的不确定性增加。再加上之前所述经济增长的负面影响，原有经济增长模式已经不可持续。因此，要使持续的中高速增长成为现实就必须实现经济发展方式的变革。要转变经济发展方式，转换发展动力是关键。发展动力决定发展速度、效能、可持续性。从三驾马车对经济增长的拉动看（见图1–6），中国长期依赖投资和出口拉动经济增长。如前所述，由于外部环境变化再以出口拉动经济增长已经不可能，而且根据美国、德国、日本的经验，出口迎来转折将不可逆转。就投资来讲，长期的宽松环境后，在边际递减规律的作用下，无论是财政政策还是货币政策的政策空间都已经很小，不能继续作为我国经济中高速增长的动力支撑。这就要求寻找新的增长动力。

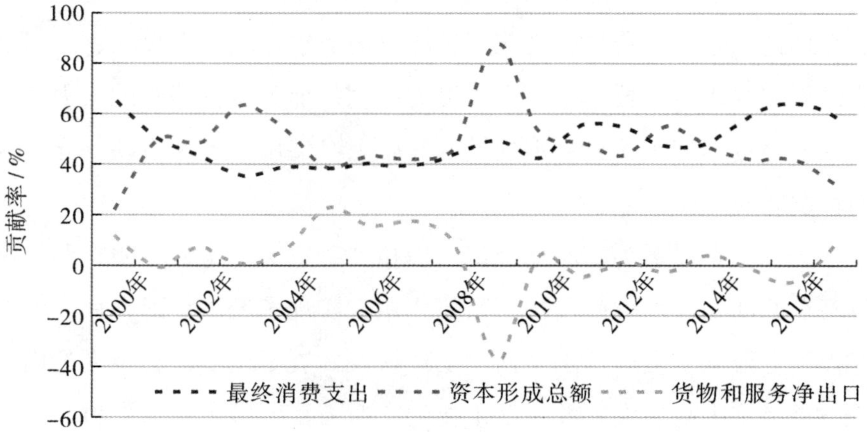

图1-6　三大需求对经济增长的贡献率

新的增长动力是什么？从发达国家的崛起经验看，创新是大国崛起的推动力量，其中发端于英国的第一次产业革命使英国走上了世界霸主的宝座，而美国则依赖第二次产业革命成为西方世界的领导者，特别是20世纪90年代以后的新经济，使美国维持了近20年的中高速增长。就目前全球经济来看，经济社会发展越来越依赖理论、制度、科技、文化等领域创新，但能够带动全球经济新一轮快速发展的重大科技创新还没有到来。在此过程中需要调整发展战略，将发展动力转向创新，迎接、引领新时代的到来，而基本前提就是转变经济发展方式，调动一切积极力量，极大地激发创新的潜能。由此可见，转变经济发展方式，就是要从依赖出口拉动转向依赖内需拉动，从依赖大规模投资拉动转向依赖最终消费拉动。从经济增长动力来看，就是要从粗放型的依赖资源要素投入驱动转向集约型的依赖创新驱动，从依赖计划和国有经济促进经济增长的生产效率向依托市场决定资源要素流动的配置效率和创新驱动的技术效率转变。通过经济发展方式转变、经济发展动力变革，提高全要素生产率，实现经济发展质量变革。要实现这一系列转变必须以新发展理念为指导。

第一，创新是引领发展的第一动力。实现创新驱动经济增长，不仅需要在理论、制度、科技、文化等领域发力，也需要加大投入、吸引创新人才，更需要改革科技体制、人才发展体制，加大教育等基础人力资本投资，在人力资本积累达到一定规模的基础上，突出“高精尖缺”导向，抢占创新发展的高地。

第二，协调发展为新时期经济发展拓展了空间。实践证明，非均衡发展战略在调动积极性方面发挥了重要作用，实现了经济快速发展，但也在一定程度上形成了发展的不平衡。实现协调发展不仅是社会主义的内在要求，也是经济中高速发展的一个重要的支撑力量。因为补足农村和欠发达地区的发展，必然会为中国经济增长提供更为广阔的空间，因此，必须坚持协调发展。

第三，绿色发展是高质量发展的重要体现和要求。“绿水青山就是金山银山”“保护环境就是保护生产力，改善环境就是发展生产力”。从供给角度看，美好的生态环境需要治理，需要升级原有生产、消费中不经济、不环保的环节，这无疑要加大投入、升级技术，而这必然会促进生产力发展。从需求角度看，人们追求美好环境、高质量生态，必然会演化出新的需求，促进新的产业发展。因此，践行绿色发展与推动经济增长并不矛盾，相反，恰恰是高质量发展的重要体现。

第四，开放发展，做全球化的倡导者和引领者。当前，世界经济分化严重，美国主导的单边主义贸易政策正在侵蚀全球化成果。在这种背景下，中国不仅要做全球化的受益者，更要做全球化的倡导者、引领者，要承担起贸易、投资便利化的推动者角色，在赢得新兴市场经济体和发展中国家支持的背景下，推动全球治理和国际经贸、投资规则的变革，实现更加公平的国际经贸环境。同时，在新的产业革命正在孕育的情况下，积极发展高端产业，争取在不断深化的国际分工中占据相对有利的位置。

第五，共享发展是实现高质量发展的重要抓手。人民共享经济发展成果不仅是一种理念，更是经济发展的动力源泉，也是新时代实现高质量发展的重要抓手。共享在经济上就是满足需求，坚持共享发展就是满足不平衡的需求结构。一方面，要满足富裕阶层的高端需求，这对于引领高质量发展至关重要；另一方面，要满足更广大中、低收入阶层消费升级的需要，这将是扩大内部需求的主要力量。中、低收入阶层尚有大量消费升级的需要，但其面临的是支付能力的制约，为此，当前一个紧迫的任务就是理顺收入分配关系，即在初次分配按市场原则的基础上，强化再分配政策向劳动者一方倾斜。这就要求在发展促进帕累托改进式的分配均衡、实现机会均等的基础上逐渐实现与发展阶段相适应的收入结果相对于劳动者能力的相对公平。

三、推动经济高质量发展：落实供给侧结构性改革

推动经济高质量发展要依托深化供给侧结构性改革，通过效率变革提高全要素生产率从而提升整个经济体系的供给能力。这是因为，中国社会主要矛盾已经转化为人民日益增长的美好生活需要和不平衡不充分的发展之间的矛盾。这种阶段性转换意味着中国经济社会的发展主要取决于以下几个方面。

（一）促进发展质量变革

评价一个国家的经济发展质量，实际上是在讨论一个国家的生产能力，即是否能够持续提供满足消费者需要的产品，也就是供给能力。这里应该明确经济发展质量存在阶段性特征，即在一国经济发展的不同阶段，对经济发展质量的评价也不同。这是因为在发展的不同阶段，人民的生活需要的内涵和外延存在较大差异。在经济起飞时期，如何解决人民的基本

生活（温饱）问题是评价经济质量的主要标准，消费的内涵实际上是要满足量的需求，因此，扩张生产与供给能力，快速做大经济规模促进经济增长是最重要的。而当经济已经达到中等偏上的水平时，也就是基本解决了温饱甚至达到小康以后，消费的内涵更多地转向商品品质，因此，供给不仅仅是量的增长，更是质的提升。也就是说，消费同样数量的商品需要更多的附加值、更多的附加功能、更好的消费体验，因此，评价供给质量不再是简单的扩张，而是要从供给品质上进行评价。另外，在不同阶段，人们需求的外延也不相同。在经济起飞阶段，人们更多地注重物质上的满足，而当物质得到满足以后，人们就会逐渐转向精神的满足，对民主、法治、公平、正义、安全、环境等方面的需要越来越迫切。因此，评价一国经济发展质量的标准就不单单是企业的供给能力，还应该包括政府公共物品的供给能力。

从发展阶段看，中国正处于由基本小康向全面小康转变的阶段，也就是跨越中等收入的关键阶段，人民对美好生活的需要越来越迫切，因此，评价经济发展质量既要在需要的内涵上得到提升，也要在需要的外延上得到满足。这就要求实体经济要生产更多优质产品，提供更多优质服务，满足人们对美好生活的需要。为此，第一，要瞄准国际标准提高供给质量，支持传统产业优化升级，加快发展现代服务业；第二，要加快发展先进制造业，推动新技术革命，把握和引领中高端消费的走向，将创新、绿色、低碳纳入现代消费理念中；第三，通过产业升级，更深度地融入全球价值链，并逐渐由加工制造转向设计、营销，掌握微笑曲线的两端，从而迈向全球价值链中高端，提高企业国际竞争力。在需要外延的扩展上，对政府的要求更多的是对制度产品、政策产品的供给要跟上人们对民主、法治、公平、正义的需要。具体来看，要强化法治社会，让人们更多参与、表达各种诉求，并根据诉求的合理性与发展阶段性、合宜性进行有针对性的立法、执法，通过法制建设、制度建设维护一个民主、法治、公平的社会环境，这更多地表现为制度产品供给。另外，政策产品供给要与市场相匹配，同样需要政策满足非歧视性、非排他性等特征，维护绿色经济发展。通过调整供给实现经济质量变革，也就是通过提升供给体系质量满足人们不断升级的需要。

（二）促进效率变革

经济质量变革离不开效率变革。这里的效率变革至少包括三个方面内容：其一是资源配置效率，其二是企业生产效率，其三是政府行政效率。提高资源配置效率实际上是要发挥市场在资源配置中的决定性作用。这种作用在原有模式下是通过引导调控商品价格进而实现资源配置的，据统计，全国97%以上的商品和服务的价格是由市场决定的，而剩下的3%的能源、资源、要素价格仍由政府管控。因此，提高资源配置效率就是要使能源、资源和要素价格由市场决定。通过市场化改革实现去产能、去库存、去杠杆，优化存量资源配置。

提高企业生产效率，可以从企业内外两个角度去理解。从外部讲，就是不断满足需求，根据市场导引，满足变化的市场需求，达到供求之间的整体平衡。从内部看，是通过技术的升级改造和治理现代化提高投入产出比。显然，无论是内部效率的提升还是外部应对市场能力的增强，都离不开科学决策，离不开公司治理现代化。而公司治理现代化围绕两点展开，其一是产权制度改革，其二是完善激励机制。就目前来看，国有企业改革的重点一直都是围绕产权和激励两个维度推进的，而私有企业则是按照市场规则演进的，但目前能够跻身大企业行列且具有竞争力的私有企业往往也都是经过产权改组和激励机制好的企业。现阶段，进一步提高企业治理能力的关键是继续推进产权制度改革，因为好的激励机制往往依托公司治理。这一过程既包括国有企业也包括非国有企业。对国有企业而言，深化产权制度改革的关键是推进混合所有制改革和由管资产到管资本的管理体制改革。通过引进非国有资本实现国有企业股权多元化和决策科学化；通过国有企业管理体制改革实现政企在经营权上的彻底分离，使国有企业更具市场活力。对于非国有企业而言，通过进入或引入国有资本可以绕过隐性制度壁垒进入更广阔的市场空间，同时完成公司治理现代化。需要说明的是，改造非国有企业混合所有制的过程既要遵从企业自身的需要和意愿，不能依靠政策强制干预执行，又要遵从市场规则，合理确定价格、结构和相应的权利与义务，不能侵蚀非国有资本的合法权益。

市场配置资源效率的提高和公司治理能力的提升离不开政府行政效率和治理能力的改善。从市场配置资源的角度看，是要处理好市场和政府之间的关系。从目前看，主要是规范政府行为，实现由直接管理向改善营商环境转变。党的十八大以来，改善营商环境、减少行政审批、取消进入壁垒、降低企业交易成本的政府改革不断推进并取得了较大成效。根据世界银行营商环境报告对2018年全球190个经济体的调查，中国营商环境排在第46位，较前一年提高了32位。在10项调查内容中，除了获得信贷、执行合同、办理破产没有明显改善外，其余7项（开办企业、办理施工许可证、获得电力、登记财产、保护少数投资者、纳税、跨境贸易）都有较大幅度的提升。进一步提高政府行政效率，除了继续在已经得到改善的7项内容上发力外，更重要的是改善融资环境、监督合同履行和健全企业退出机制。对于内资企业而言，要强化竞争中性原则，打破各种行政壁垒，坚持市场导向。一方面要求政府退出和市场进入，另一方面则要求政府在补短板（公共服务供给、法制建设）、强监管上下功夫，为发挥市场主体的创新精神和提升经济效率营造良好环境。

（三）提高全要素生产率（TFP）

不管对全要素生产率采取哪一种测算方法，近年来我国TFP对经济增长的贡献都呈下降趋势（见图1-7），而且明显的拐点出现在2008年左右。对此，不同的研究给出了不同的解释。其中比较有代表性的包括人口红利说和结构性减速说。人口红利说认为，随着中国二元经济转型结束，适龄劳动力人口数量的减少将拖累中国经济增长，从而拉低

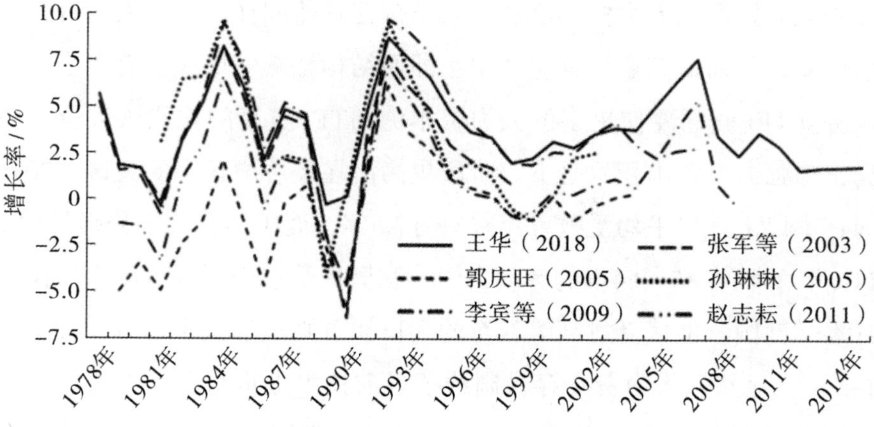

图1-7　1978—2014年TFP增长率的几种测算结果①

TFP。而结构性减速说则认为中国经济增长正在由第二产业为主向第三产业为主转型，由于第三产业技术进步低于第二产业，因此，这种产业升级的过程必然导致TFP下降。显然，无论是人口红利说还是结构性减速说所描述的过程，都是经济发展必然要经历的过程。然而，中国是否真的迎来了这一过程，需要进行细化研究。这是因为，服务业的TFP及其增速尽管仍低于制造业，但差距很小，而且服务业的部分行业和个别区域的TFP甚至高于制造业。因此，就当前来讲，服务业TFP拉低了我国经济TFP的结构性减速说并不成立。就人口红利消失来讲，中国的就业压力依然很大，因此，人口红利的消失并不是劳动力数量减少所导致的，而是相对于经济增长的需要，可以从低工资获取的积累下降的结果。

尽管对于TFP下降的原因，不同学者给出了不同的理论解释，但在解决方式上都指向加强人力资本积累。通过提高人力资本价值可以提高劳动生产率，从而获得更多的产出，弥补工资提高导致的人口红利下降，使人

① 王华：《中国GDP数据修订与全要素生产率测算：1952—2015》，《经济学动态》2018年第8期。

口红利顺利转换为人力资本红利。而结构性减速同样要依托人力资本实现技术创新，从而提高全要素生产率。即便结构性减速期还没有到来，要提高服务业TFP同样要使更多的人力资本流向TFP更高的现代服务业。由此可见，加强人力资本积累是下一阶段提高潜在经济增长率的关键。2010年我国15岁以上人口平均受教育年限只有7.5年，而美国和日本分别是13.2年和11.6年；而在35～54岁的劳动力中，我国接受过中等教育的人口比重高于日本、韩国，但接受过高等教育的人口比重则远远低于日本和韩国（见表1-1）。显然，人力资本存量制约了当前技术进步与全要素生产率的提高。因此，强化人力资本的方向应该是继续增加劳动力受高等教育的比重，并把义务教育向两端延伸，即提高政府对学龄前儿童的教育和高等、中等教育的支出。

表1-1　35～54岁劳动力接受过中等教育和高等教育的人口比重（%）

中等教育									
年份	1970	1975	1980	1985	1990	1995	2000	2005	2010
中国	9.2	14.4	18.5	24.8	29.4	40.8	51.6	58.1	63.7
日本	34.0	38.8	43.5	47.8	51.0	54.2	54.8	49.8	46.1
韩国	18.8	25.8	34.0	43.7	54.2	60.4	61.8	61.4	57.9
高等教育									
年份	1970	1975	1980	1985	1990	1995	2000	2005	2010
中国	0.9	1.3	1.6	1.7	2.2	2.7	4.0	4.6	5.5
日本	4.9	9.0	12.6	17.5	21.6	26.3	32.4	39.7	47.2
韩国	5.2	6.7	9.1	11.2	13.7	18.5	24.9	31.1	38.3

数据来源：中国经济增长前沿课题组《突破经济增长减速的新要素供给理论、体制与政策选择》。

根据《2018全球创新指数报告》，中国的R&D（科学研究与试验发展）支出、研究人员、专利和出版物等指标已经是世界第一或第二，但实际情况是大量的创新投入并没有提高TFP及其对经济增长的贡献率。这就意味着单纯依赖资源投入并不能有效实现创新和技术赶超。因此，除了人力资本积累以外，还需要在体制机制上实现创新，尤其是要在改革科技体制和人才发展体制、保护知识产权、促进知识转化等方面发力。

第三节　着力完善社会主义市场经济体制

改革开放以来，无论是激励机制调整还是所有制结构调整，又或是宏观调控机制的转型等，都是围绕着解放和发展生产力这一主要任务展开的。通过改革调整，我国逐渐构建了一套与市场经济相匹配的现代化制度体制。从这个角度讲，中国经济制度的现代化与经济快速成长相伴生，从而创造了“二战”后国家经济高速增长持续时间最长的奇迹，人民日益增长的物质文化需要同落后的社会生产之间的矛盾逐渐转换为人民日益增长的美好生活需要和不平衡不充分的发展之间的矛盾。进一步促进经济增长，解决新的社会基本矛盾需要依托新发展理念，着力完善社会主义市场经济体制，使现代化经济体制与现代化经济体系相匹配。

一、坚持社会主义市场经济改革方向

“理论和实践都证明，市场配置资源是最有效率的形式。市场决定资源配置是市场经济的一般规律，市场经济本质上就是市场决定资源配置的经济。” 从我国的发展实践看，自从1992年党的十四大确立改革的目标是建立社会主义市场经济体制以来，各项制度朝着市场化、法治化的方向发展。市场化改革释放了经济活力，促进了经济持续快速增长。1992—2012年的平均经济增速为10.38%，而1978—1991年的平均经济增速为9.27%。与此同时，政府经济治理能力得到不断提升，经济波动幅度明显收窄，基本摆脱了“一放就乱、一管就死”的“钟摆式”经济治理。1978—1991年经济增长率最高达到15.2%，最低只有3.9%；而1992—2012年经济增长率最高为14.2%，最低为7.7%。经济持续快速稳定增长极大提高了居民收入水平，城镇居民人均可支配收入从1978年的343.4元增加到2018年的39250.84元，增长了约113倍；农村居民人均纯收入从1978年的133.6元增

长到2018年的14617.03元，增长了约108倍；而同期居民消费价格指数只增加了约5.5倍（1978年居民消费价格指数为100，2018年居民消费价格指数为650.8）。这就意味着人民生活水平得到了实实在在的提高。生活水平的提高和消费规模的扩张促使人们的消费结构由数量消费向质量消费转变，人民的需要由物质文化需要向法治、公平、正义、安全、环境等政策、制度需要转变。

显然，满足这一需要依然必须坚持市场化改革的方向，这是因为新时代社会主要矛盾的解决依然要依托发展，而促进发展的动力来源依然是通过市场化改革提高经济整体效率。因此，必须坚持市场化改革的方向不动摇。不仅如此，从全球范围看，无论是发达国家还是发展中国家，市场经济都是作为一种基本经济体制存在的，与国际规则、准则接轨，引领全球化发展进程更加需要坚定不移地推进市场化改革，促进全球经济一体化。

必须明确的是，坚持市场化改革不是不要政府，相反，是更加需要政府。这是因为，以规模扩张为主线的发展主要依托市场放开，也就是通过激发经济主体的活力来迅速扩大供给规模；以质量提升为主线的发展则不仅要依托市场提高资源配置效率，更需要政府治理经济的水平得以提升，而通过经济主体演化出高质量发展的自觉则需要长期博弈，这显然是无效率的；不仅如此，社会基本矛盾中人民需求外延的拓展本身也就是对政府公共供给的需要。从目前来看，无论是涉及医疗、养老等社会保障制度的完善，还是涉及收入分配、收入流动性等社会公平正义政策的出台，以及涉及立法、执法等法律法规制度的规范，都要求政府更加科学、更加合理、更加符合规律和时代发展需要地发挥作用，弥补短板，促进经济社会发展。

由此可见，新时代坚持市场化改革的方向有两个新特征：第一是市场体系现代化，通过全面的市场化改革提升市场经济层级，促进经济高质量发展；第二是政府治理水平的现代化，通过全面深化改革，促进政府政策、制度和法律等公共物品供给质量的提升。无论是第一个特征，还是第二个特征，都需要遵循市场化的基本原则，使政府和市场相辅相成、相互促进，即通过改革使政府治理符合现代化市场体系的客观要求，使市场体系现代化促进政府治理能力现代化的提升。

二、市场机制有效

市场之所以有效，是依托价格、竞争以及信用等一系列能够筛选出最有效率和最能满足市场需求的市场主体。改革开放以来，中国经济快速增长的基础就是让价格发挥作用，引导市场主体生产市场最需要的产品，引导资源配置流向最具竞争力的市场主体，从而实现快速增长。从这个角度讲，市场机制就是识别机制。通过价格识别需求，通过竞争识别供给。而在高质量发展阶段，市场机制除了价格和竞争机制外，更重要的可能是信用机制。从市场供给的角度看，满足人民对美好生活的需要不仅要依托商品和服务数量的增加，更多的则是消费过程中的体验，是一种对商品和服务质量的主观感知。这就意味着供给一方要从更长远的角度，提供更高质量的商品和服务，而这依托的不仅是价格和竞争机制，还要形成买卖双方的信任关系。这就要求，卖方不能以次充好，要保证商品和服务质量的稳定性；买方要履约，形成对商品和服务的认同。只有这样，才能让高质量发展成为现实。

保证市场能够发挥资源配置决定性作用的基础是要有多元化的市场主体、完备的市场体系和公平的法治环境。

首先，没有市场主体的参与，市场就不会存在。有了市场主体，就要强调多元，也就是强调市场主体的异质性特征。这里的异质性主要指市场主体的所有制差异。按照所有制划分，市场主体可分为公有制经济、私有制经济、外资经济以及不同形态的混合所有制经济。“二战”后各国的实践证明，一元化的市场主体不利于市场经济的良性发展，尤其是在一元公有制条件下引入市场机制是不能成功实现市场化改革的。中国的改革就是从打破“纯而又纯”的公有制开始的，目前已经形成了“公有制为主体，多种所有制经济共同发展”的社会主义基本经济制度。因此，必须“毫不动摇巩固和发展公有制经济，毫不动摇鼓励、支持、引导非公有制经济发展”。坚持发展壮大公有制经济是社会主义底色不变的物质基础，坚持鼓励非公有制经济发展是市场经济资源配置效率得以提升的条件。在高质量发展阶段，一方面要多元化探索公有制经济实现形式的现代化，另一方面要更全面地评价非公有制经济在国民经济发展中的巨大贡献。

其次，没有完备的市场体系，市场机制的有效性就会大打折扣。因为只有完备的市场体系才能让信息、要素自由流动，从而使市场的甄别机制发挥作用，才能真正发挥市场配置资源的决定性作用，因此可以说，完备的市场体系是市场机制发挥作用的基础。改革开放以来，我国的市场化改革主要集中在一般商品领域，要素市场和能源资源市场的市场化改革相对滞后。这种滞后降低了市场机制配置资源的有效性，从而导致无效率、低效率的市场主体不能被市场淘汰，降低了整个经济的效率。除此以外，包括地域分割、行政分割、政策分割以及所有制歧视等的存在阻碍了全国统一的市场形成，也必然会降低市场机制的效能。因此，当前应该加速要素、资源和能源领域的市场化进程，打破市场分割，促进全国统一的大市场形成，最大限度地把市场配置资源的作用发挥出来。

最后，没有公平的法治环境，市场主体的行为就缺少了外部规范，市场机制的有效运行就缺少了强有力的制度保障。“社会主义市场经济本质上是法治经济。”市场机制发挥作用要依靠清晰的产权、有效的契约和规范的行为及恰当的监管，这些都需要在公平的法治环境下进行。因此，科学立法和有效执法就是法治环境建设的重中之重。这里需要指出，法治经济并不是只适用于市场主体，更重要的是让政府权力在法治的框架内运行，正如习近平总书记所言，“把权力关进制度的笼子里”，让权力在法律的规范下运行才是真正践行法治经济，也才能更好地治理市场主体的经济行为，才能使市场最大限度地发挥作用。

总之，市场机制有效是有条件的，离开这些条件，市场机制发挥作用的空间就会受到挤压。因此，全面深化改革就是要构建符合市场机制发挥作用的条件，提高市场机制的经济效能。也就是通过全面深化改革，完善政策、法律、制度环境，构建完备的市场体系，保护不同所有制经济的合法权益，真正有效促进经济高质量发展。

三、微观主体有活力

市场之所以有效，在于其能够识别最有效的微观主体，而把要素资源配置到这些微观主体才能最终提高市场配置资源的效率。识别最有效的微观主体不是政府去寻找，而是市场主体通过竞争自发涌现出来。问题的关键在于如何使微观主体涌现出来。显然，这需要建立完善的能够激发市场主体活力的制度。

第一，厘清政企关系，构建公平的竞争环境。经济发展离不开企业，企业的成长需要政府的“帮助”，这是后发国家的基本经验。无论是德国对英国的追赶，还是美国对欧洲的赶超，乃至日本战后的追赶，政府都发挥了重要的作用。从赶超的经验看，要避免政府从“帮助之手”堕为“掠夺之手”。在由高速增长转向高质量发展的阶段，微观主体活力首先来源于竞争，通过竞争淘汰无效率、低效率的企业，提高整体经济的效率。公平竞争的环境依托多元化的市场主体，让不同所有制经济在非歧视政策环境下展开竞争，要求政府提供竞争中性的政策。对与政府存在天然联系的公有制经济特别是国有企业，需要进一步深化“政企分离”的改革，使国有企业真正成为独立决策经营的市场主体。在对国有企业的监管方向上，要由管企业向管资产，进一步向管资本转变。在保障国有企业效率的基础上，深化国有企业分类改革。对非公有制经济，特别是对私有企业而言，需要给予更广泛的生存空间，破除“玻璃门”“旋转门”，真正放开竞争性领域和竞争性环节。与国有企业不同，私有企业与政府存在天然的距离。为了获取政府支持，部分私有企业通过“俘获”政府官员的形式拓展自身的发展空间，但这种行为会破坏公平的竞争环境，显然，这种行为既不合法，也不符合市场经济向更高层级发展的要求。因此，确定私有企业和政府之间的良性关系就显得尤为重要。这就要求按照2016年“两会”期间，习近平总书记给出的答案——构建既“亲”且“清”的新型政商关系，框定政府和企业的行为准则和边界。

第二，完善产权保护制度，稳定微观主体信心。“有恒产者有恒心。”只有平等保护产权才能稳定不同所有制经济主体的发展信心。这是因为，产权是所有制的核心，合理保护产权才能促进不同所有制经济发展。这就要求，健全以公平为核心原则的产权保护制度，加强对各种所有制经济组织和自然人财产权的保护，特别是要清理、废除有违公平的法律法规条款。但对于不同所有制经济的保护是不同的。其中，对公有制经济财产权的保护，要着重促进公有制经济保值增值，防止公有制经济的资产流失；而对非公有制经济财产权的保护，则要禁止一切对非公有制经济财产的非法侵占行为，确保非公有制经济财产安全。

第三，保护知识产权，激发创新活力和促进创新成果转化。理论和实践表明，知识产权保护要在激励创新和促进创新的外溢效应之间取得平衡。因为，过于严格的知识产权保护虽然有利于创新，但不利于促进创新的外溢效应，不利于经济整体效能的提高，进而也不利于企业的持续创新。相反，相对较为宽松的知识产权保护，虽然能够通过模仿快速缩小与前沿技术的差距，但显然不利于原创性技术的产生和发展。后发经济体的技术进步有两个来源，其一是模仿，其二是自主创新。模仿是指通过引进、吸收、再创造迅速缩小与技术先进国家的差距。这种模式的优点是既节约成本又节约时间，可以在短时间内实现追赶。但由于技术先进国家的技术封锁或者技术壁垒的存在，这种模式的弊端也非常明显，即始终无法引进最前沿技术，始终与技术先进国家在技术进步上保持几十年的差距。自主创新是依托自身的科研能力，独立进行创造实现技术进步。这种模式的好处是独立性强，弊端则是发展缓慢且成本高昂，需要大量的资本积累。显然，对于起飞期的赶超国家而言，引进技术实现经济起飞和效率提升是最为经济的，待经济实现起飞且有了比较多的积累后再转向依靠创新。这方面，实现由模仿到创新成功转型的案例是日本。“二战”后，日本经济实现起飞且在生产制造业全面赶超美国，并创造了著名的“日本第一”神话。尽管20世纪90年代以后，日本在网络技术等方面开始落后于美国，但经过20多年的发展，当前日本依托自身的发展正在回到技术前沿。我国的技术进步正处于由模仿向自主创新的转型阶段，既需要根据市场需求引导科技创新，又需要夯实基础研究，发展核心技术。这就意味着要加大与经济增长相适应的知识产权保护力度。

当前，我国在大多数技术领域已经完成了追赶，原创性的核心技术创新成为发展动力的主要来源，这就要求适度强化知识产权保护，保障创新收益，治理对知识产权及其收益的非法侵占行为。但现实的情况是，我国的创新投入和产出已经排在世界前列，但这些创新并没有实质性地促进我国经济增长和全要素生产率的提高。这就意味着大量创新成果游离于市场之外，不能顺利转化为切实的生产要素，或者不能通过产业化而生产出切实的产品。而要促进创新成果转化，就必须明晰知识产权归属，进而合理分配成果转化收益。这是因为，我国创新的主体除了企业以外，还有高等院校、科研院所等非企业机构。企业外的创新成果的权利归属于机构而不是科研人员，而科研机构实际上并不能很好地对接市场，又没有激励科研人员进入市场的机制，从而造成创新成果不能为经济增长作出应有的贡献。当前，只有在科研人员和科研机构之间合理分割创新成果的产权和收益，才能激励科研人员将创新成果转化为实实在在的生产力，才能更好地维护科研机构和国家的权益不受侵害。

四、宏观调控有度

统一的市场和灵活的价格是让市场发挥作用的密钥，因此，合理划分政府与市场的边界就显得尤为重要。发挥市场在资源配置中的决定性作用和更好地发挥政府作用，为厘清政府和市场的边界划分奠定了基础。在此基础上，政府所扮演的角色就是让市场拥有发挥资源配置决定性作用的环境。这种环境即包括前文所述的政策、制度环境，也包括经济环境。这也就意味着，发挥市场在资源配置中的决定性作用，不是不需要政府发挥作用，而是要更好地发挥政府的作用。从一定程度上讲，市场能否发挥决定性作用的关键在于政府能否更好地发挥作用。政府创造良好的经济环境主要是指在抵御外部冲击、防范化解潜在风险、平滑经济周期、保护幼稚产业和促进特定产业发展等方面发挥作用。其中，抵御外部冲击、防范化解潜在风险和平滑经济周期导致的经济波动，往往被纳入国家宏观调控的范畴；而保护幼稚产业和促进特定产业发展等则被列入产业政策。无论是宏观调控还是产业政策，不管是发达国家还是新兴国家，政府都在积极地发挥作用。显然，通常所说的仅在弥补市场失灵上存在合理性的新古典主义经济学理论意义上的政府在现实中是不存在的，而我国40多年改革开放的基本经验之一就是发挥了政府和市场两个积极性，从而维持了经济快速稳定增长。如前所述，市场化改革以来，政府的经济治理能力不断提高，表现在经济增长上就是经济持续快速增长的同时增长率的波动幅度逐渐收窄，摆脱了“钟摆式”调控。在高质量发展阶段，政府要进一步提高治理能力，科学施策延长中高速发展时间，为跨越中等收入发展阶段创造条件。

就宏观调控政策来讲，首先要明确无论是财政政策还是货币政策都存在政策时滞，即经济政策从决策到出台再到实施，要经历一连串的程序，要经历一个比较长的时间才能落地，而政策效果显现需要更长的时间。这就意味着，任何一项经济政策，都要审慎决策、审慎施策，尤其是宏观逆周期政策。科学制定宏观调控政策的前提，是建立研判宏观经济走势或者预警宏观经济风向的前置指标，从目前看，这些指标大部分为短期指标，如月度或季度的PPI（生产价格指数）、CPI（居民消费价格指数）、固定资产投资以及消费等。但实际上，对于短期经济波动形势的研判应该建立在准确把握经济周期的基础上，这就需要对经济发展的趋势作出研判，即判断经济是处于景气周期还是衰退周期。显然，短期的前置指标无法满足对经济周期的研判，这就需要对一些基础的指标，如潜在经济增长率、全要素生产率以及经济周期预测等进行测算，并以此作为阶段性判断的基础和长短期政策配合的依据。在制定政策时，特别要注意政策实施的时点和强度。一方面要及时，不能拖延，否则会错过最佳时机；另一方面政策力度要适当，既不能“用力过猛”造成过多后遗症，也不能“用力不足”达不到政策效果。此外，还要注重政策效果的评估。比如，在基础设施投资过程中，必须加强对投资效率的评估，通过评估避免出现一些地区投资不足，而另一些地区投资过度的结构性错配现象。

除了要考量宏观调控政策的时滞和力度外，还要简化政策目标。政策制定者一定要区分政策目标的层级，也就是说哪些是核心目标，哪些是附加目标，哪些是中介目标，哪些是最终目标，只有作出了科学划分才不会因目标重叠导致政策叠加引发的力度过猛，更不会因目标冲突导致政策冲突而使政策无效。实际上，最好的方法是简化多元政策目标。在经济下行阶段，促进就业和稳定经济增长无疑是最重要的目标，因为保证就业和经济增长是其他目标实现的基础。因此，当前宏观调控政策要以稳增长和促就业作为重中之重。

对于后发国家来讲，除了宏观经济调控要科学化以外，配合市场经济的产业政策也要科学化。这里所说的产业政策主要包括两类：其一是对脆弱产业的保护，其二是对新兴战略产业的扶植。而产业政策的科学化也包括两个方面：一方面是保护或扶植程度的确定，另一方面是保护或扶植时间的确定。产业政策的目的是尽可能让本国的脆弱产业或新兴产业在保护期内成长为具有竞争力的产业，防止外部冲击造成的负面影响。但需要注意：第一，享受保护或扶植的企业能否在保护或扶植期内成长起来；第二，保护或扶植是否会对市场造成扭曲。实践证明，保护或扶植期过长会形成企业对政策的长期依赖，从而难以提高企业的市场竞争力。加入WTO（世界贸易组织）以后，比较典型的案例是我国的纺织业和汽车制造业。其中，纺织业是开放最早的，是没有受到保护的。从目前的情况看，尽管我国纺织业在国际上竞争力比较强，但实际上这种竞争力只停留在中低端市场，而高端市场则让位于国际知名品牌。相反，汽车制造业在加入WTO时处于比较严格的保护政策下，但长期的保护并没有提高汽车制造业的竞争能力，而且核心技术的缺少，导致汽车企业特别依赖保护政策。因此，科学合理地制定相关规则，尤其是政策退出机制，是今后实施产业政策必须加以充分考量的。要真正使产业政策的作用发挥得恰到好处。

第二章

完善产权制度　实现要素市场化配置

建设现代化经济体系是我国从赶超经济向成熟经济转型的标志。建设现代化经济体系就是要逐步摆脱广泛存在的非均衡、不平等政策倾向与超国民待遇，构建包括要素市场在内的公平、竞争、有序的市场体系，通过培育公平、高效、有序、透明、廉洁的市场环境激发各类市场主体的积极性、创造力，为高质量发展奠定制度基础。

第一节　完善产权制度，实现有效激励

市场经济的有效运行离不开法律的有效保护。党的十八届四中全会将社会主义市场经济定义为法治经济，并提出要“健全以公平为核心原则的产权保护制度，加强对各种所有制经济组织和自然人财产权的保护，清理有违公平的法律法规条款。创新适应公有制多种实现形式的产权保护制度，加强对国有、集体资产所有权、经营权和各类企业法人财产权的保护。国家保护企业以法人财产权依法自主经营、自负盈亏，企业有权拒绝任何组织和个人无法律依据的要求”。党的十九大报告再次重申要“完善产权制度”“实现产权有效激励”，这就明确了进一步深化产权制度改革的方向，即通过立法和执法规范个人、企业和政府等市场主体的行为，激发市场主体的积极性、创造力，为发挥市场在资源配置中的决定性作用创造有利的法律制度环境，为社会主义市场经济体制不断完善保驾护航。

一、产权与激励

产权界定和保护的重要性，在于它能为各种经济主体提供正当的激励，并鼓励充分的竞争。从经济学的角度看，产权的有效激励源于围绕产权的一系列制度安排，包括对产权的清晰界定和有效保护、合同的有效执行及纠纷的公平仲裁，这些被视为市场经济最基本的支持性制度。

这里所讲的产权既包括权利束中的不同方面，也包括不同市场主体所有的归属性质产权形式，而界定产权是保护产权及其所代表财产的基础。从这个角度讲，各种类型（归属不同）的财产获得有效而同等的法律保护，是市场经济顺利运转的制度基础，也是各种所有制经济平等竞争的前提条件。根据经济活动过程，法律对经济生活的作用包括：事前的产权界定，这是市场经济下一切经济行为的前提条件；市场通过自由契约实现产权配置优化；经济成果的确认与保护，即保护合法财产不受侵犯。这一过程就是产权发挥激励作用的过程。

第一，我国正处在社会主义初级阶段，界定产权尤其重要。首先，发展社会主义市场经济要求有独立自主的经济主体，而清晰界定产权是企业成为独立自主的经济主体的前提。需要注意的是，这里的产权界定清晰是指“责、权、利”的清晰划分，而不是单指法律上的权利归属界定清晰。其次，我国“公有制为主体、多种所有制经济共同发展”的基本经济制度，必然使所有制结构逐渐多元化，而清晰的产权结构是测算不同所有制经济比重的基础，也是监测、研判我国社会主义性质经济基础的必要条件。再次，明确的产权关系是公有制经济战略调整的基石，是国有企业改革的背景，是发展混合所有制经济的前提。从党的十四大报告提出理顺产权关系开始，到党的十四届三中全会首次提出“进一步转换国有企业经营机制，建立适应市场经济要求，产权清晰、权责明确、政企分开、管理科学的现代企业制度”，之后，虽然关于国有企业改革目标的表述有所变化，但产权清晰一直是国有企业改革的努力方向。明晰产权，就是要革除传统计划经济下公有制经济产权不清对经济行为主体缺乏有效激励的弊端，发挥产权内生的激励作用；同时，清晰的产权结构是国有企业改制过程中避免国有资产流失，实现国有资产保值增值的必要前提。最后，在所有制结构逐渐多元化的条件下，特别是混合所有制经济已经成为基本经济制度的重要实现形式的当下，没有清晰的产权结构就不可能有混合所有制经济的快速发展。

第二，市场发挥配置资源的决定性作用，离不开法律对市场机制的有效保护。在科斯看来，只要财产权是明确的，并且交易成本为零或者很低，那么，无论在开始时将财产权赋予谁，市场均衡的最终结果都是有效率的，都能实现资源配置的帕累托最优。然而，产权界定不影响资源配置效率有三个前提，即自由交换、完全竞争和交易成本为零或很低。而这三个前提都离不开有效的法律保护。因为科斯定理成为现实必须有重新谈判、缔约的保障，而重新谈判、缔约需要一个最为基本的法律权利，即经济主体平等、自由谈判，因此，重新建立契约就显得尤为重要，而“最佳的契约形式在保护权利感受的刚性与促进事后效率的灵活性之间进行权衡取舍”[①]。显然，保证契约的签订与执行需要完备的法律体系。需要指出的是，前面所说的“平等”在很大程度上是一个法律概念，即经济主体拥有的一项权利，而并不完全是经济学的概念。这是因为经济学认为谈判过程中的平等与信息密切相关。在完全信息条件下，谈判双方可以实现平等，但不能排除谈判者事前投资被“敲竹杠”的风险；而信息不对称会导致契约双方不能通过谈判签订一份完全契约。谈判过程中的不平等既可能来自信息的控制者，也可能来自资产的所有者，关键在于谁获得了剩余控制权。虽然剩余控制权往往会向所有者倾斜，但这只存在于所有权、控制权等密切结合在一起时的自给自足的古典经济学理论中。因此，在产权不可分割的条件下，产权的配置效率体现在上述谈判过程中的资产的再配置中。

随着专业化分工的发展，经理人作为人力资本专用投资者逐渐掌握了企业的经营权，这意味着所有权与经营权的分离，特别是在公司制企业中，这种分离越发明显。所有权与经营权的分离意味着要实现资源配置效率，不仅要有企业之间的产权转移，更要有企业内部合理的权利分配。这就会出现一种可能，即企业内部的权利分配可能会导致市场上企业间的产权转移。因此，如何在企业内部合理配置权利就成为现代企业必须面临的问题。实际上，与企业间转让资产所有权及伴生的其他权利需要签订资产买卖契约相似，企业内部权利分配是通过签订劳动契约实现企业效率的提高。由于不确定性的存在，企业倾向于用分配剩余索取权的方式激励掌握企业经营权的经理人，使其转变为企业的潜在所有者，实现激励内生于理性经济人的目的，实现企业效率的改善和资源配置效率的提高。

第三，维护私有财产不受侵犯，是经济稳定的信心来源。保护私有

① 聂辉华、杨其静：《产权理论遭遇的挑战及其演变——基于2000年以来的最新文献》，《南开经济研究》2007年第4期。

财产在目前阶段对于提高经济效率来讲具有重要作用。因为保护私有产权与理性经济人内在激励相一致，为经济发展提供了根本动力。正如孟子所说，“民之为道也，有恒产者有恒心，无恒产者无恒心”。对私有财产的保护有利于增强投资者长期投资的信心。而在对西方世界发展过程进行对比分析以后，诺思得出的结论是，西方世界兴起的根本原因在于对财产权的确立和保护制度的不断完善。除了提高资源配置效率外，私有产权还为降低交易费用提供了有效的动力。出于节省成本、降低交易费用的动机，个人有强大的动力创造出使交易费用尽可能低的组织、规则和制度，如企业制度①。

必须指出的是，保护私有财产与以公有制为主体并不矛盾，二者应该有机地统一在社会主义市场经济中。这是因为，以私有制为基础的市场经济存在自有的弊端，这种弊端只有通过公有制经济才能弥补。此外，作为后发国家发展公有制经济可以在短期内实现经济快速增长，避免市场试错过程的无效率。历史发展经验表明，完全的公有制与完全的私有制对一国经济的发展来讲都不是最优的制度安排，恰恰是混合经济成为当前各国经济制度选择的主流，尽管公有与私有的数量结构存在差异。因此，在当前必须明确公有制经济与非公有制经济都是我国社会主义市场经济的重要组成部分，都是我国经济社会发展的重要基础，必须明确公有制经济财产权不可侵犯，非公有制经济财产权同样不可侵犯。由于非公有制经济长期被歧视与排斥，当前经济发展的重中之重是健全以公平为核心原则的产权保护制度，加强对各种所有制经济组织和自然人财产权的保护，清理有违公平的法律法规条款。而且要特别强调，非公有制经济在支撑增长、促进创新、扩大就业、增加税收等方面具有重要作用。而保障非公有制经济的合法财产有利于非公有制经济的发展，避免公权力对私有财产的侵害。

---

① 王建均：《私有财产保护与非公有制经济发展》，《中央社会主义学院学报》2006年第3期。

二、产权与效率

从经济角度讲，产权是经济分配的依据，并通过分配这种激励功能发挥市场在资源配置中的作用。产权与效率的结合源于产权的多重属性特征，包括所有权、支配权、处置权、索取权等，都是作为分配依据存在的，即都会转化为剩余索取权。在经济社会发展的不同阶段，产权的侧重点也有所差异，从而保证了经济效率能够呈现较为合宜的状态。比如，人们普遍接受“私有制是在原始公有制社会解体过程中产生的”这一说法，但实际上，原始社会本身是一种“内公外私”的初始状态，从这个角度看，公有制和私有制应该是同源的，都根源于人类的生存需要与资源相对有限之间的冲突。

在人类文明发展的过程中，公有制和私有制一直是并存的，只不过随着技术进步和制度完善，私有制逐渐由外而内，由原始部落转移到家庭、个人。之所以会出现这种变迁，主要是因为生产力的发展提高了生产单位的能力，缩小了由生存需要决定的生产单位规模，并最终把家庭和作坊（企业）作为不同产业的最小生产单位。这样，私有制在一国内部就成为最主要的所有制关系，无论是奴隶社会、封建社会还是资本主义社会。

需要指出的是，在私有制不断扩大并成为主要所有制关系的时候，公有制并没有消失，而是以不同形式存在着，如西欧长期存在的“公地制度”。特别是当生产力发展到一定程度以后，由于自然垄断、外部性以及界定产权的成本过高等因素，一些产业、领域以公有制经济的形式存在并不断壮大，如国防、铁路、电信、自来水、天然气等的供给以国家和国有企业的形式存在，私有产权由于在这些领域没有得到“激励”而不愿进入。

“二战”后，两种截然相反的力量推动着两种所有权制度的发展，并证明了特定条件下公有制经济可以在商业领域实现效率提高。第一种力量是“二战”后公有制产权形式的扩张：一方面，共产主义思潮从苏联发端，迅速向东欧和广大发展中国家扩张，中央计划和公有制成为社会主义国家经济运行的基本模式；另一方面，欧洲（西欧）老牌资本主义国家急需从被战争破坏的经济中走出来，此时，凯恩斯主义经济思想的传播与马歇尔计划的快速推进扩大了政府和国有企业在国民经济生活中的作用，由此国有产权在资本主义国家也快速发展了起来。据统计，在鼎盛时期，国有产权占整个非洲产出的20%，亚洲产出的12%，拉丁美洲产出的10%。

公有制发展的结果是：一方面，社会主义国家迅速建立了相对完善的经济体系，摆脱了贫困的困扰，人们的生活普遍得到改善；另一方面，资本主义国家走出了一条快速增长的路径，形成了“二战”后增长的“黄金时期”。

第二种力量是公有产权的收缩和私有产权形式大行其道：首先是自20世纪70年代开始的发达国家的私有化进程；其次是原社会主义国家在20世纪80年代末开启的转型过程，大量公有制企业私有化；再次是社会主义国家，特别是中国，在改革开放的过程中探索中国特色社会主义道路，找寻所有制结构的最佳结合点。在此过程中，公有制经济规模整体上是收缩的，但这种收缩并不是无限的，相反，在OECD（经济合作与发展组织）国家，国有企业规模虽然小但地位却很突出。据统计，大多数OECD国家的国有企业产出占GDP的比重为15%～35%，最高的是芬兰和斯洛伐克，为50%～80%。不仅如此，几乎所有国家都有60%～90%由国家控股或独资的国有企业，只有10%的国有企业是上市公司，在主要能源资源（水力发电、石油、天然气和煤炭）、邮政和电信系统、主要运输系统（铁路和航空）等部门，即便是私有化比较严重的金融部门，国有企业也依然保留着30%～100%的股份[①]。

由此可见，无论是公有产权还是私有产权都有其特定的效率空间，公有制经济与非公有制经济之间存在效率结合的最佳点，因为私有产权在资源配置效率上占优，而以国有经济为代表的公有制经济在生产性效率上占

① 经济合作与发展组织：《国有企业公司治理：对OECD成员国的调查》，李兆熙、谢晖译，中国财政经济出版社，2008，第20—30页。

优。此外，在宏观效率上，特别是在掌握战略性新兴产业、促进国民经济发展、应对经济危机冲击等方面，公有制经济比非公有制经济在整体效率上占优。因此，保持必要的公有制经济是一个经济体经济社会持续健康发展的基础。

三、产权激励存在的问题

产权的清晰界定和有效保护、合同的有效执行及纠纷的公平仲裁是市场经济最基本的支持性制度。各种类型的产权获得同等有效的法律保护，是市场经济顺利运转的法治基础。对这一问题，宪法和有关法律都有明确的规定。例如，2004年通过的《中华人民共和国宪法修正案》规定，“公民的合法的私有财产不受侵犯”“国家依照法律规定保护公民的私有财产权和继承权”。2007年通过的《中华人民共和国物权法》规定，“保障一切市场主体的平等法律地位和发展权利”“国家、集体、私人的物权和其他权利人的物权受法律保护，任何单位和个人不得侵犯”。党的十八届三中全会通过的《中共中央关于全面深化改革若干重大问题的决定》提出，“公有制经济财产权不可侵犯，非公有制经济财产权同样不可侵犯”，各种所有制经济产权和合法利益“同等受到法律保护”。这些规定和原则是完善产权保护制度的指南。我们必须承认，在实践中，我国还没有建立起与多种所有制经济共同发展相适应的产权保护制度。

首先，我国的法律制度还不完善，政府行为也有待规范，侵犯私有产权及其收益的现象还时有发生。我国正处于历史性的社会转型过程之中，在法治意识、法律的修改、司法的执行等方面，尚没有完全适应实践中公有制的多种实现形式、各种非公有制的经济形态不断发展过程中的产权结构变化的基本要求。坚持“两个毫不动摇”需要法律制度环境的保护，需要政府行为的有效规范，政府要成为市场主体公平竞争的维护者而不是规则的破坏者。

其次，理顺公有产权中的责权关系，构建激励相容的机制，防止公有产权沦为无主产权。公有产权是我国经济的核心支柱，尽管公有制经济在产出、就业和财税方面的贡献落后于非公有制经济，但公有制经济特别是国有经济依然控制着国民经济命脉，而且技术溢出效应明显，承担着保障全民基本社会福利的任务。但目前看来，国有企业的监管还存在较大的不足，一方面，管企业和管资产、管资本的关系不明确，另一方面，管理部门对于企业高管缺乏有效的外部监督机制和评价标准，同时，缺乏内部激励相容的机制等。由于这些制度缺失，国有企业和公有产权往往沦为部分人谋取私利和利益输送的工具。因此，国家必须打破国有企业高管和政府部门之间任职的“旋转门”，同时理顺高管权能，尽可能激励相容，优化外部环境和完善监督评价追责体系。

再次，保护非公有产权，惩治各种侵害非公有产权的行为。受困于意识形态，尽管改革开放以来非公有制经济在国民经济中的作用不断显现，但其法律地位的获取却缓慢得多。直到21世纪，非公有制经济应有的地位与保护私有财产的意识才最终得到法律的承认。2004年将保护私有财产写入宪法，“国家保护个体经济、私营经济等非公有制经济的合法的权利和利益”“公民的合法的私有财产不受侵犯”“国家依照法律规定保护公民的私有财产权和继承权”。2007年通过的《中华人民共和国物权法》，基于不同类型经济在法律面前平等的地位，“保障一切市场主体的平等法律地位和发展权利”“国家、集体、私人的物权和其他权利人的物权受法律保护，任何单位和个人不得侵犯”。2007年，党的十七大报告进一步指出，“坚持平等保护物权，形成各种所有制经济平等竞争、相互促进新格局”。

能够在法律上承认非公有制经济地位，并明确保护私有产权、确立其平等的法律地位是我国1949年以后取得的历史性进步；但必须指出，落实宪法及相关法律中的规定还需要一定的时间，特别是彻底扭转人们对非公有制经济以及私有财产的偏见，不可能一蹴而就。因此，在实践中，非公有制经济的产权保护状况和平等法律地位的获取情况并不乐观，这在某种程度上存在一定合理性。

随着经济发展，近年来中国居民财富积累速度明显加快，形成了一部分富有阶层。私有财产得不到切实保护导致一部分富人选择投资移民。当然，富有阶层是否选择投资移民还受到其他因素影响，如子女教育、投资风险与收益在经济下行背景下是否出现背离，但不得不说的是，地方政府选择性执法对富有阶层财产安全是一个巨大的威胁。根据招商银行和贝恩公司联合发布的《2011中国私人财富报告》，中国个人境外资产增长迅速，2008—2010年年均复合增长率约为100%。与此同时，近年来中国向境外投资移民人数快速增加，在接受调研的高净值人群中，近60%的人士已经完成投资移民或有相关考虑。据招商银行和贝恩公司的调查，出于保障财产安全目的而移民的比例高达43%。中国银行和胡润研究院对全国18个重点城市拥有千万元以上财产的富人进行了调查，结果是，1/3的富人拥有海外资产，平均60%的富人有移民意向或已申请移民，以投资移民为主，拥有亿万元财产的富人的海外投资比例更超过50%。在移民中，掌握财富、知识和技术的人最多，其中很多是民营企业家，他们的离去将给中国经济社会发展造成重要影响。

四、完善产权保护制度

党的十八届三中全会通过的《中共中央关于全面深化改革若干重大问题的决定》把完善产权保护制度提高到了新的理论和实践高度，提出“产权是所有制的核心”“公有制经济财产权不可侵犯，非公有制经济财产权同样不可侵犯”，各种所有制经济产权和合法利益“同等受到法律保护”，这些原则对于完善我国产权保护制度，进而完善社会主义基本经济制度提供了明确的指导。党的十八届四中全会更将依法治国、依法执政、依法行政作为政府进一步改革的目标，并将公民人身权、财产权、基本政治权利等各项权利平等对待，保证这些权利不受侵犯，同时将“增强全社会尊重和保障人权意识，健全公民权利救济渠道和方式”也作为今后政府立法、执法、行政的重要标准。

目前实践中存在的主要问题是对财产保护不力，不论是对公有制财产，还是对非公有制财产，都存在这一问题，只不过表现形式不同。其中，公有制财产面临保值增值的难度增大和防止部分人利用公权力侵吞公有资产，或在处置公有资产过程中出现公有资产大幅度流失，甚至转变为私有财产的问题。而非公有制财产面临的有效保护问题更为突出。之所以认为非公有制财产没有得到有效保护的后果更严重，是因为非公有制财产产权明确，得不到有效保护将严重影响一国的法律环境，也就是说，缺乏一个公开、公平、公正的市场环境；而公有资产流失大部分是由于贪污腐败、职务犯罪、化公为私等行为，它不直接侵害其他经济主体的权益。因此，侵害非公有制财产比侵害公有制财产危害更大。总的来看，非公有制财产之所以得不到公平、有效的保护，既有意识形态、理论方面的原因，也有法律、政策和执行等层面的原因。其中，最直接的是以下两大因素。

第一，政府机构拥有巨大的行政权力，而不受限制的行政权力往往成为侵害非公有制经济产权的一个根源。“有些地方个人产权受到非常粗暴的侵犯，用各种莫须有的罪名，侵犯、占有个人产权，甚至让一些企业家倾家荡产，被送进监狱”[①]。在这种情况下，政府不仅没有充当合法私有财产的保护者，而且扮演了“掠夺之手”的角色。

第二，司法系统没能做到对非公有制经济的公平裁决。当非公有制企业的财产受到侵害时，立案、判决和执行都面临许多困难。当非公有制企业与国有企业发生财产、合同等经济纠纷时，裁决及其执行往往偏向于国有企业。

因此，构建公平、有效的保护非公有制财产的法治环境，就需要在有效约束政府的条件下从下述几个层面努力。

其一，营造有利于非公有制经济发展的社会舆论环境。这需要从社会意识形态和理论方面着手。在社会意识形态方面，不能再把“公”和

① 李剑阁：《下一步改革的两条主线：市场化取向，多种经济成分共同发展》，《中国改革》2013年第1期。

“私”、“公”和“非公”绝对对立起来，更不能把“非公有制经济”与“自私”“剥削”等直接联系起来，不能认为只要是“非公有制经济”就丧失了“道德的制高点”。我们必须调动一切积极因素，最大限度地激发各类资本、技术和智力的潜力，让一切劳动、知识、技术、管理和资本的活力竞相迸发。因此，无论是“公”还是“非公”，只要是创造社会财富的源泉，就应该受到积极评价和公平对待。

其二，法律、政策条文或解释需要进一步完善。从根源上讲，一些法律、政策条文或解释不利于营造非公有制经济发展的公平法治环境。我们需要对公有制的主体地位进行科学的理解，不能把公有制的主体地位理解为公有制企业可以在法律和市场竞争规则面前凌驾于非公有制企业之上，在产权保护和合同仲裁上天然享有特殊优待。一些法律条文有时也容易导致对非公有制财产的侵害。例如，《中华人民共和国宪法》第十三条规定，“公民的合法的私有财产不受侵犯”“国家依照法律规定保护公民的私有财产权和继承权”，但同时又规定，“国家为了公共利益的需要，可以依照法律规定对公民的私有财产实行征收或者征用并给予补偿”。但对“公共利益”目前还没有明确的界定，对如何界定“公共利益”也没有明确的规定，这就容易导致借“公共利益”之名侵害和掠夺非公有制财产的现象出现。

其三，消除对非公有制经济的司法偏见。构建公平的法治环境，执法和司法环节至关重要。从立法层面看，平等保护各类财产和经济活动的法律法规和政策并不缺乏，问题是它们并没有得到有效执行。美国学者艾利森曾指出，在达到政府目标的过程中，方案确定的功能只占10%，而其余90%取决于有效执行。这同样可以用在法律法规和政策的制定和执行上。强化已有法律法规和政策的执行，是各类所有制经济平等竞争、共同发展的关键。这就要求司法机关和政策执行机关在面对公有制经济单位与非公有制经济单位的财产、合同及其他经济纠纷时，能够抛弃所有制偏见，依据法律条文公平、公正裁决。

第二节　纠正资源错配，促进要素自由流动

一、资源错配与经济效率

广义地看，是否存在资源错配是与标准的市场配置资源情况进行比较得出的。然而，完备的市场经济本身的约束条件很苛刻，这就意味着资源错配不可能消除，而只能尽量降低。配置资源需要与经济发展阶段相联系，与经济体量和基础相适应。

从各国发展经验看，赶超国家的一个显著特征就是政府在经济运行过程中扮演着重要作用，集中体现在“更好地利用国际国内两个市场、两种资源”。显然，这种利用不单单是市场行为，更多的是政策引导。这一方面体现在利用产业政策引导要素流向需要发展的产业部门，另一方面体现在政府直接干预要素配置。无论是工业化过程中德国对英国的赶超，还是“二战”后日本的崛起、新兴经济体的快速发展，都具有明显的资源错配特征，又都实现了经济在特定阶段的快速发展。

就我国来讲，从改革开放以前的重工业优先发展战略——利用城乡商品价格剪刀差实现资本积累，到改革开放后的非均衡发展战略——一部分人、一部分地区优先发展，对外开放过程中的优惠政策以及各种产业政策等也都带有资源错配和价格扭曲的特征。结果是，改革开放前，我国快速建立起一套独立、完整的经济体系，而在1978年后的30多年中经济维持了将近两位数的快速增长，实现了人类有史以来持续时间最长的增长奇迹，并在2010年后一跃成为世界第二大经济体，为中国的和平崛起奠定了坚实的基础。

但应该看到，随着经济增长、市场逐渐完善和赶超的逐渐结束，利用资源错配和价格扭曲的空间越来越小，效率损失越来越凸显；相反，市场

发现价格（价值）、发现优秀企业、传递稀缺信息，把资源配置到高效率部门、高效率企业的作用越来越大。这就意味着，利用资源错配和价格扭曲的经济溢出效应和宏观的生产性效率逐渐让位于微观的资源配置效率，因此，政府的适时、适度退出和退出过程、形式就显得尤为重要。其中，德国、日本、亚洲新兴经济体的发展都是比较成功的，这些经济体都是在经济发展到一定程度以后逐渐实现资源由政府配置到由市场配置的转换，但时至今日政府在经济发展中依然扮演着重要角色；俄罗斯等转型国家在“华盛顿共识”的指引下试图通过激进的政府退出政策快速建立完备的市场经济体制，结果不但没有使市场发挥作用，反而造成经济长期动荡，直到新的强势政府出现才勉强使经济逐渐走出阴霾。

当前，我国经济发展已经进入由高速增长的赶超经济向高质量发展的成熟经济转型的新阶段，资源配置由政府主导转向由市场发挥决定性作用成为必然。这是因为，长期由政府投资驱动经济增长的边际效率在下降，相反，市场配置资源的分散风险特征越发明显。这就出现了资源配置转换的窗口期，而这个过程就是要使我国经济增长从要素投入驱动转向创新驱动，因此，发挥市场在资源配置中的决定性作用和更好发挥政府作用就显得尤为重要。

研究结果表明，如果以美国为标准纠正资源错配，我国制造业企业的TFP提高30%～45%，而如果以日本和韩国为标准，劳动力要素错配造成的TFP损失为2%～17%[①]，如果消除劳动力和资本资源错配，农业TFP可以增长20%～30%[②]，同样，消除劳动力和资本资源错配可以使工业企业总量TFP提高51%以上，国有企业和集体企业总量TFP分别提高45%和18%以上[③]。此外，资源错配还会影响制造业企业的R&D投入，抑制经济体的创

① 袁志刚、谢栋栋：《中国劳动力错配对TFP的影响分析》，《经济研究》2011年第7期。
② 朱喜、史清华、盖庆恩：《要素配置扭曲与农业全要素生产率》，《经济研究》2011年第7期。
③ 李静、彭飞、毛德凤：《资源错配与中国工业企业全要素生产率》，《财贸研究》2012年第5期。

新和技术进步[①]，进而造成过度投资，导致需求不足和产业结构失衡[②]，等等。

由此可见，纠正资源错配可以促进全要素生产率的提高进而为维持经济快速增长奠定基础。

二、资源错配的来源

除了带有赶超色彩的一般性政府干预外，我国的资源错配还有特殊性，即各种类型的市场分割。这里的市场分割主要是指非市场因素将要素限制在不同领域、部门、区域等，阻碍了要素向高效率部门流动，从而影响了市场配置资源的效率。当前，我国存在不同的要素市场分割，如地区分割、行政分割、制度分割，这些分割有的缘于经济赶超的特殊政策，有的缘于计划经济留下的体制性因素还在发挥作用，有的缘于现行政治制度对地方政府的考核等，但在新的发展阶段，这些分割无疑降低了要素配置效率，需要根据经济发展的不同阶段逐渐深化改革直到形成统一的要素市场。

（一）条块分割：从“诸侯经济”到条块经济

改革开放以来，虽然市场在资源配置方面逐渐取得了决定性地位，但由政府控制的资源依然是促进中国经济发展的重要因素。与其他国家不同，维持良好的央地关系是经济社会良性发展的基础，这要求“充分发挥中央和地方两个积极性”“赋予地方必要权力，让地方有更多的因地制宜的灵活性，发挥地方发展经济的积极性和创造性，有利于增强整个经济的生机和活力。同时，全国经济是一个有机的整体，中央必须制定和实施全国性的法律、方针、政策，才能保证总量平衡和结构优化，维护全国市场的统

① 张杰、周晓艳、李勇：《要素市场扭曲抑制了中国企业R & D》，《经济研究》2011年第8期。

② 叶文辉、楼东玮：《资源错配的经济影响效应研究》，《经济学动态》2014年第11期。

一，促进国民经济有序运行和协调发展”[①]。发挥中央和地方两个积极性在制度安排上就表现为中央和地方两个行政主体同时对地方经济具有管理权。

以1994年分税制改革为分水岭，中央与地方的关系（经济关系）由改革开放初期的“诸侯经济”逐渐演变为条块经济。一方面，国务院各部委对应于地方政府各部门形成纵向的垂直管理体系，即“条条”，如国家税务总局对各级税务部门的业务管理；另一方面，地方本级政府对相应业务部门以及下级业务部门的横向管理，即“块块”，如地方政府对税务部门的行政管理。虽然是条块分割，但实际上是“条条块块”网状交错，既相互分割，又相互牵连。好处在于，可以充分体现中央和地方政府的双重目标。在原有经济体制下，一方面有利于地方执行中央计划，另一方面有利于计划的监督实施。显然，这种制度安排隐含着中央与地方政府目标函数一致的假设。但在市场经济下，特别是分税制改革以后，由于财权与事权不对应，中央与地方的目标函数出现了偏差。结果是，中央政策在地方执行时会走样，尤其是在追逐GDP的过程中，地方政府会根据自身的特殊情况选择性解释、执行中央政策。由于受到地方政府的管理，业务部门在执行“条条”政策时必然会受到“块块”的干扰而使政策的初衷不能完全体现。

显然，条块分割是政府改革滞后于经济改革的结果。从政府承担的经济责任看，有效的行政系统必不可少；但从统一市场的要求看，破除各级地方政府出于自身利益的考量，利用优势资源设租寻租的“条条块块”又势在必行。只有协调好，才能真正促进要素、资源的自由流动，解决发展不平衡、资源分布不均衡等问题。在高质量发展的背景下，解决条块分割的关键是协调“条条块块”的目标不一致问题，合理匹配中央与地方的财权与事权。要破除目标不一致的障碍，就要根据新发展理念将中央和地方的发展目标相统一，重新制定考核地方政府政绩的指标体系，从原来重视经济增长转变到协调发展上来，将只关注GDP的增长转移到以人民为中心

① 江泽民：《正确处理社会主义现代化建设中的若干重大关系》，载《江泽民文选》第1卷，人民出版社，2006，第471—472页。

的民生发展上。通过协调中央与地方的发展目标，解决条块分割问题，破除地方障碍，形成统一的市场体系。

（二）制度分割：以户籍制度为中心的劳动力要素的制度分割

对于制度分割，人们往往联想到户籍制度，并把户籍制度作为阻碍劳动力流动的最大障碍。然而，传统的户籍制度是与人民公社制度、粮食统购统销制度、就业分配制度等相互配合的一整套将农民固定在农村的制度体系。户籍制度是以城乡分治为主，从就业到生活资料配给等的一整套歧视性制度安排。从这个角度讲，随着改革开放的不断推进，人民公社制度、粮食统购统销制度以及就业分配制度等都已经不复存在，户籍制度限制流动和就业的核心功能也就消失了。户籍制度核心功能的弱化及其附加功能的强化同时发生，这些附加功能包括义务教育、基本社会保险、最低生活保障和保障性住房等基本公共服务。应该明确的是，除了个别大城市外，对于绝大多数正规就业劳动者来讲，为户籍制度所分割的基本公共服务基本不存在，不能获得基本公共服务的是异地务工人员（通常所说的农民工）。由于不能享受基本公共服务，进城务工人员不能长期定居，而且抑制了人力资本的代际传递，这既影响劳动力供给的数量，也影响劳动力供给的质量，更不利于实现城乡基本公共服务均等化。

之所以强调清除户籍制度的障碍，主要是因为继续提升资源配置效率和挖掘人口红利可以促进我国潜在经济增长率的提高。相关研究表明，劳动力转移形成资源重新配置效率，是亚洲经济体产业结构变化的一个典型特征[①]，也构成中国改革开放时期全要素生产率的重要组成部分[②]，并对这一时期的经济增长作出显著贡献[③]。不同的是，中国的劳动力除了在部门——劳动力从第一产业转移到第二产业、第三产业——重新配置外，还

① 参见Margaret McMillan和Dani Rodrik的文章 *Globalization, structural change and productivity growth*。

② 参见Barry Bosworth和Susan M. Collins的文章*Accounting for growth: Comparing China and India*。

③ 都阳：《劳动力市场变化与经济增长新源泉》，《开放导报》2014年第3期。

在地区——劳动力从欠发达的中西部地区转移到发达的东部地区——重新配置，这两种资源再配置都提高了劳动生产率和潜在经济增长率。

据统计，1978—2015年，我国的劳动生产率（劳均GDP）实际提高了16.7倍，其中第一产业提高了5.5倍，第二产业提高了13.5倍，第三产业提高了5.2倍。蔡昉[①]将劳动生产率的提高划分为产业内贡献（不同产业自身生产率提高的贡献）和结构变化贡献（劳动力向高生产率产业转移的贡献），1978—2015年产业内贡献55.1%，结构变化贡献44.9%。进一步看，在结构变化贡献中，劳动力向具有较高劳动生产率的产业转移带来的效率提升的贡献为4.6%，而劳动力向劳动生产率提高速度较快的产业转移的贡献达到40.2%。此外，根据计算，我国劳动生产率在1978—1994年和1995—2009年两个时段的年均增长率分别为6.4%和8.6%，其中全要素生产率、资本劳动比和人力资本的贡献在这两个时段分别为46.9%、45.3%、7.8%和31.4%、64.0%、3.5%[②]。

由此可见，进一步提高劳动生产率的重点将是促进劳动力由低效率的产业、企业和地区向高效率的产业、企业和地区流动，同时继续挖掘农村剩余劳动力，促进其流出。虽然相对于改革开放之初，农村剩余劳动力可以流出的数量大幅度下降，但农业就业比重依然较高，仍有转移潜力，而且随着农业现代化程度的提高，多余的劳动力将进一步释放。

阻碍劳动力流动的是基本公共服务在本地劳动力与外来劳动力之间的差别化政策，户籍制度只是表象，问题的根本是地区经济发展差距导致基本公共服务在地区间存在较大差异。而在目前的财政体制下，流动就业人员享有的基本公共服务成本由流入地承担，这无疑增加了地方政府的财政负担；另外，由于资源约束，外来人员对资源的分担也自然会引起本地人员的反对，不利于劳动力市场的统一。劳动力流动的宏观效应和成本由地

① 蔡昉：《中国经济改革效应分析——劳动力重新配置的视角》，《经济研究》2017年第7期。

② 参见Kuijs Louis 的文章*China through 2020 : a macroeconomic scenario*。

方承担显然是矛盾的关键，因此，促进流动劳动力及其家人公平享有基本公共服务就需要在中央与地方之间合理分担成本，并设计外来人员基本公共服务的渐进式融入模式。

（三）信贷配给：资本要素的政策分割

信贷配给是经济生活中普遍存在的现象，通常表现为两个方面：其一，只有部分贷款申请人可以获得金融机构的贷款；其二，贷款申请人申请的贷款额只能得到部分满足。一般来讲，大企业更容易获得贷款，而中小企业则普遍存在融资难问题。一般而言，信贷配给产生的原因包括三点：首先是资本的稀缺性致使其不能满足所有的贷款需求；其次是信息不对称和监督成本造成的道德风险和逆向选择；再次是政策性利率（资本价格）管制导致的贷款利率低于市场利率引起贷款需求过大、供给不足。除了普遍存在的中小企业融资难问题以外，我国的信贷配给自有一些特征和问题，如所有制歧视、城乡歧视和地区歧视等。具体表现为，金融机构将资本更多地配置到国有企业、城市和东部地区，而更需要资金支持的民营企业、农村和中西部地区却得不到充足的资金支持。

从经济角度讲，城乡之间和地区之间的信贷配给都可以通过市场解决，即通过经济发展可以实现城乡之间和地区之间的信贷配给均衡。但所有制歧视（除了规模差异具有合理性）则主要缘于国有企业与国有银行之间千丝万缕的联系，而这种联系往往以政府为纽带，以政策导向为支撑，有的政府机构特别是地方政府机构直接参与协调国有企业与国有银行之间的资金供求，甚至强迫国有银行贷款给经营不善的国有企业。这些现象在经济下行时期屡见不鲜。相关研究表明，依靠与政府权力的紧密联系，国有企业可以借助政府隐性担保和政策资源倾斜，提升自身实力，降低经营和违约风险，也可以从政府直接干预银行信贷决策中获益；同时，偏行政化的监管激励机制，提高了国有企业信息的规范性和真实性，弱化了经理人经营和投资风险偏好，缓解了资金供求方的信息不对称问题。这使国有银行向国有企业提供信贷时有更低的期望违约损失、更低的平均交易成本和更高的隐性合约收益，从而愿意为国有企业提供更优的信贷条件。这最终导致在各地区、各行业普遍存在的“信贷所有制歧视”现象[①]。

虽然国有银行贷款给国有企业具有合理性，但这种由政府干预的银行“理性”行为明显扭曲了资源配置，特别是代表资本价格的利率已经失去了甄别优质企业的功能。其结果是企业整体创新力不足，在低效率水平上以规模扩张的形式运行。因为，一方面，获得贷款容易且成本较低的国有企业缺乏压力而盲目扩张，没有动力去通过改善内部治理、促进技术进步来提高企业的核心竞争力；另一方面，面临信贷歧视的民营企业融资困难，维持生产尚且不易，遑论技术创新。平均来看，2003—2007年，民营企业的长期负债占其总负债的17.11%，而国有企业的长期负债占其总负债的41.09%[②]。

显然，增加融资渠道、提高直接融资比重以及准许设立民营银行、村镇银行，可以满足一部分民营企业的贷款需求，但并不能从根本上解决信贷配给造成的价格扭曲问题和资源错配造成的效率损失问题。要改变目前信贷配给中的所有制歧视问题，就必须隔断政府与企业之间的联系，清除干扰银行利率形成的制度性障碍，发挥金融系统应有的高效率甄别企业的作用。

（四）产权分割：二元土地制度

土地作为要素参与经济发展历来为人们所重视，威廉·配第的一句名言流传很广，即“劳动是财富之父，土地是财富之母”。然而应该强调的是，土地与资本不同，并不会伴随着经济增长而持续增加，相反，它的稀缺性是显而易见的。因此，更好地利用土地满足经济的长期发展需要离不开一定程度的土地用途管制，但土地用途管制并不意味着政府充当土地利

---

① 景麟德、李金城、顾国达：《信贷所有制歧视——政治关联效应和信息释放效应》，《中国经济问题》2018年第5期。

② 叶宁华、包群：《信贷配给、所有制差异与企业存活期限》，《金融研究》2013年第12期。

用过程的直接参与者，也不妨碍土地作为要素在符合管制的前提下在所有者和使用者之间流动。

长期以来，我国一直实施的是城乡二元土地制度，即城市土地以及矿藏、水流、海域、森林、山岭、草原、荒地、滩涂等自然资源属于国家所有，除法律规定属于国家所有以外的农村和城市郊区土地、宅基地、自留地、自留山，以及法律规定归集体所有的土地和森林、山岭、草原、荒地、滩涂，属于集体所有。应该说，二元土地制度在以城市为中心的发展过程中发挥了重要作用。一方面，政府依靠强制低价征收和垄断主导土地一级市场实现的城镇化，解决了城镇化进程中的资本来源和公共物品提供问题，为快速城镇化提供了制度基础和政策空间；另一方面，农村土地集体所有分散经营的模式保证了农村土地的农业种植用途并激励农业长期稳定快速发展。然而，随着城市的不断蔓延，城乡土地资源在用途和定价机制上出现了较大的分野，农村建设用地在转化为城市建设用地的过程中，增值利益分配向城市（政府）倾斜，使农村集体得不到应有的补偿，这是目前普遍存在的问题，甚至造成严重的社会矛盾。

究其原因，正是二元土地制度在法律上留下了缺口，使地方政府能够全程参与土地规划、征用、（拆迁）补偿、储备到招拍挂以及建设、监理等。而地方政府热衷于土地开发，其动力就在于土地开发可以扩充财源（土地出让金）从而加速城市经济发展。地方政府之所以如此，也是缘于相关法律规定。如《中华人民共和国土地管理法》（2004年版）第二条规定，“任何单位和个人不得侵占、买卖或者以其他形式非法转让土地。土地使用权可以依法转让。国家为了公共利益的需要，可以依法对土地实行征收或者征用并给予补偿”。第四十七条规定，“征收土地的，按照被征收土地的原用途给予补偿”。第六十三条又规定，“农民集体所有的土地的使用权不得出让、转让或者出租用于非农业建设”。这三条法律规定，确定了政府在征收、征用土地过程中的主体地位，农村土地虽然属集体所有，但为政府强制性征收留下了缺口，并将原有土地相关人员排除在了因用途改变而产生的溢价分配之外。其结果是：一方面，土地低效率利用和城市在空间上急速扩张，而人口的城镇化进程缓慢；另一方面，城乡之间基本公共服务的不均衡格局长期存在抑制了农村经济、社会的发展，同时，大量优质农村耕地突破用途管制的约束转变为城市建设用地。

破除城乡二元土地制度的根本在于在不改变农村土地集体所有的前提下，修订不合理的法律规定，创新农村土地制度特别是产权制度，使地方政府摆脱过度依赖土地财政的发展模式。首先，修订现有法律的不合理条款，使农村集体能够享有更多的权利，而不至于成为地方政府的基层代理人；其次，创新土地产权制度，明确所有权、使用权、处置权以及收益权等产权权利束的归属，为构建统一的土地流转市场提供制度保障；再次，约束地方政府行为，匹配地方政府财权与事权，遏制地方政府片面追求经济增长的冲动。

三、规范政府行为，完善市场配置资源体制

决定经济增长的要素，在劳动力、资本、土地流动上都存在一定的障碍。这些障碍有些是处于赶超阶段的经济体在快速发展过程中所遗留下来的，有些是经济发展不平衡本身所特有的，有些是经济发展过程中普遍存在的，还有些是从计划经济到市场经济的转型过程中需要解决而没有及时解决的，等等。这些障碍在当前我国经济发展过程中已经凸显出来，阻碍要素向高效率部门流动，不利于潜在经济增长率的提高，不符合健全社会主义市场经济体制的要求。

党的十八大以来，党中央客观认识我国经济发展的阶段性特征，并主动适应经济发展新常态，调整经济增长速度，优化升级经济结构，积极处理政府和市场的关系，为建设现代化经济体系、促进高质量发展提供了指导思想。党的十八届三中全会通过的《中共中央关于全面深化改革若干重大问题的决定》明确提出，“经济体制改革是全面深化改革的重点，核心

问题是处理好政府和市场的关系，使市场在资源配置中起决定性作用和更好发挥政府作用。市场决定资源配置是市场经济的一般规律，健全社会主义市场经济体制必须遵循这条规律，着力解决市场体系不完善、政府干预过多和监管不到位问题”“建设统一开放、竞争有序的市场体系，是使市场在资源配置中起决定性作用的基础。必须加快形成企业自主经营、公平竞争，消费者自由选择、自主消费，商品和要素自由流动、平等交换的现代市场体系，着力清除市场壁垒，提高资源配置效率和公平性”。

由此可见，党中央对我国经济发展所遇到的瓶颈有深刻认知，对如何通过深化改革破解这些问题也有非常准确的把握。因此，今后建设现代化经济体系和促进高质量发展的关键就在于落实好党的十八大以来党的重要会议关于经济发展和体制改革的相关内容，着力破除影响要素自由流动的体制性障碍，发挥市场配置资源的优势，提高要素的配置效率。但需要注意的是，由于长期以来政府在经济发展中扮演重要角色，过度参与经济活动容易形成思维和行为的惯性，习惯性地以新的政府力量去扭转原有的政府力量。虽然这种以新的政府力量扭转原有的政府力量的做法在短期内可以收到一定效果，但从长期看，一定会造成更大程度的扭曲，这就需要根据一国发展阶段协调好政府和市场的关系，发挥政府和市场两个积极性。在不断创造市场发挥作用的条件（法律和制度建设，尤其是政府改革）的基础上，逐步纠正价格扭曲和资源错配，逐渐缩小政府干预的空间，扩大市场配置资源的范围。当然，这些都应该与一国经济发展的阶段联系在一起。

第三节　理顺价格形成机制，构建多层次市场体系

一、社会主义市场经济发育

1978年以来，改革开放一直沿着市场化的方向不断推进。从实行高度集中的计划经济到提出“计划经济为主，市场调节为辅”，从“有计划的商品经济”到党的十四大正式明确了社会主义市场经济的改革目标，市场化程度不断提高。原有计划定价的商品的价格决定权不断让渡给市场，由此形成三个基本的特征事实。

其一，市场经济基本格局已然形成，绝大多数商品价格已经由市场决定，并随着供给和需求关系的变化而变化。据统计，到2016年，全国97%以上的商品和服务价格已经放开[①]，价格改革的深化将向仍存在政府管控的3%的领域延伸，这些领域多为关系国计民生的重要公用事业、公益性服务、网络型自然垄断环节，以及资源、能源等领域，如何体现市场决定价格引导资源配置和合理消费是今后一段时期市场化改革的主要方向。

其二，政府在特殊条件下为弥补市场不足而发挥作用的机制已然形成。这一点在2008年国际金融危机以后表现得尤为明显，在应对危机后，政府逐渐退出，市场重新发挥作用。根据王小鲁等[②]的测算，市场化总指数显示，我国的市场化进程在2008—2010年期间出现了放缓、停滞或下降，大致自2011年以后呈现上升趋势（见图2-1）。在他们测算的五个指标中，政府与市场的关系的指数在2008年以后的市场化进程中有明显下

① 张卓元、樊纲、汪同三等：《改革开放40年经济体制改革理论与实践》，《经济学动态》2018年第7期。

② 王小鲁、樊纲、余静文：《中国分省份市场化指数报告（2016）》，社会科学文献出版社，2017，第12页。

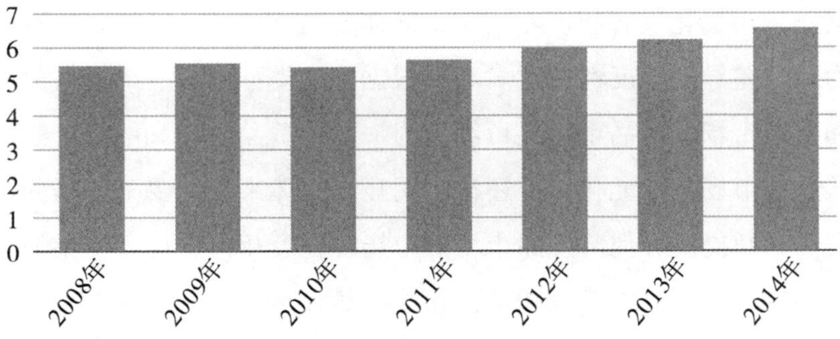

图2-1　市场化总指数的变化趋势

降（见图2-2），这是导致市场化总指数在2008—2010年下降的最主要原因，也影响了后来一段时期的市场化进展程度，而非国有经济发展、要素市场发育程度、中介组织发育和法律制度环境等三个指标则维持着上升的态势。如果客观评价这一阶段的市场化进程放缓的现象，显然是政府为了抵御外部冲击采取了必要的政策的结果，这恰恰是党的十八届三中全会“经济体制改革是全面深化改革的重点，核心问题是处理好政府和市场的关系，使市场在资源配置中起决定性作用和更好发挥政府作用”精神的充分体现。虽然我国政府在形势判断和政策力度上有待进一步科学化，但其后政策退出和恢复市场化进程则反映了我国政府在协调政府与市场的关系上越来越成熟，也越来越贴近成熟经济体的特征。

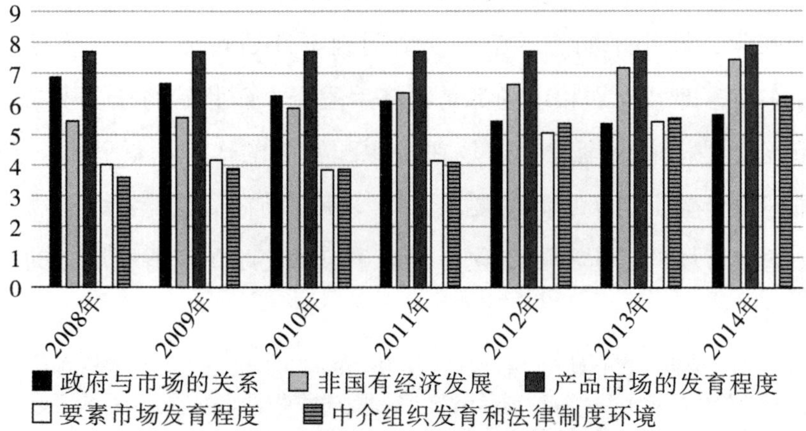

图2-2　市场化各方面指数的变化趋势

其三，市场化发育程度不均衡，既体现为不同产品的二元化特征，也体现为地区差异的梯度性变化。如果根据产品类型细分，市场可分为产品市场和要素市场，产品市场又可细分为一般消费品市场和能源资源类产品市场，这些市场的二元化特征还比较明显。具体来看，要素市场的市场化程度虽然不断提高，但与产品市场的市场化程度相比，还有不小的差距。根据王小鲁等的测算，产品市场的市场化程度为7.78，而要素市场的市场化程度只有5.93①。就产品市场来讲，一般消费品的市场化进程基本上已经完成，但能源资源类产品的市场化程度还不高，绝大部分还处于国有垄断阶段，特别是以个别省份资源能源再国有化为代表的事件出现以后，进一步加剧了这一问题。当然，关于国有化的问题需要一分为二地看，有些领域确实需要进一步加强，特别是关系国计民生的行业，但如果从产业链的角度看，即使是能源资源类产品也会有竞争性环节可以充分市场化。市场化进程不均衡的另一个表现是地区差异，而这一差异基本上呈现出沿着东、中、西梯度递减的特征。其中，市场化程度最高的是浙江，市场化指数为9.78；市场化程度最低的是西藏，市场化指数为0.62；青海排在倒数第二，市场化指数为2.53②。

二、社会主义市场经济与价格机制

1992年，邓小平同志的南方谈话明确了计划和市场在经济发展中的功能性作用，即“计划和市场都是经济手段”。而此后的社会主义市场经济改革无疑是沿着逐渐发挥市场在资源配置中的作用而展开的，到党的十八届三中全会提出了更高的要求，即“使市场在资源配置中起决定性作用”。党对市场的认识不断深化，得益于市场化改革实践所取得的成效，

---

① 产品市场的发育程度指数由“价格由市场决定的程度”（包括社会零售商品、生产资料和农产品的价格决定）和“减少商品市场上的地方保护”两个分项指数组成，前者数据自2008年以后没有更新导致测算结果偏低。

② 市场化指数的得分范围是0～10，数值越大代表市场化程度越高。

铸就了中国经济40多年发展的伟大奇迹。实践证明，市场经济是迄今为止人类实践中所能找到的最有效的经济制度[①]，而大多数经济体基本上采用了带有或多或少计划色彩的市场经济。市场经济在资源配置中的效率是其他制度安排所不能比拟的，尽管随着社会化大生产日益发展，大数据的应用使计划（规划）实施的可能性在提高，但依然不能有效替代市场。

一般认为，市场之所以有效，是因为：首先，市场可以通过价格机制传递供求信号，引导资源在不同生产者之间流动，使生产者生产的产品的数量和结构满足消费者的需求。其次，资源和产品在生产者、消费者中的配置是通过竞争机制完成的。竞争的核心在于价格（生产者竞争降低价格，消费者竞争提高价格），价格变化又缘于技术的进步（降低成本）和人力资本的提高（提高收入），这两种机制是经济持续发展的动力。此外，在这种分散化的决策过程中，政府和市场在各自的领域内发挥作用，形成有效互补，发挥"看得见的手"和"看不见的手"的双重作用，将人们的努力导向生产性活动和为更好地实现生产性活动创造良好的环境。显然，各类市场主体都是围绕价格而展开竞争的，因此，建设统一开放、竞争有序的市场体系就是现代化经济体系题中应有之义。但问题的关键是价格为什么能够引导资源实现有效配置，价格的本质是什么呢？这些问题一直是经济理论工作者要探索的基础问题。

在西方经济理论的探讨中，新古典主义经济学用一般均衡模型完美地论证了价格机制的有效性，但完全信息、完全竞争等远离现实的基本假设却成为其理论的致命缺陷。不完全的信息会造成道德风险和逆向选择而偏离理性行为，不完全竞争、寡头垄断以及完全垄断等市场结构又会造成市场主体在产量和价格的选择中偏离社会最优状态，从而更加扭曲市场主体的行为。与新古典主义经济学理论不同，新奥地利学派把价格机制看作一种信息交流机制。其中，竞争是市场参与者发现和利用信息的过程；价

---

① 杨春学、谢志刚、王瑶：《对自由市场的两种理解——芝加哥学派与奥地利学派的比较》，社会科学文献出版社，2013，第1页。

格的形成是市场对参与者根据自己“特定时空的知识”的决策所显示出来的信息进行编码的过程；交换是对有关知识或信息进行传播的过程。需要指出的是，如果市场或价格机制是一般均衡过程，那么，政府在大数据的条件下更能够充当一般均衡实现的调节者角色，重新回到计划经济的轨道上；但如果价格机制是对分散化的“默会知识”进行编码的过程，那就只能把这一过程交给市场，因为这种“默会知识”本身就不可编码，只能通过市场交易来表达，或者说摆脱市场而利用这种“默会知识”的交易成本高得难以想象。因此，价格不再是使市场达到均衡的调节者，而是这种“默会知识”拥有者所能享有的“租”。

这就意味着，市场主体可以利用自身拥有的“默会知识”来套利，而“默会知识”的多少决定着套利空间的大小，也就是价格的高低。在此过程中，随着交易频率的提高，这种“默会知识”不断地被更多人获得，套利空间逐渐被压缩。因此，在确定的市场上，我们看到政府计划的效率非常高，不管是社会主义国家创立初期的经济建设，还是西欧国家“二战”后“黄金时期”的恢复性发展，乃至“二战”期间的战争经济都可以说是在有明确目标的条件下政府计划生产性效率的体现。但随着经济常态化，环境的不确定性逐渐加强，计划的生产性效率逐渐丧失，市场配置资源就成为常态。特别是在创新领域，依托创新获得更大的套利空间是激励经济不断向前发展的内在机制。

由此可见，统一的市场和灵活的价格就是让市场发挥效率的密钥。而此时政府所扮演的角色，在很大程度上将表现在抵御外部冲击、平滑经济周期、保护幼稚产业和促进特定产业发展等方面。这些已经为近年来的经济发展实践所证明，因此，不管是发达国家、发展中国家还是新兴国家，政府并不是新古典意义上的弥补市场失灵。我国改革开放成功的基本经验之一就是在不同阶段对政府和市场的作用作出了正确处理，发挥了政府和市场的积极性。

三、进一步改革的方向

为更好发挥市场在资源配置中的决定性作用，首先要形成和完善统一开放、竞争有序的市场体系，其次要减少政府干预，使价格能够快速灵活地反映市场主体信息的变化，而这是现代化经济体系建设题中应有之义。总的来看，目前阶段围绕价格体制进一步深化改革的方向有三个：其一，市场主体建设；其二，市场环境建设；其三，市场体系建设。这三个方向的改革相互交织，需要统一推进，通过市场建设完善市场定价机制与多层次价格体系。

就市场主体而言，大家习惯性地想到企业，但实际上参与市场的主体至少包括三类：需求方、供给方、监管方。这三类主体，既有企业又有个人，还有政府和第三方组织。所谓市场主体建设就是要规范市场主体行为，使市场主体行为符合市场经济内在运行机制的要求，避免人为干预造成价格扭曲。这里最重要的是规范政府行为以及市场和价格监管部门的行为，建立负面清单制度，明确政府监管的职能范围，将能够由市场决定的价格交由市场决定。在关系国计民生的重要领域坚持公平与效率并重的原则，通过放开竞争性环节的价格，推进价格改革。将政府定价的范围和领域主要限定在重要公用事业、公益性服务、网络型自然垄断环节，同时要提高价格决定过程的透明度，接受社会监督。对企业和个人来讲，就是要尊重市场规律，赋予他们自由交易的权利。企业按照利润最大化原则合法经营，个人按照效用最大化原则自由选择商品。

市场环境建设，首先，要消除各种人为的市场分割，着力清除市场壁垒，尤其是要破除地方保护主义的阻碍，构建全国统一的大市场，实现商品、要素的自由流动。其次，要构建平等交换、竞争有序的市场环境。市场定价不是企业随意定价，而是在竞争环境下，在供需双方自愿交易、平等交换的基础上进行交易而产生的定价。在交易的过程中，要保证供需双方拥有充分的知情权、自由选择权和合理退出权，尊重契约精神，保护双方的合法权益。避免因为交易双方契约地位不对等而形成的“位势租”，即一方利用自身的有利地位获取不合理的收益。再次，要规范市场监管，一方面要规范价格竞争机制，惩处各种对市场产生扰动的恶性价格竞争行为，另一方面要规范企业定价策略，尤其是规制具有垄断特征的企业定价行为，避免垄断企业通过价格和产量策略将部分消费者排除在外，从而损害社会福利。

市场体系建设就是要构建多层次市场，在不同层次的市场上让市场和政府各有侧重，公平与效率各有体现，通过多层次市场体系建设完善现代化经济体系。根据商品特征可以将市场划分为商品市场和要素市场：商品市场又可以分为消费品市场和原材料市场，还可以分为私人产品市场和公共物品市场；要素市场可以划分为劳动力市场、资本市场、土地市场和技术市场等。与多层次市场体系相匹配的是多层次的价格体系，这里主要是指多层次价格形成机制建设。

具体来看，在消费品市场上，97%以上的商品价格已经由市场决定，剩下的3%集中在公共物品、原材料以及关系国计民生的重要领域，如医疗、教育、交通、石油、天然气等。对于这些涉及面广、关系重大的领域，可以根据需求弹性厘清市场和政府的边界，对需求弹性小的商品或环节提高政府定价的透明度，制定合理的价格形成机制，如阶梯定价等，结合公平与效率，采取不损害社会福利最大化的原则。完善农产品价格形成机制，注重发挥市场形成价格作用。与此同时，制定特定环境（条件）下的规制政策，应对大的外部冲击、自然灾害可能造成的影响。规范劳动力价格（工资）形成机制，形成共享发展成果的收入分配体制机制。逐步放开城乡统一的建设用地市场，使土地价格逐渐市场化，平抑政府行为造成的土地开发不当，以及土地增值分享不合理的现状，提高个人在土地增值收益中的比重，保护个人合法收益。完善人民币汇率市场化形成机制，加快推进利率市场化，健全反映市场供求关系的国债收益率曲线。此外，保护知识产权，形成智力产品定价机制，激发科研人员的创新动力。

第三章

全面深化国有企业改革 夯实社会主义经济基础

改革开放以来，国有企业改革沿着放权让利、责权明确、政企分开、构建现代企业制度的方向不断深化，经营绩效不断改善，发展取得巨大成就，为我国经济社会发展、科技进步、国防建设、民生改善作出了历史性贡献。

在2016年10月召开的全国国有企业党的建设工作会议上，习近平总书记强调，“国有企业是中国特色社会主义的重要物质基础和政治基础，是我们党执政兴国的重要支柱和依靠力量”。随着中国特色社会主义进入新时代，国有企业的定位更加清晰，全面深化改革的方向更加明确，通过全面深化改革做强做优做大国有企业，使其“成为党和国家最可信赖的依靠力量，成为坚决贯彻执行党中央决策部署的重要力量，成为贯彻新发展理念、全面深化改革的重要力量”。

为此，必须进一步解放思想、创新理论、摆脱困扰，调整国有经济布局，深化资本管理制度改革，促进混合所有制经济发展。

第一节　深化国有企业改革的思想困扰与反思

尽管“公有制为主体、多种所有制经济共同发展”的社会主义初级阶段的基本经济制度已经形成，但时至今日，对这一制度依然存在这样或那样的认识误区。表现最为突出的就是学术界乃至社会各阶层展开的关于“国退民进”和“国进民退”的争论与思考。其中，一些学者认为所有制结构调整的结果必然会触动我国社会主义国家的经济基础；而秉承市场至上论的学者则认为必须以美国自由市场经济为模板对国有企业乃至公有制经济进行全面私有化。应该认识到，这种讨论本身就意味着社会各界对国有企业改革存在认知分歧，需要从思想上摆脱不恰当思想的困扰，才能为进一步全面深化改革铺平道路，奠定思想基础。

一、“国退民进”和“国进民退”的争论

“国退民进”和“国进民退”的争论反映的是我国国有企业改革乃至所有制结构调整实践的阶段性变化，这种变化反映的是国有经济和民营经济在国民经济结构中的相对数量下降或上升过程。其中，始于1997年，以“抓大放小”（具体形式是以“关停并转”为核心进行调整和改革）为主要内容的国有企业改革导致国有经济规模在随后的几年里快速下降，即学术界广为认同的“国退民进”。这种改革“共识”给整个社会带来一个思维误区，即国有企业改革只能是降低国有经济的比重，使国有经济无论是绝对数量还是相对数量在国民经济中都呈现不断下降的趋势。

随着国有企业三年脱困目标的实现，国有企业改革方向发生了变化。到2003年，以国务院国有资产监督管理委员会正式成立为标志，国有企业改革由以数量规模下降为主的战略收缩阶段转向以数量规模相对稳定为主的国有资产管理体制和法人治理结构完善的阶段。这意味着“国退民

进”时代基本结束，国有企业和非国有企业分工合作、共同发展的格局基本形成。这种转变的结果是国有企业退出进程放缓，而在强化内部治理、提高国有企业资产质量后，国有企业扩大经营范围或经营规模就是不可避免的。

需要指出的是，国有企业改革重心的转变，以及所有制结构战略调整方向的改变并非偶然，而是按照既定决策有步骤、有节奏地不断推进。因为，党的十五大报告有过清晰的阐述，即“对关系国民经济命脉的重要行业和关键领域，国有经济必须占支配地位。在其他领域，可以通过资产重组和结构调整，以加强重点，提高国有资产的整体质量”。然而，人们对国有企业改革“只能退、不能进”的印象并没有随之转变，所以对国有企业战略调整进入新阶段不理解、不适应在所难免。

实际上，对于所有制结构调整以及国有企业改革，学术界一直存在着不同的观点。第一种观点认为，中国经济中的非公有制经济成分越来越大，动摇了社会主义的经济基础，而且贫富差距日益扩大，正在脱离社会主义经济的正确轨道。按照马克思的分析，非公有制经济，特别是私营企业主与工人之间的关系必然是资本主义性质的资本所有者与劳动者之间的剥削与被剥削的关系。非公有制经济成分越来越大，必然会威胁我国社会主义社会的经济基础，动摇社会主义生产关系。与这种观点相反，第二种观点认为，市场经济的基础天然就是私有经济，而以国有企业为代表的公有制经济与市场经济是不相容的。不仅如此，他们还将国有企业与低效率联系在一起，而要提高经济整体的运行效率，就必须使国有企业退出竞争性行业。之所以要退出竞争性行业，是因为国有企业与政府天然地捆绑在一起，不仅会形成行政垄断，而且是滋生腐败的温床，国有企业会依据其掌控的大量社会资源破坏市场竞争，阻碍民营经济的发展。因此，他们认为目前我国经济中国有企业比重依然太高，必须将国有企业占GDP的比重降到10%以下[①]。

需要说明的是，持两种不同观点的学者所秉承的理论依据或缺乏实际支撑，或存在片面性，既不能反映国有企业变化过程的全貌，也不能直接用欧美发达国家国有企业的数量来指导我国国有企业改革的方向。具体来看，决定社会性质的主要是社会关系，即社会中人与人之间的生产关系。虽然，我国改革以后，公有制经济大一统的局面被打破，但公有制的主体地位并没有发生变化。只要公有制依然占据主体地位，我国的社会主义性质就不会发生变化，持第一种观点的学者所担心的事情也就不会发生。随着国有企业乃至公有制经济质量不断提高，我国社会主义社会的经济基础会更加坚实。此外，2008年由美国次贷危机引发的国际金融危机再次证明第二种观点也存在巨大缺陷，而在应对危机的过程中，美国再次祭出了国有化这一有效政策，最大限度地降低了危机的影响。这些说明，国有企业不改革，所有制结构不多元化，经济效率就无从谈起，但无限度地压低国有企业也是不科学的，不利于一国经济健康、稳定发展。

除上述影响较为广泛的两种对立认识之外，还存在第三种认识，即“所有制中性论”，认为所有制只是一种手段，与社会性质无关，无论是私有制还是公有制都不会影响我国的社会主义性质。这种观点将社会经济发展简单地归结为生产力的发展，无视生产关系变革及其影响，没有意识到所有制作为解决社会经济问题的一种现实方式绝对不是中性的，它能通过其自身的逻辑塑造世界，进而塑造人与人之间的基本关系。虽然所有制中性论或工具论看起来是独立于前两种认识的第三种认识，但它依然没有脱离唯生产力论或唯经济效率论，就其实质来讲，应该属于第一种认识的进一步延伸。

① 参见张维迎发表在网易财经上的文章《未来十年国有企业的比重应该降低到10%》。

二、不同认识的产生原因

（一）主张“国退民进”的理由

20世纪80年代以后，新自由主义及其经济理论取代凯恩斯主义成为发达国家的主流经济理论，其政策主张虽然没有根治危机，但还是取得了一些成效，如出售国有企业在短期内既增加了政府财政收入，也减少了财政补贴等支出，从而大大缓解了财政压力。其他国家纷纷效仿这一做法，以至于发达国家自20世纪80年代开始掀起了一股私有化浪潮，这一私有化进程直到21世纪初才得以放缓。私有化之后，发达国家国有经济比重大幅度下降。从国有企业产值占GDP的比重看，意大利从1978年的24.7%降为2002年的9%，英国（不包括地方政府所属的公用事业企业）从1979年的10.5%降为2008年的1.9%[①]。

受此影响，国内学者对不同所有制经济的微观经济效率进行了大量实证研究，发现公有制经济特别是国有经济在效率上与非公有制经济存在较大差距，由此得出公有制经济效率低的结论，提出必须压缩国有企业的范围，并将国有企业占GDP的比重降低到10%。随着改革的深入，在中国市场化改革不断深化，国有企业效率大幅提升的背景下，秉承市场原教旨主义的学者依旧认为公有制经济的低效率与私有经济的高效率都是与生俱来的，并坚信只有私有经济才符合市场经济发展的要求，只有用私有经济逐步取代公有制经济，才能促进经济更大的发展[②]。

除了发达国家的私有化进程外，以俄罗斯为代表的转型国家和以巴西为代表的部分拉美国家在经历了长期的经济倒退和社会动荡、政局不稳后，依托丰富的能源、资源逐渐摆脱经济困境，从而使“华盛顿共识”摆脱了尴尬的局面。2010年，俄罗斯GDP增长率达到4.5%，巴西则为7.5%。这些国家的经济摆脱困境并快速增长被解释为“深度私有化”（在私有化

① 李俊江、史本叶、侯蕾：《外国国有企业改革研究》，经济科学出版社，2010，第70—76页。

② 胡星斗：《“国进民退”的十大危害》，《银行家》2010年第3期。

的基础上，强化维护私有化的制度建设）的结果，并以此来证明“华盛顿共识”（私有化）长期有效，而转型、改革所经历的长期磨难则被认为是不得不付出的代价。其结论是，要发展就必须进行更彻底的私有化，私有化的负面影响被认为是法律以及民主政治不完备、不健全的结果。也就是说，私有化本身并没有错，错在这些国家在私有化进程中，没有建立相应的制度框架。然而，俄罗斯、巴西等国家恢复增长也只是回到私有化前的水平，而且经济结构严重依赖资源出口，从目前看还不具备可持续性。

就国有企业自身而言，还存在一些亟待解决的问题。由于改革还在进行中，国有企业还存在着外部监管不到位、内部治理结构不完善、治理机制不健全等诸多问题，这些问题表现为公有制经济的生产效率长期得不到完全发挥，而且时常暴露出国有企业腐败、在职消费超标、为职工发放过多福利等侵占企业利润和资产的问题，极大地损害了国有企业的整体形象，加剧了公众对国有企业的不满情绪。此外，不公开、不透明的非市场手段还时常被应用于国有企业战略调整，损害了一部分人的合法权益，招致较多质疑与批评。与此同时，民营经济的快速发展，在就业、税收、进出口以及提高居民生活水平等诸多方面作出了重要贡献，有的甚至超过国有经济的作用。据统计，民营经济对国家财政收入的贡献占比超过50%，对GDP和固定资产投资、对外直接投资的贡献占比均超过60%，对企业技术创新和新产品的贡献占比超过70%，对城镇就业的贡献占比超过80%，对新增就业的贡献占比超过90%[①]。民营经济的发展成就，降低了国有经济在相应领域的重要性，从而助长了非公有制经济有效论和公有制经济无效论。

（二）主张“国进民退”的理由

对于大多数反对“国退民进”而支持“国进民退”的人士而言，国有企业乃至公有制经济是他们的坚定信仰，因为马克思主义的经典作家在经典著作中所描绘的未来社会就是“一个集体的，以生产资料公有为基础

① 参见高云龙《民营经济对经济社会发展做出了突出贡献 有“56789”的说法》。

的社会”[①]，而且马克思、恩格斯在《共产党宣言》中宣告：“共产党人可以把自己的理论概括为一句话：消灭私有制。”[②]因此，作为共产主义社会初级形态的社会主义社会，其经济基础只能是公有制，而不能是私有制。坚持市场至上论的学者，他们看到的是转型国家和拉美发展中国家快速“私有化”后，财富向利益集团集中，政府设租与利益集团寻租等使私有化国家滋生了大量腐败行为，而以私有经济为基础的政府既缺乏管控经济自由化的法理基础，也缺乏管控私有经济的能力。因此，这些国家普遍出现了由收入分配恶化导致的两极分化，腐败严重，社会治安恶化，地下经济泛滥，对外依赖性过高而容易受外来冲击影响，金融危机频发，等等。这些经济社会问题最终导致了拉美国家政局不稳定，政府更迭频繁。这些弊端也导致转型国家出现长期的经济倒退，拉美发展中国家相继陷入“中等收入陷阱”，国家经济社会失去了继续发展的动力。不仅如此，2008年由美国次贷危机引发的金融危机席卷全球，发达国家经济再次受到冲击。自由主义经济政策被证实同样存在重大缺陷，由此，国内开始反思、声讨新自由主义经济学的危害。而私有化或者强调民营经济发展的思想就成为被批判和反思的对象。

回到现实，改革开放以来，在经历长期快速发展后，我国已经成为世界第二大经济体，而且国有企业改革成效初显，实现了资本扩张与资产质量提高的结合。在国有经济不断向关系国计民生的关键领域集中的同时，资产质量大幅度提升。全国国有企业及国有控股企业中盈利企业数量不断增加，盈利数额快速增长，而相应的亏损企业亏损数额相对收窄，二者相抵后的利润总量不断上升。不仅如此，国有企业中还涌现了一批具有国际竞争力的企业集团，承担了一系列战略任务，并加大了对外投资的力度。

---

① 马克思：《哥达纲领批判》，载中共中央马克思恩格斯列宁斯大林著作编译局《马克思恩格斯选集》第3卷，人民出版社，1995，第303页。

② 马克思、恩格斯：《共产党宣言》，载中共中央马克思恩格斯列宁斯大林著作编译局《马克思恩格斯文集》第2卷，人民出版社，2009，第45页。

因此，国有企业不应该退出市场；相反，应该向各个领域延伸。此外，由于我国经济体制转型尚未结束，法律、制度还不完善，非公有制经济逐利的固有弊端还很普遍，还存在投机心理，一些非公有制经济采用非法手段，或开展伤害消费者权益的生产经营活动，在社会上造成不良影响。非公有制经济的快速发展造就了一批先富起来的人，拉大了收入差距。

（三）共性原因

尽管存在这样或那样的原因，但归根结底可以概括为以下几点。

首先，对市场经济手段论认识不够深刻，认为市场经济的基础天然是私有经济，与公有制经济和社会主义不相容。因此，用市场经济否定公有制经济存在的合理性或因多种所有制共同发展而质疑社会主义性质。市场经济实质上是竞争经济，通过竞争促进经济社会发展，实现资源优化配置，因此，市场经济本身并不决定社会性质，它既不姓“资”也不姓“社”，只是促进生产力发展的资源配置手段。竞争的基础在于市场上存在多元主体，因此市场经济需要多种经济成分才能形成合理有序的竞争环境，才能激发各种要素的潜在生产力。

其次，对社会主义初级阶段的国情认识不清，认识不到在发展中国家建设和发展社会主义的艰巨性与复杂性。认不清社会主义性质，就会忽视甚至放弃公有制经济的主体地位，从而发生全面私有化的情况；认不清初级阶段，就会盲目否定非公有制经济的存在价值，也就不能充分发挥非公有制经济的积极作用。

再次，没有将马克思主义经济基本理论与西方经济学理论中的合理成分结合起来，不能互补长短。随着西方经济学在宏观经济管理中被广泛应用，西方经济学理论快速发展。对于改革过程中出现的各种社会现象，学术界没能很好地利用马克思主义基本立场、理论、方法进行分析，转而寻求新自由主义等西方经济学理论的观点，崇尚形式化的分析方法，这样自然得不到正确的理论认识。

最后，在改革与所有制结构的调整过程中，只规定了改革调整的方向，没有确定具体的数量（规模）目标；只规定了质量提升，但缺乏质量提升的评价体系。由于缺乏对改革目标的定量刻画，各种理论自然根据自身的理念评价改革成败，从而在客观上造成了对所有制结构调整的质疑、否定和争论。

之所以在所有制结构调整上缺乏量的规定性，是因为：一方面，改革的渐进性特征决定了不可能在初期就预先确定改革结果，而只能“摸着石头过河”，也就无从给出明确的定量目标；另一方面，所有制结构调整是一个动态过程，在经济发展的不同阶段以及政府关注的侧重点有所变化的情况下，改革在不同阶段上的数量标准也有所不同，因此，也不能给出固定的定量刻画。鉴于此，改革不预设数量标准也就不难理解了，而这恰恰是对基本经济制度的认识产生偏差的重要原因之一。需要说明的是，随着所有制结构调整由规模调整向质量提升转变，可以较为清晰地给出一个大体的范围，至少可以给出一个公有制经济调整的下限，从而稳定各方面的改革预期，避免不必要的争论。

三、核心问题的反思

从争论的内容来看，实际上争论是围绕国有企业效率、所有制结构的决定因素以及由此产生的所有制结构应该怎样动态调整展开的。显然，如果囿于传统观念，这些争论将会无休止地进行下去，因为无论是经验事实还是所依据的理论，都可以找出支持争论的依据。因此，需要对争论的核心进行重新思考，以期能够逻辑一致地看待国有企业相对规模的变动过程。

（一）如何看待国有企业的效率问题

“国有企业必然是低效率的”，这是20世纪80年代以来流传较广的一种观点。大部分学者运用产权经济学、委托代理理论等方法，力图证明：公共所有权在委托方、激励机制、代理成本等方面存在根本性的缺陷，是导致国有企业内在低效率的基本原因。从理论上说，因委托代理而产生的低效率是企业公司化、管理者专业化后所有权与经营权分离而产生的结果。这是因为委托方和代理方形成了明显的信息不对称，委托方的监督成本过高不能对代理方进行全面的监督，特别是在股权多元化以后，这一问题更加突出。因此，无论是产权经济学还是委托代理理论所论证的公有制（国有企业）低效率，本质上与产权是公有还是私有没有必然联系。如果"国有企业必然是低效率的"成立，我们就不可能看到淡马锡这样成功的国有企业。表3-1比较了英国和美国在私有化前后不同行业TFP（全要素生产率）的变化情况。1950—1973年，是英国国有企业发展的鼎盛时期，除铁路部门外，其他部门的TFP年均增长率都显著高于美国。而英国在私有化后的1974—1995年，TFP年均增长率提高的仅有煤炭和电信2个部门，其他5个部门都出现了不同程度的下降。与美国相比，英国私有化后铁路部门TFP年均增长率低于美国同行的状况并没有改变，而且，原高于美国同行的电力部门出现了下滑，并低于美国电力部门。由此可见，旨在改善效率的私有化并没有真正提高国有企业的生产效率，这也证实了国有企业并不一定是"低效率"的代名词。

表3-1　1950—1995年英国和美国TFP年均增长率

行业	1950—1973年		1974—1995年	
	英国	美国	英国	美国
航空	11.53%	9.55%	4.48%	2.81%
电力	5.51%	3.93%	1.53%	2.57%
煤炭	1.34%	0.82%	7.89%	3.09%
天然气	4.71%	3.02%	4.16%	-4.09%
铁路	1.60%	4.45%	1.17%	5.9%
电信	2.13%	1.73%	4.08%	2.84%
制造业	3.28%	1.95%	1.85%	1.21%

资料来源：Franco Amatori, Robert Millward, Pier Angelo Toninelli "Reappraising State-Owend Enterprise"。

实际上，除了理论分析不能证明国有企业低效率外，经验证明也不能下定论，而且会因为所研究的时期不同而存在较大差异。从国外文献中的经验研究来看，考察的时期不同，总体结论的差异是比较大的。Millward考察了有关经验实证研究文献，得出的结论是："似乎没有足够的理由认定国有企业的内部管理效率低于私有企业。"[①]Shirley和Walsh[②]对1975—1999年公开发表的52篇关于国有企业效率的研究文献，按国家类型（低收入国家、发达国家、转型国家）、产业类别、产业结构、绩效指标等进行分类考察，发现在52篇研究文献中，有32篇认为私有企业的效率较高，有5篇认为国有企业的效率高，有15篇认为两者没有显著的差异。如果按市场类型来看，私有企业在竞争市场上的效率较高（在这类市场上，有11篇认为私有企业的效率较高，有5篇为中性）；而在垄断市场上，则不能得出这样总体上倾向性明确的结论（在这类市场上，有6篇认为私有企业的效率较高，有5篇认为国有企业的效率较高，有5篇为中性）。

就中国的情形来说，各种研究结论都有。但是，我们认为较为全面的看法是张春霖的研究。他用一组数据所显示的图景是：第一，国有企业和国有企业比，其效率自1998年以来一直在稳步提高；第二，国有企业和非国有企业比，其效率总体上仍然低于非国有企业；第三，国有企业与非国有企业的效率差距没有扩大的趋势；第四，国有企业在社会经济资源中所占有的份额在缩小[③]。经济合作与发展组织和国家统计局的专家使用14万～18万家工业企业1998—2003年的分企业详细数据，用更为复杂和精确的经济计量学方法进行研究，得出的结论也与此基本一致。

但要特别注意几点。首先，考察国有企业的效率，在分析方法上存在很大的困难。选择不同的指标，例如财务、全要素生产率、X效率等，往

---

① 参见Robert Millward的著作*The comparative performance of public and private ownership*。

② 参见Mary M. Shirley和Patrick Walsh的文章*Public vs. Private Ownership: The Current State of the Debate*。

③ 张春霖：《国有企业改革与社会公平》，载中国（海南）改革发展研究院《第64次中国改革国际论坛论文集》，［出版者不详］，2008，第226—235页。

往会得出不同的结论；而且，国有企业的效率不完全体现在内部效率上，还应包括整体配置效率，而整体配置效率是很难衡量的。其次，国有企业比非国有企业具有更多的目标，即有多元目标。国有企业的存在，并不仅仅是出于微观效率的考虑。因此，我们不能因国有企业微观上的“非效率”而忽视其在经济赶超、技术扩散、弥补市场失灵等方面的宏观效率①；更不能因国有企业微观上的“非效率”而苛责国有企业，并要求用非国有企业，特别是私有企业的标准去评价国有企业的经营状况；当然，也不能用国有企业（公有制经济）的多元目标去否定其提高微观经营绩效的改革与所有制结构调整的进程，否则势必不利于一国经济的正常发展。因此，虽然现代企业低效率与所有权公有还是私有没有必然联系，但提高国有企业以及公有制经济的微观效率依然是当前国有企业改革与所有制结构调整最为重要的环节，也是国有企业改革与所有制结构调整进入新阶段后最重要的目标。

（二）“国退民进”和“国进民退”背后隐藏的所有制结构调整的内在逻辑问题

时至今日，国有经济在国民经济中的比重仍在持续降低，从各个主要领域不断退出，但我们要深问一句：国有经济到底应“退”向何方呢？根据国际经验，最初给出的答案是“退出一般性竞争领域”，现在给出的答案是国有企业应仅仅成为公共物品的提供者。如果国有企业真的仅提供公共物品，那么国际经验会告诉我们，公共物品也可以由私人提供，如美国很多监狱就是由私人提供的，更不用说其他公共物品了。按照这个逻辑，将国有企业比重降到国民经济的10%的标准也只是近期的目标②，因为美国国有企业只占国民经济的1%～2%，所以有学者认为国有经济的规模应该趋向“0”③。然而，“国有企业应退出竞争性领域”的提法，并没有

① 刘元春：《国有企业宏观效率论》，《中国社会科学》2001年第5期。

② 参见张维迎在2013年6月8日中国留美经济学会年会上的讲话。

③ 樊纲：《论体制转轨的动态过程》，《经济研究》2000年第1期。

广泛的国际经验支持，因为所谓的竞争性领域是一个很模糊的概念。可以说，除美国之外，几乎没有哪个国家把经济效率作为国有经济进退的唯一标准；也没有哪个国家的国有企业真的从竞争性领域完全退出而只提供公共物品；更没有哪个国家真的将国有企业规模降到国民经济的10%以下。真实的情况是不同国家根据自身发展阶段的特点，选择了一个最适应本国经济、社会发展所需的国有企业的规模，且分布领域相当广泛（见表3-2和表3-3）。

表3-2　英国、法国、意大利、德国国有企业就业、增加值和投资比重的简单平均数

国家	1982年	1985年	1988年	1991年	1995年	1999年
英国	16.2	12.7	7.4	4.4	2.7	2.3
法国	22.8	24.0	18.3	17.6	14.7	11.8
意大利	20.0	20.3	19.0	18.9	14.2	9.6
德国	14.0	12.4	11.6	11.1	10.7	10.9

资料来源：Judith Clifton，FranciscoComin，Danniel Diaz Fuentes“Privatisation in the European Union”。

而在许多非OECD国家中，虽然也发生了大规模的私有化运动，但国家所有权仍然具有很重要的意义。这些国家的国有企业在交通运输、电力、煤气、供水、银行保险、自然资源开发、电信等领域占据突出的地位。在其他产业中，国家也保留着一定的股权，例如纺织、钢铁、制造业、旅游和休闲等领域。据估计，国有企业投资占全球投资总量的20%，就业人数占全球就业总人数的5%[①]。如新加坡的公共部门占社会资本总

① 经济合作与发展组织：《国有企业公司治理：对OECD成员国的调查》，李兆熙、谢晖译，中国财政经济出版社，2008，第32页。

表3-3　1978年OECD国家经济部门中企业国有化程度

国家	邮政业	电信业	电力	天然气	石油生产	煤炭	铁路	航空	汽车	钢铁	钢铁制造
奥地利	●	●	●	●	●	●	●	●	●	●	n/a
比利时	●	●	◔	◔	n/a	○	●	●	○	◑	◔
法国	●	●	●	●	n/a	●	●	●	◑	◕	○
德国	●	●	◕	◑	◔	◑	●	●	◔	○	◔
意大利	●	●	◕	◕	n/a	n/a	●	●	◔	◕	◕
英国	●	●	●	●	◔	●	●	◕	◑	◕	●
荷兰	●	●	◕	◕	n/a	n/a	●	◕	◑	◔	○
葡萄牙	●	●	●	●	n/a	n/a	●	●	n/a	●	●
西班牙	●	◑	○	◕	n/a	◑	●	●	○	◑	◕
瑞典	●	●	◑	●	n/a	n/a	●	◑	○	◕	◕
瑞士	●	●	●	●	n/a	n/a	●	◔	○	○	n/a

注：●全部或近似全部公共所有；◕75%公共所有；◑50%公共所有；◔25%公共所有；○全部或近似全部私有；n/a不适用或可忽略不计。

资料来源：杨春学、杨新铭《关于"国进民退"的思考》。

量的40%以上①；印度除金融领域外的240个公共部门企业占据了整个印度95%的煤、66%的成品油、83%的天然气、32%的钢，以及35%的铝和27%的氮肥等；尽管经历了大规模私有化浪潮，俄罗斯联邦和地方政府依然控制着全国工业总产出的25%②，银行业总资产的26% 。由此可见，国有企业在非OECD国家中依然发挥着重要作用。

① 李俊江、史本叶、侯蕾：《外国国有企业改革研究》，经济科学出版社，2010，第195页。

② 经济合作与发展组织：《国有企业公司治理：对OECD成员国的调查》，李兆熙、谢晖译，中国财政经济出版社，2008，第33页。

尽管20世纪80—90年代，国有企业的私有化浪潮席卷全球，但我们依然难以断定国有企业已经不可避免地走向衰落。萨克斯在1996年认为，当时理论最多的是说明国有企业是因为什么以及为何在私有化过程中逐渐衰落的，并没有看到在经济增长的早期阶段这种模式取得成功的可取之处。以鲍莫尔等人为代表的部分学者认为，各种迹象表明国有企业的衰落仍将持续，但托尼奈利等学者则认为未来会形成对国有企业依赖的新的周期。进入21世纪之后，这两种情况似乎同时存在，例如英国政府对铁路的再接管。在2008年国际金融危机以后，由政府接管的一些企业（国有化）又有所发展，这也部分地印证了托尼奈利等学者的判断。也就是说，无论是国有化还是私有化，在很大程度上都是周期性存在的，只不过这一周期的长度在不断地发生变化。

需要补充说明的是，目前公开数据的各国，特别是欧洲发达国家的国有企业规模的数据都不是很准确，原因主要是当前的统计明显低估了这些国家国有经济的规模。首先，当前公开的统计数据（OECD统计数据库以及世界银行的统计），其统计范围往往只限于中央政府一级的国有股权比重较高或控股的经营性企业，这些国家的地方（州）政府的国有企业没有被统计在内。其次，即使是中央一级的国有资产统计也不全面，很多国家并没有将国有股权比重较低的企业纳入统计范围。最后，非营利性组织以及政府机构的资产、就业也不统计在内。因此，即使是私有化最为彻底的英国，其国有经济的实际规模也远远高于当前公布的水平，更不用说其他欧洲发达国家以及福利国家了。与此相比，我国的国有企业统计实际上是比较完整的，其中国有工业企业统计是全覆盖的。因此，当前我国的国有企业乃至公有制经济的规模虽然较大，但如果按照同样的口径，我国的国有企业规模并没有比欧洲国家（如法国、德国等）大那么多。

（三）国有经济规模的决定因素与国有经济的最优规模问题

决定一国经济中国有经济比重的因素，是比较复杂的，不仅是国有企业的内部效率，还包括政党与意识形态、社会公平目标、自然垄断产业的特性、特定阶段社会经济发展的需要等等。因此，仅仅依赖微观经济效率，并不能够对国有企业给出一个全面、客观的评判。其中，特别要关注的是政党与意识形态。波特罗帝、凡蒂尼和西尼斯卡卡尔特对34个国家在1977—1999年的私有化数据进行实证研究后指出，右翼政党政府比左翼政党政府更偏好进行私有化。左翼政党对国有化的偏好来源于这样的一种认识，即扩大公共产权和公共服务可以改变整个社会的权力分配，提高劳动者的权益保障水平，营造一种新的社会经济形态。这种意识形态曾经推动法国、英国、德国、奥地利、荷兰等国的国有化运动，使之进入国有企业发展的鼎盛时期（1950—1979年）。新自由主义的意识形态则推动了其后的私有化运动。20世纪70年代，英国和美国几乎同时放弃了凯恩斯主义经济政策，转向新自由主义的货币理论和供给学派的理论，控制通货膨胀，放弃对失业的管理，通过削减政府开支、出售国有企业等政策缓解通货膨胀与财政赤字的压力。这些政策虽然没有从根本上消除危机的影响，但大大缓解了政府财政压力，也在一定程度上抑制了过高的通货膨胀。尽管新自由主义是在右翼政党上台后成为主流经济学的，但实际上在右翼政党上台之前，左翼政党也受到了新自由主义的影响。比如，工党领袖丹尼士·希利就接受了一些货币主义政策，如削减公共开支以及出售英国石油公司的政府股权。

除了发达国家自身左翼政党、右翼政党及其秉承的意识形态左右着国有企业在本国的兴衰外，全球范围内的社会主义运动也从外部对资本主义国家的意识形态与政策构成明显的冲击。“二战”后，社会主义成为一种全球性思潮席卷全世界，欧洲特别是西欧受其影响，左翼政党受到选民的青睐，主流意识形态左转，自然兴起了国有化浪潮。然而，随着苏联模式内在矛盾逐渐显现，从20世纪60年代社会主义国家相继进行改革开始，直到东欧剧变以及苏联解体，欧洲主要国家的左翼政党及其倡导的意识形态受到巨大打击，新自由主义由思潮演变为主流意识形态，这才使从美国、英国开始的私有化浪潮逐渐席卷整个资本主义世界，国有企业进入发展的衰退期。尽管如此，国有企业并没有在各国彻底消失，而是在不同国家或多或少地存在；国有企业也并不只存在于公共物品提供领域，而是广泛地存在于各个主要经济领域。

这就给我们以极大的启示，经济发展至当前阶段，单独的私有制或大一统的公有制对一国经济而言都不是最佳选择，而国有与私有共存的混合经济形态是经济、社会发展的必然结果。至于国有经济应该占多大的比重则应视经济发展阶段、历史、政治以及意识形态等具体情况而定。这就意味着，各国国有经济存在一个适应本国经济发展阶段以及社会、政治结构的最佳比重。

（四）决定我国国有经济最佳比重的主要因素

就我国目前的发展态势而言，国有经济在某种程度上已经进入了一种较为适宜的状态，而社会主义初级阶段的基本经济制度是“公有制为主体、多种所有制经济共同发展”，那么，国有经济的比重也不应低于法国、奥地利等国在其国有企业鼎盛时期的比重。我国在进一步深化国有企业改革的过程中，要着重考虑以下几个因素。

第一，中国制度的社会主义性质。每一种经济制度都有其自身独有的特征，这类特征是区别社会主义与资本主义的实质性标准。虽然人们在不同时期对社会主义基本经济制度的认识是有差异的，但有一点是始终不变的，即公有制是其核心制度。

第二，国家的经济发展战略。具体地说，就是通过公共投资来促进具有自然垄断性质的基础设施产业（如电信、铁路、公路等）和具有战略意义的关键产业（如银行、能源、电力、航空、某些高新技术产业等）的发展，进而推动其他产业的发展。当然，也包括涉及国家安全的军工产业。

第三，社会公平。例如，国有企业经营“公用事业”，可以降低低收入者生活必需品的价格。同时，国有经济的发展，可以为收入分配改革奠定基础。国有企业在初次分配和再分配领域进行改革具有所有制优势，即可以减少来自非国有经济等特殊利益集团的阻力。

第四，宏观经济稳定。国有银行的存在和一定规模的公共部门投资，是实施反经济周期政策的重要基础。对于政府而言，引导非国有企业进行投资只能依据产业政策，而引导国有企业进行投资不仅要靠产业政策，更重要的是靠行政力量。虽然，政企分开是国有企业改革要实现的目标之一，但在特殊的历史时期可以通过特定的程序实现反周期的政策调控的意图。

第二节　加快国有经济布局优化、结构调整和战略性重组

改革开放以来，特别是20世纪90年代中期以后，随着国有企业改革的深化，大量经营不善的国有企业“关停并转”，国有经济不断向优势行业集中，但总体上看，国有经济依然分布广泛，有的企业主业不突出，特别是近年来国有企业监管部门屡屡要求国有企业退出非主业领域。例如，2010年国资委要求78户不以房地产为主业的中央企业加快结构调整步伐，制订有序退出房地产行业的方案。因此，要加快国有经济布局优化，完善国有资本有进有退、合理流动的机制。

一、国有经济分布情况及特征

根据《国务院关于2017年度国有资产管理情况的综合报告》，我国国有资产主要以四种形式存在，即企业国有资产（不含金融企业）、金融企业国有资产、行政事业性国有资产和国有自然资源资产。其中，全国国有企业资产总额183.5万亿元，负债总额118.5万亿元，国有资本及权益总额50.3万亿元；国有金融企业资产总额241.0万亿元，负债总额217.3万亿元，形成国有资产16.2万亿元；全国行政事业单位资产总额30.0万亿元，负债总额9.5万亿元，净资产20.5万亿元。在这三类总资产中，国有企业占40.4%，国有金融企业占53.0%，行政事业单位占6.6%。通常所说的国有经济主要是指国有企业和国有金融企业，而其中非金融国有企业又可以按照不同标准进行划分。例如：按企业规模可分为大型企业、中型企业、小型企业和微型企业；按组织形式可分为公司制企业（含国有独资企业）和非公司制企业；按盈利情况可分为盈利企业和亏损企业；按隶属关系可分为中央企业和地方企业；按监管关系可分为国资委系统监管企业和政府其他

部门管理企业；按地域可分为东部企业、中部企业和西部企业；按产业作用可分为基础性行业、一般生产加工行业和商贸服务行业及其他行业。

如表3-4、表3-5给出了2008年及2015年非金融国有企业的分布数据。从中可以看出，近年来国有企业做强做优做大的趋势明显，其中大型企业加速了整合，数量下降明显，户均资产明显由2.00亿元增长到35.78亿元，增长了近17倍；东部地区企业和基础性行业企业都表现出相对规模下降，但依然是国有资产集中的领域，而且单户企业的影响力、控制力得到进一步提高。

表3-4　2008年非金融国有企业的分布

企业	户数/户	从业人员/万人	年末总资产/亿元	户数占比/%	从业人员占比/%	年末总资产占比/%
大型企业	54627	2896.6	109195.2	48.03	78.88	82.83
公司制企业	105637	3573.2	129748.1	92.88	97.30	98.42
中央企业	23592	1701.7	72926.1	20.74	46.34	55.32
地方企业	90139	1970.6	58902.6	79.26	53.66	44.68
东部地区企业	70908	2377.4	105798.9	62.35	64.74	80.25
基础性行业企业	36852	2024.4	80974.3	32.40	55.13	61.42

资料来源：2009年的中国国有企业监督管理年鉴。

表3-5　2015年非金融国有企业的分布

企业	户数/户	从业人员/万人	年末总资产/亿元	户数占比/%	从业人员占比/%	年末总资产占比/%
大型企业	8377	1960.4	299769.0	6.70	63.35	46.63
公司制企业	116142	2831.8	603899.1	92.94	91.51	93.93
中央企业	42411	1418.6	109003.7	33.94	45.84	16.95
地方企业	82555	1676.0	168625.6	66.06	54.16	26.23

续表

企业	户数/户	从业人员/万人	年末总资产/亿元	户数占比/%	从业人员占比/%	年末总资产占比/%
东部地区企业	65237	1421.6	381510.3	52.20	45.94	59.34
基础性行业企业	37522	1641.8	317040.3	30.03	53.05	49.31

资料来源：2016年的中国国有企业监督管理年鉴。

需要指出的是，“国进民退”在很大程度上表现为地方国有企业快速增长，特别是西部地区。从经营状况看，国有企业利润总额除了在2008年、2012年和2015年有过短暂调整，基本呈现逐年上涨的趋势（见图3-1）。而且，近年来地方国有企业利润大幅度上升，2014—2018年，地方国有企业利润占比从30%上升到40%。

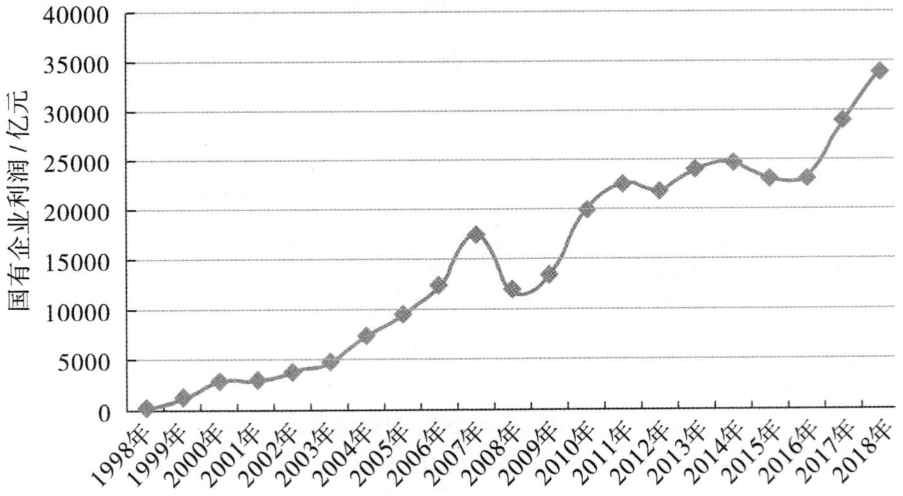

图3-1　1998—2018年国有企业利润情况

需要说明的是，虽然地方国有企业利润大幅上升，但如果结合地方非金融国有企业数量和资产总额的上升速度看，中央非金融国有企业的经营状况依然好于地方。这就意味着，地方国有企业发展的总体方向可能并不明确，在深化国有企业改革阶段需要进一步优化布局，改善国有企业经营绩效。另外，值得注意的是，虽然随着国有企业改革深化以及国有经济战略性重组等一系列具体措施的实施，国有经济的实现形式已经多样化，代表现代企业制度的公司制已经是国有企业的主要组织形式，但与2008年相比，公司制国有企业的相对规模出现了下降，而且公司制国有企业的发展状况也没有发生更有价值的变化。以户均资产为例，2008年公司制国有企业和全国国有企业的户均资产分别为1.23亿元和1.16亿元，到2015年两者分别为5.20亿元和5.14亿元。比较来看，经过7年的发展，公司制国有企业的优势反而缩小，这是否意味着所谓的现代企业制度并不唯一，可以运用多种组织形式并存的方法来探寻不同的国有企业的最佳组织形式，而不是一刀切地进行公司制改革？

二、优化国有经济布局需要注意的问题

首先，找寻国有经济最优规模是一个动态的演变过程，而决定这一过程的因素是非常复杂的，不仅仅有纯经济学的因素（即把企业内部的盈利等财务指标作为唯一的效率标准），还包括政党与意识形态、社会公平目标、自然垄断产业的特性、特定阶段社会经济发展的需要等因素。国有经济分布在哪些领域以及在国民经济中应该保持多大的规模才是最优的，并不存在唯一的最佳模式，相反地，各国应根据本国国情决定其最优所有制结构和国有经济最优规模。

从“二战”后到20世纪80年代，虽然国有企业分布领域存在较大的差异，但大致上分布于下述系列：第一系列是基础设施和能源产业，包括广播、邮政、电信、铁路、航运、电力、石油、天然气、煤炭、城市公用事业等，控制程度为75%～100%；第二系列是基础工业，包括石化、钢铁等，英国、法国、意大利等国国有经济部门的控制程度为75%，德国为

25%～50%；第三系列是金融领域，德国、法国、意大利等国较为突出，例如，1985年法国国有金融机构控制着90%的银行存款和85%的信贷业务；第四系列是制造业，英国、法国、意大利三国国有经济部门的控制程度大约为10%，主要集中在军工、航天、飞机、汽车、造船、电子等主要支柱性或高新技术产业。其中，国有企业分布最广的国家是意大利，其国有企业还存在于高速公路、食品、水泥、玻璃、纺织等领域。虽然经历了大规模的私有化，国有企业分布仍然较广泛。例如，德国的国有企业主要分布在广播、邮政、电信、铁路、机场、高速公路、银行、电力、天然气等行业；地方政府仍然控制着区域性银行、公共信用机构、保险公司、公用事业、建筑和地产，并在部分制造业企业中持有主要股份[①]。

其次，自然垄断产业理论和可竞争性应作为指导国有企业深化改革的理论基础。就我国当前经济发展的整体状态来讲，国有经济发展在量上已经呈现出一种趋于稳定的状态，公有制经济与非公有制经济分工协作、竞争发展的格局基本上已然形成。在这一格局下，国有经济的继续优化调整应着重于质量的提高和效率的改善，以及内部治理机制的完善，而不是纠结于“国进”还是“国退”，更不能以“自然垄断产业”和“竞争性产业”之类的概念来简单化地讨论并进行国有经济的调整。这是因为，自然垄断产业的存在本身并不一定就能充分证明必须由国有企业来经营。即便是公共物品，国有企业也不是唯一的提供者。私有企业出于自身利益的考虑也会生产公共物品。但是，现实要远比理论逻辑复杂。国际经验表明，没有什么理由能够证明国有企业不能存在于一般性竞争领域，更别说仅限于公共物品领域。国有企业是否应存在于某一领域，要视具体情形而定。不仅如此，10%也不能作为评判国有经济在国民经济中的相对比重的标准。因为，10%本身是一个经验判断，并不具有科学性和合理性，而且就国际经验来讲，10%也只是少数国家的经验，而且这一经验从长期看也并不成功。

---

① 李俊江、史本叶、侯蕾：《外国国有企业改革研究》，经济科学出版社，2010，第76页。

最后，在国有企业调整过程中要遵循市场化原则。政企分开是国有企业改革的一条主线，让国有企业成为独立的市场主体，按照市场规则调整经营范围和经营规模。处理好政府与市场的关系，在国有企业改革过程中尤为明显。政府与国有企业的关系具有两重性：其一，国有企业的国有性质决定了它具有多元目标，会受到政府的引导，即在特定环境、特定时期要替政府分忧解难，特别是在经济下行期间，国有企业的外部性强于其微观经济职能，发挥着防范风险、对冲危机影响、稳定经济的重要作用，但要明确的是，这种政策性负担不能长期化，需要建立科学合理的退出机制和补偿机制，以保证国有企业不会被政策性负担拖垮；其二，国有企业的企业性质决定了其核心目标是要在竞争中赢得有利地位，实现国有资产保值增值，放大国有资本功能，这就要求政府不能通过行政手段干预国有企业内部经营活动，同时，要根据公平性原则制定相关政策，只有让国有企业与民营企业和外资企业公平竞争才能真正提高其竞争力，才能有利于国有资产保值增值，才能真正放大国有资本功能。在此基础上，无论是规模的扩张与收缩，还是不同领域（行业）的进入与退出，国有企业（国有经济）都要依据市场规则进行，经营状况好的企业在扩张过程中要尊重市场规则进行收购、兼并，经营不好的企业则要依据法律进入破产程序。

三、国有经济（国有企业）战略布局的调整方向

国有企业如何合理分布是一个经验实证问题，取决于一个国家的具体国情及其动态发展过程。如前所述，我国国有经济分布较为集中，国有企业仍然存在于广泛的领域。继续深化改革、调整国有经济布局需要坚持“有进有退，有所为有所不为”的核心指导精神，根据近年社会经济的发展和新的改革要求，重新审视国务院国资委于2006年12月推出的《关于推

进国有资本调整和国有企业重组的指导意见》（简称《指导意见》）[①]，调整思路，进一步优化国有经济（国有企业）布局，而评判标准就是习近平总书记在2016年全国国有企业党的建设工作会议上所提出的“三个有利于”，即“有利于国有资产保值增值、有利于提高国有经济竞争力、有利于放大国有资本功能”[②]。

具体分析如下。

第一，要求国有资本保持“绝对控制力”的七大行业和“较强控制力”的九个行业，要筛选出其中的基础性领域和关键性产业环节等产业制高点，国有企业要绝对控制；其余领域，国有企业要与民营企业自由竞争，从而拓展民营企业进入的空间，提高国有企业的竞争力，但要控制外资可进入的领域。

这是一项复杂的工作，既涉及国有经济布局的调整问题，也涉及产业组织的合理化问题，还涉及经济、产业安全问题，需要细心识别、审慎选择。以石油行业为例，既有上游的勘探和开采环节，下游的炼化、管道、销售等投资业务，也有众多的工程技术服务业务，如物探、钻井、管道建设、油田地面建设等。勘探和开采环节具有行政垄断性质，这是事实，但并不意味着这种行政性垄断就注定是不合理的。对于这类具有高度稀缺性的资源部门或涉及国家经济安全的战略性部门，国家采取垄断经营是必要的。对于其他环节和领域，不能一概而论，要根据不同的情形，引入民营资本。使民营企业和国有企业在产业链层面加强合作与竞争，这是改革的方向。但是，这种改革要具有全球竞争视野。石油石化行业的高集中度是

① 根据《指导意见》，国务院国资委进行部署，第一次明确提出国有经济进退的边界：军工、电网电力、石油石化、电信、煤炭、民航、航运七大行业，国有资本要保持“绝对控制力”；装备制造、汽车、电子信息、建筑、钢铁、有色金属、化工、勘察设计、科技九个行业，国有资本要保持“较强控制力”。这些领域主要是针对国务院国资委所管的中央国有企业。此外，还有关系国民经济命脉的金融业、基本上由地方国有企业控制的关系民生的公用事业类产业等。

② 习近平：《坚持党的领导、加强党的建设是国有企业的独特优势》，载《习近平谈治国理政》第2卷，外文出版社，2017，第175页。

全世界普遍存在的现象。世界上主要石油生产国和石油消费国中，76%的国家只有1家石油公司，20%的国家不超过3家石油公司。这些公司都具有综合性经营的特征。

当然，不同产业的基础性领域和关键性产业环节是不同的。对于具有自然垄断征的产业，要区分自然垄断的领域和可竞争的领域，并根据行业特点进行整体布局，在此基础上，尽量引入各类竞争机制。

电力行业的输配电网、石油和天然气的管道运输、电信行业的网络基础设施、铁路行业的路轨网络、航运行业的基础设施等，既属于具有网络特征的自然垄断领域，又属于基础设施，是这些行业的产业制高点，由国有资本垄断控制，是合理的。至于电力行业的发电，石油和天然气的销售，铁路行业的运输，电信行业的移动电话、增值服务等，属于可竞争的领域，可以引入各种竞争主体，包括民营资本。

事实上，无论在所谓的自然垄断领域还是可竞争领域，都存在着不同程度的竞争。例如，我国电力行业实际上处于激烈的竞争当中，5家央企占全部市场50%左右的份额，各地还有数量众多的地方国有电厂、民营电厂。

至于军工行业，它属于保障国家安全的特殊行业，既关乎国防安全，也关乎国内社会秩序安全。例如，航空航天、舰艇、军用电子等，这类企业直接服务于军队，保密程度较高，不宜引入非公有资本。但是，不涉及核心机密的某些生产环节，可以通过外包的形式由非公有制企业生产，加速军用设施（如信息导航等）转向民用。

第二，对存在于一般性竞争领域的国有企业，应支持它们在公平的市场竞争中谋生存，让优胜劣汰的机制来决定它们的进退。

经过多年的改革开放，我国绝大部分行业已经形成竞争格局，包括国有资本比较集中的关系国民经济命脉的重要行业和关键领域，如钢铁、有色金属、化工、建材、建筑、机械制造，不论是进入门槛还是市场运营，都已形成充分竞争格局。就企业数量来说，90%以上的国有企业处于竞争性领域。只要它们能在市场竞争中生存下来，就应当允许它们存在。

相当一部分处于充分竞争领域的国有企业，不论是生产规模、发展速度，还是全员工效、科技创新等指标，都居于国内一流行列，在国际上也处于比较好的水平。

第三，在公用事业类产业领域，对引入民营资本，要完善和强化规制。供水、供电、供气、供暖、公共交通等公用事业领域，其产品和服务被视为公共物品，是在一定的经济和技术状态下社会的每一个成员只要付出合理的价格就有资格享受的生活必需品。这是现代文明社会的基本准则。公众要求公用事业领域的企业提供的服务要具有稳定性，并具有质量的可靠性，且不能完全按照市场均衡价格定价，因为这可能会使低收入阶层陷入无法生存的境地。

由此可见，这个领域具有很强的政策性，承担着文明社会的社会责任——以优质低价的方式合理分配基本的公共物品。因此，这个领域基本上是由地方国有企业经营。

国有企业垄断经营的这些领域，随着人们的收入和支付能力的提高，当然可以引入民营资本，但要让民营企业承担这种社会责任，需要有健全的规制来保护消费者的利益，重点在价格、质量和服务满意度等方面。人们似乎有一种认识，即通过引入民营资本和市场机制的方式就可以解决国有企业在这些领域垄断经营中存在的问题。现实并没有这么简单。如果规制不完善，那么引入民营资本不过是将国有企业垄断变成民营企业垄断。在这种情形下，企业可以通过提高价格来提高效率，但这种效率的提高极可能是以消费者的福利损失为代价的。

第三节　深化国有资产（本）管理体制改革
做强做优做大国有经济

“国有企业是中国特色社会主义的重要物质基础和政治基础，是我们党执政兴国的重要支柱和依靠力量。”[①]“国有企业是壮大国家综合实力、保障人民共同利益的重要力量，必须理直气壮做强做优做大，不断增强活力、影响力、抗风险能力，实现国有资产保值增值。”[②]“使国有企业成为党和国家最可信赖的依靠力量，成为坚决贯彻执行党中央决策部署的重要力量，成为贯彻新发展理念、全面深化改革的重要力量。”[③]因此，要完善各类国有资产（本）管理体制，改革国有资本授权经营体制，有效防止国有资产流失。

一、现行国有资产（本）管理体制

国有企业的性质是全民所有制，现阶段由全民行使所有权在实践中不可行，所以由国家代表全民行使出资人职能，由政府的各个部门具体落实。在计划经济体制下，企业实质上是执行计划的政府延伸部门，不具有独立决策的权限，因此，政府和企业的关系实际上是政企合一的。随着计划经济向市场经济转型，这种政企合一的体制使国有企业活力不足，外在表现为市场反应和市场竞争力不足。为了提高国有企业适应市场的能力，解决政企不分的问题就成为国有企业改革的核心内容。出于规范国有企业和国有资产（本）管理体制的目的，2003年国务院成立了国务院国有资产

① 习近平：《坚持党的领导、加强党的建设是国有企业的独特优势》，载《习近平谈治国理政》第2卷，外文出版社，2017，第175页。

② 参见习近平讲话《理直气壮做强做优做大国有企业》。

③ 习近平：《坚持党的领导、加强党的建设是国有企业的独特优势》，载《习近平谈治国理政》第2卷，外文出版社，2017，第175页。

监督管理委员会，出台了《企业国有资产监督管理暂行条例》。2008年《中华人民共和国企业国有资产法》公布，2015年《中共中央 国务院关于深化国有企业改革的指导意见》印发。

由这些法律法规和政策规定可知，国有企业实行的是由国务院和地方人民政府分别代表国家履行出资人职责，享有所有者权益，权利、义务和责任相统一，管资产（管资本）和管人、管事相结合的国有资产（本）管理体制。其中，国务院代表国家对关系国民经济命脉和国家安全的大型国有及国有控股、国有参股企业，重要基础设施和重要自然资源等领域的国有及国有控股、国有参股企业，履行出资人职责。其中，省、自治区、直辖市人民政府和设区的市、自治州级人民政府分别代表国家对由国务院履行出资人职责以外的国有及国有控股、国有参股企业，履行出资人职责。省、自治区、直辖市人民政府履行出资人职责的国有及国有控股、国有参股企业，由省、自治区、直辖市人民政府确定、公布，并报国务院国有资产监督管理机构备案；设区的市、自治州级人民政府履行出资人职责的国有及国有控股、国有参股企业，由设区的市、自治州级人民政府确定、公布，并报省、自治区、直辖市人民政府国有资产监督管理机构备案。政府在管理资产过程中，坚持社会公共管理职能与国有资产出资人职能分开，坚持政企分开，实行所有权与经营权分离。国有资产监督管理机构（各级国资委）不行使政府的社会公共管理职能，政府其他机构、部门不履行企业的国有资产出资人职责。各级国资委履行出资人职责坚持“权利、义务和责任相统一，管资产（管资本）和管人、管事相结合”的原则，推进所有权与经营权相分离，推进管资产向管资本转型。

从现行法律法规和政策规定看，我国的国有企业资产管理实行的是“国家所有，分级代表，上级备案”的制度，并对各级政府和国有资产监督管理机构进行分工。代表政府行使出资人职能的机构，虽然相对于改革前的“九龙治水”清晰了不少，但依然存在监管主体多的问题，特别是中央企业可分为国务院国有资产监督管理委员会监管系列、财政部监管系列和其他部委所属系列。由于国有企业目标多元化，进一步深化改革的方向难以再从整合监管主体切入，那就应该简化考核体系，打破“旋转门”，切实实现政企分开。

按照马克思的设想，公有制企业的高效率是天然的，因为无产阶级直接占有生产资料为自己工作，实现了劳动者和生产资料的直接结合，会激励他们努力工作，生产效率自然高于私有制企业。不仅如此，由于是按劳分配，避免了收入分配不公平，劳动者的生产积极性就会得到进一步的激发，生产效率也会提高，在生产资料占有、使用以及分配过程中都可以充分体现社会主义性质。然而现实中的社会主义公有制经济（国有企业）改革前都面临着效率低下的问题，而改革也正是从提高公有制经济的经营效率入手的。无论是“放权让利”还是“抓大放小”，乃至独立的市场主体改革都是以效率为核心展开的。既然是以效率为核心，那么，国有企业回归企业职能就是必然的，但国有企业不同于一般企业，它们要体现“国有”，也就是要体现国有企业的社会主义性质，但这种性质如何体现？是体现在占有环节（所有权）、使用环节（经营权），还是体现在分配环节（收益权）呢？既然效率问题出在使用环节（经营权），改革也围绕使用环节（经营权）展开，国有企业的性质就应该更多地体现在占有环节（所有权）和分配环节（收益权）。在占有环节（所有权）履行出资人职责体现在“管资产（管资本）和管人、管事相结合”。这里的管资产主要是负责国有资产保值增值，防止国有资产流失；管人即企业负责人管理，主要是企业高管的选任；管事则主要是企业重大事项管理，即国有企业分立、合并、破产、解散、增减资本、发行公司债券等。

在分配环节（收益权），主要是国有企业利润的分配和使用。1994年改制之前，国有企业利润是全部上缴的，1994年后国有企业还本付息负担较重，遂暂停利润上缴。随着“抓大放小”改革成效初显，国有企业利润逐年增加，到2007年恢复利润上缴。2007年9月，《国务院关于试行国有资本经营预算的意见》颁布，明确提出试行国有资本经营预算，其后财政部会同国务院国资委发布了《中央企业国有资本收益收取管理暂行办法》，规定中央企业国有资本收益分三类上缴财政部。其中，石油石化、电信、煤炭、电力、烟草五个行业的上缴标准为税后利润的10%，科研院所和军工企业3年内暂时不上缴，其余中央企业均按照5%的标准上缴。到2012年，财政部将中央企业国有资本收益划分为四类并提高了上缴比例：第一类为具有自然垄断特征的行业企业（烟草、石油石化、电力、电信、煤炭等），上缴比例为15%；第二类为一般性竞争行业企业（钢铁、运输、电子、贸易、施工等），上缴比例为10%；第三类为军工企业、转制科研院所、中国邮政集团有限公司、中央国有资本经营预算实施范围的企业（2011年和2012年新纳入），上缴比例为5%；第四类为政策性公司，包括中国储备粮管理总公司、中国储备棉管理总公司，免缴国有资本收益。其中，中国烟草总公司税后利润上缴比例从2012年起提高至20%。党的十八届三中全会决定划转部分国有资本充实社会保障基金，提高国有资本收益上缴公共财政的比例，到2020年提到30%，更多用于保障和改善民生。2017年出台的《国务院关于印发划转部分国有资本充实社保基金实施方案的通知》，规定将企业国有股权的10%划转给社保基金，充实企业职工基本养老保险基金。

从政府运用财政角度讲，国有企业上缴利润即属于政府行使出资人职能的范畴；而从财政支出的角度讲，国有企业上缴利润也应用到了公共服务供给中，也体现了全民所有、全面所用的理念。但正如划转方案所指出的，将国有股权直接划归社保基金有利于全体人民共享国有企业发展成果，增进民生福祉。由此可见，占有本身所体现的全民性质虽不直接，但却是使用环节（经营权）体现全民所有的基础。因此，要体现全民所有需要在这两个方向上着力。

二、由管企业到管资本，由经营监管到资本收益

如何在占有和分配两个环节体现社会主义性质，在使用环节体现市场机制的活力？党的十八届三中全会给出了答案，即“完善国有资产管理体制，以管资本为主加强国有资产监管，改革国有资本授权经营体制，组建若干国有资本运营公司，支持有条件的国有企业改组为国有资本投资公司”。为了落实党的十八届三中全会精神，2015年国务院相关部门组织起草并以中共中央和国务院的名义公布了《中共中央 国务院关于深化国有企业改革的指导意见》（简称《指导意见》），进一步细化了国有企业改革的相关举措和指导思想，同年，国务院下发《国务院关于改革和完善国有资产管理体制的若干意见》，对细化落实《指导意见》进行部署。党的十八届三中全会提出改革国有资本授权经营体制后，2014年国务院国资委选择中粮集团、国投公司开展国有资本投资公司试点工作，探索国有资本投资公司功能定位、体制机制和运营模式。2016年以来，国务院国资委将试点扩大到“2+8”共10家企业，包括诚通集团、中国国新2家试点运营公司以及国投公司、中粮集团、神华集团、宝武集团、中国五矿、招商局集团、中交集团、保利集团8家试点投资公司。与此同时，地方国有资本投资、运营平台布局加速发展，并形成了上海模式、重庆模式、山东模式三种典型管理模式。2018年，国务院印发《国务院关于推进国有资本投资、运营公司改革试点的实施意见》，进一步细化推进国有资本投资、运营公司试点的工作。

应该说，国有企业改革沿着市场化方向不断深化，而由管资产到管资本虽然仅有一字之差的转变，却迈出了国有企业沿着市场化方向改革的关键一步。强调管资本就是强调占有关系，进一步延伸管资本要强调资本收益，而收益本身则是关注分配，加上2007年之后逐渐提高利润上缴比例并以国有股权充实社保基金的制度设定使国有资产（红利）更直接地和全民所有性质相匹配。但是，在向以管资本为核心的国有企业管理体制转型的

过程中应该注意三个方面的问题：其一，分类监管、分类授权，将管资本与管资产相结合；其二，确定监管负面清单，规范政府监管机构行为，切实实现政企分开；其三，完善企业内部治理与运行机制。

第一，分类监管、分类授权，将管资本与管资产相结合，避免国有企业改革一刀切。根据2015年底发布的《关于国有企业功能界定与分类的指导意见》，国有企业划分为商业类国有企业和公益类国有企业。其中，商业类国有企业又分为：处于充分竞争行业和领域的国有企业；处于关系国家安全、国民经济命脉的重要行业和关键领域，主要承担重大专项任务的国有企业；处于自然垄断行业的国有企业。如前所述，在不同的环节既要体现社会主义性质，又要提高经营（供给）效率，那么不同类型企业就要选择不同的改革方向，管资本还是管资产或是管企业需要视具体情况而定。公益类国有企业的主要目标是要提高公共物品、公共服务的供给质量和效率，因此改革方向是引入市场机制，尝试多元化供给，但应该明确政府对公共物品供给具有管控权力，对供给价格、供给质量要作出相应规定。对此类国有企业要加强监管，强化成本管理，接受社会监督。对于自然垄断行业和重要行业、关键领域的国有企业来说，它们承担着服务国家宏观调控、保障国家安全和国民经济运行、完成特殊任务等任务，因此，保持国有经济的控制力尤为重要。这类国有企业要平衡社会效益和经济效益，提高整个资源的配置效率，引入市场机制的同时可以进行股权多元化，但要保证国有经济对行业的控制，同时，保证企业中国有资本控股。要落实政企分开，推进特许经营，强化政府监管，并加强资本布局，突出主营业务，优化国有资本投向。而处于充分竞争行业的国有企业则以增强国有经济活力、放大国有资本功能、实现国有资产保值增值为主要目标。要充分授权，以管资本为主，全面实现政企分开、资本所有权与经营权分开，保障经理层经营自主权，重视收益管理，而不是运营管理（见表3-6）。

表3-6　国有企业分类改革的情况

国有企业分类		主要目标	改革方向	管理方式
公益类国有企业		提高公共物品、公共服务的供给质量和效率	引入市场机制，保持政府管控，提高效率	加强监管，接受监督
商业类国有企业	自然垄断行业的国有企业	服务国家宏观调控、保障国家安全和国民经济运行、完成特殊任务	放开竞争性业务，公共资源配置市场化	政企分开、政资分开、特许经营、政府监管
	关系国家安全、国民经济命脉的重要行业和关键领域，主要承担重大专项任务的国有企业	服务国家宏观调控、保障国家安全和国民经济运行、完成特殊任务	主辅分离，优化国有资本投向	加强国有资本布局监管，突出主营业务
	充分竞争行业和领域的国有企业	增强国有经济活力、放大国有资本功能、实现国有资产保值增值	政企分开、市场化运作、自主经营	管资本为主，加强对集团公司层面的监管

第二，坚持市场化改革取向，确立监管负面清单，坚守公平性原则，允许国有企业以市场化方式进出相关领域。尽管不同类型的国有企业改革措施有所差别，但改革的市场化取向是一致的，这是因为市场化取向是国有企业提高经营效率、更好实现国有资产保值增值的必要途径。应该明确的是，市场化改革包括两大方面的内容：一是政企关系的市场化，即政府行使出资人职能和企业市场化运营；二是市场环境的建设，即构建公平竞争的市场环境，使市场真正在资源配置中起决定性作用。

为此，要确立负面清单，规范政府行为：一方面，要进一步创新国有企业监管授权的负面清单机制，按照“法无禁止即可为”的原则，制定专门针对两类企业的监管负面清单；另一方面，建立市场监管的负面清单制度，按照“法无禁止即可准入”的原则，放开市场准入，降低各领域进入门槛。之所以要创新国有企业监管授权的负面清单机制，是因为要真正实现政企分开，增强国有企业活力；同时，规范政府对国有企业的监管行为，将出资人职能保留在国有资本投资、运营公司等层面，不再对下级企业进行延伸监管，使下级企业能够根据上级企业的总体要求自主经营。而确定市场准入的负面清单则有助于调动不同所有制经济的积极性，也有助于减少各级政府运用非经济手段干预市场主体的行为，为国有企业提供政策性保护。另外，同一领域中非国有企业的存在，可以为国有企业监管提供有效参照，即非国有企业可以作为国有企业的“影子企业”倒逼国有企业改善经营。为了配合国有企业深化改革，国有企业监管部门已经作出了相应改革。比如，2017年国务院办公厅转发《国务院国资委以管资本为主推进职能转变方案》，精简监管事项43项，其中取消事项26项，下放事项9项，授权事项8项。

第三，科学监管，防止国有资产流失。建立监管负面清单制度，并不意味着监管部门放弃监管，而是要实施更加科学的监管。如果缺乏科学合理的监管：监管过严会使国有企业缺乏活力从而失去竞争力，无法实现国有资产保值增值的目标；监管不到位会使国有资产流失。因此，科学监管就是要放得开、守得住，既要实现国有资产的保值增值，又要防止国有资产流失，这就需要依据国有企业类别的不同建立健全国有资产（资本）监督体制机制。其中，重点加强对充分竞争行业和领域的国有企业集团公司层面的监管，落实和维护董事会依法行使重大决策、选人用人、薪酬分配等职权，保障经理层经营自主权，积极推行职业经理人制度；对关系国家安全、国民经济命脉的重要行业和关键领域，主要承担重大专项任务的商业类国有企业，重点加强对国有资本布局的监管，引导企业突出主业，更好地服务国家重大战略和宏观调控政策；对公益类国有企业，要把提高公共物品、公共服务的质量和效率作为重点监管内容，加大信息公开力度，接受社会监督。理论上说，自然垄断企业具有进入优势，同时具有提高价格减少供给以获得最大利润的冲动，因此，监管除了要强化企业内部治理外，还要防止企业对消费者的侵害，要对产出的数量、质量和产品价格实施有效的评估监管。对垄断企业，一方面可以通过股权多元化来优化企业决策等经营行为；另一方面要放开市场准入，寻找“影子企业”以倒逼垄断企业提高供给水平、质量并降低供给价格。需要指出的是，沿着市场化的方向实施监管，既要注重结果考核，也要注重制度建设。特别是在国有资本进出相关领域时，要注重事前监管，即在企业重大决策中发挥出资人作用，对不符合国家利益的经营决策行使否决权，对于认可的重大决策避免事后追责，减少对企业集团决策层的束缚。

三、特殊管理股制度：进一步深化改革的可选方案

党的十八届三中全会通过的《中共中央关于全面深化改革若干重大问题的决定》首次提出，“对按规定转制的重要国有传媒企业探索实行特殊管理股制度”。2015年《中共中央、国务院关于深化国有企业改革的指导意见》又提出，“允许将部分国有资本转化为优先股，在少数特定领域探索建立国家特殊管理股制度”，特殊管理股制度开始成为深化国有企业改革的备选方案之一。

（一）特殊管理股制度的内涵

特殊管理股通常指在股份制改造和融资过程中，创始人股东为了防止企业被恶意收购并保有最大决策权和控制权而设计的一种特殊股权结构。它是所有权和经营权“两权分离”的必然结果，本质上是一种创新的产权制度安排和企业治理结构，较好地平衡了拓宽企业发展空间与维护创始人股东（国家或其他创始人）控制权之间的关系。这里的特殊管理股依据法律或约定行使超出“一股一票”的特殊权利，而这种特殊权利主要指的是重大决策的表决权。

一般意义上的特殊管理股制度主要是金股制和双层股权结构。其中，

金股制产生于20世纪欧洲国家的私有化过程，一方面，通过出售国有企业获得财政收入；另一方面，在一定程度上保留国家对企业的控制权。多数情况是政府只持有一股金股，不干涉其日常运营，没有收益权或其他表决权，但在某些特殊事项上享有一票否决权。这里的特殊事项往往涉及股权并购，特别是在外资企业收购本国企业时，政府一旦判断该收购可能不利于本国经济长期发展，或者威胁本国经济安全，就会使用该权力。双层股权结构是企业规模扩张过程中为保证原始股东在股权融资后控制权不丧失的一种制度安排，即对不同投资者持有的股份赋予不同表决权。

显然，这种制度安排是原始股东与新进入投资者权力博弈的结果。因为新进入投资者看重的是企业价值并希望获得高额的投资收益（分红），对控制权的需求相对较弱，而原始股东的主要目标是获取股权融资，对企业控制权更加重视，所以能够形成这种“股”“权”不对等的股权结构。例如，Facebook招股书中所披露的双层股权结构，即将普通股分为A系列普通股和B系列普通股，一个B系列普通股对应十个投票权，而一个A系列普通股对应一个投票权，以实现公司管理层股东对公司重大决策的控制权。由于原始股东享有超过其股权份额的表决权，因此，双层股权结构也被称为“一股多权制”或“多股制”。

（二）尝试特殊管理股制度的原因

比较金股制和双层股权结构，我们可以发现这两种制度安排都是“两权分离”的结果，都将产权这一权利束更加细分，根据企业发展的不同需求或原始股东的需要对企业占有、控制、经营、收益以及决策等权利进行与股份不对等的制度安排，目的都是保护原始股东的特定权益。不同的是，金股制强调政府在国有企业私有化后在一些特殊事项上可以享有一票否决权，而不再享有收益的分配权；而双层股权结构不仅可以保证原始股东对企业生产经营决策的控制权，同时可以保证原始股东的收益权。

如前所述，我国国有企业改革的关键在于实现真正的政企分开，而政企分开最重要的是约束政府干预国有企业经营的冲动，同时体现国有企业的国有性质，这就需要创新国有企业经营管理上的制度安排。特殊管理股制度的这两种不完整产权模式与我国国有企业改革所面临的问题相契合，因此，特殊管理股制度成为我国全面深化改革的一项重要举措。

（三）创新特殊管理股制度设计

我国国有企业改革必须坚持市场化改革取向以提高经营效率，又要体现社会主义性质，这就要求做强做优做大国有企业。这与金股制和双层股权结构的制度安排在目标上存在较大差异。

首先，无论是金股制还是双层股权结构，其原目标都有筹集资金的考量，其中，金股制要求筹集资金以弥补财政赤字，双层股权结构则要求扩大规模。而在我国目前的国有企业改革中，融资需求并不是改革的目标，改革的目标是提高经营效率，优化资源配置。

其次，无论金股制还是双层股权结构，都没有体现社会主义性质，而我国国有企业不管在企业中是否占控制地位，都要体现社会主义性质。由于存在目标差异，不能简单地照抄照搬已有的特殊管理股制度，而是要依据我国的具体情况进行适当的制度创新。设计国有企业特殊管理股制度依然要遵循分类改革的思路。

从分类改革的角度看，目前公益类，自然垄断行业以及关系国家安全、国民经济命脉的重要行业和关键领域的国有企业不仅在占有和分配环节体现国有性质，在生产经营环节也要体现特殊目标，因此，国有股权必须参与经营决策，这就很难通过特殊管理股来提高经营效率。从这个角度讲，只有处于充分竞争行业和领域的国有企业才有可能推行特殊管理股制度。这些企业可以将正常的经营权和决策权让渡出来，而保留所有权和收益权，从而实现政企分开，提高经营效率。

从产权的角度看，除了特殊管理股制度的两种不完整制度安排外，最为常见的不完整产权模式是优先股，即享有优先权的股票。这里的优先权主要指持有优先股的股东对公司资产、利润分配等享有优先权。优先股股东对公司事务没有表决权，而且没有选举权及被选举权，对公司的经营没有参与权。结合优先股、金股制和双层股权结构可以尝试一种新的特殊管理股制度：第一，国有股享有资产、利润分配的优先权，且按约定分红；第二，在重大事项（包括高管的选用、重大股权转让等）上享有表决权；第三，不参与日常经营决策；第四，特殊条款，即在特殊条件（比如发生大的自然灾害、经济波动等）下按照市场价格收购非国有股，以保证国家意志在特殊条件下能够得到执行。

第四节　积极发展混合所有制经济

改革开放以来，我国的所有制结构从纯而又纯的公有制经济发展为多种所有制经济并存，党的十五大正式把“公有制为主体、多种所有制经济共同发展”确立为我国社会主义初级阶段的基本经济制度。这就为发展混合所有制经济提供了政策基础，并为“各种所有制资本取长补短、相互促进、共同发展”奠定了理论基础。微观上，国有企业公司制改革基本完成，法人治理结构逐步健全，形成支撑基本经济制度不断完善的微观组织形式——混合所有制经济。党的十八届三中全会通过的《中共中央关于全面深化改革若干重大问题的决定》提出，“国有资本、集体资本、非公有资本等交叉持股、相互融合的混合所有制经济，是基本经济制度的重要实现形式，有利于国有资本放大功能、保值增值、提高竞争力”。

一、混合所有制经济得以确立的政策演变

混合所有制经济是指在同一组织形式（如企业）中，资产的所有权分属于不同性质所有者的经济形式。这类企业的出资人包括国家、个人、法人以及外国投资者等。因此，至少包括两种类型的所有者性质的企业，才可以称为混合所有制经济。从这个基本内涵看，混合所有制经济是随着改革开放一点一点突破思想束缚，一点一点筑牢制度基础，一点一点积累发展条件而不断壮大起来的。其中，公司制改革、民营经济快速发展和外资涌入寻求快速发展的渠道是混合所有制经济发展的必要条件。

改革开放以后，最早的混合所有制经济应该是从中外合资企业起步的，但彼时引进外资的往往是大的国有企业，如1985年中德双方各出资50%组建的上海大众汽车有限公司等。应该说，这些合资企业已经是混合所有制企业，但彼时的合资企业还是零星的，而且是有限制的。真正的混

合所有制经济较大范围地出现是在股份制改革以后。1990年，上海证券交易所和深圳证券交易所相继挂牌营业，开始进行股权交易。股权交易拉开了股份制改革的大幕，在单纯的全民所有制企业与集体所有制企业之外，出现了资本（金）来源多元化的企业组织形式。现实的变化推动认识的提高和理论的深化，1993年党的十四届三中全会就已经有了“混合”的思想，在全会通过的《中共中央关于建立社会主义市场经济体制若干问题的决定》中明确提出，“随着产权的流动和重组，财产混合所有的经济单位越来越多，将会形成新的财产所有结构”。这里，“财产混合所有的经济单位”实际上已经反映了混合所有制经济的内涵。

1997年，党的十五大报告虽然正式提出了“混合所有制经济”的概念，但还只是在说明公有制经济的外延时的一个提法，即“公有制经济不仅包括国有经济和集体经济，还包括混合所有制经济中的国有成分和集体成分”。这就摆脱了只有全民所有制经济（国有经济）和集体所有制经济才是公有制经济实现形式的束缚，扩大了公有制实现形式的范围，因此才有了“公有制实现形式可以而且应当多样化”的提法，而且“要努力寻找能够极大促进生产力发展的公有制实现形式”。更进一步，报告肯定了股份制作为资本组织形式自身并没有意识形态属性，“资本主义可以用，社会主义也可以用”。党的十五届四中全会通过的《中共中央关于国企改革和发展若干重大问题的决定》明确提出“发展混合所有制经济”，并“积极探索公有制的多种有效实现形式”。“国有资本通过股份制可以吸引和组织更多的社会资本……国有大中型企业尤其是优势企业，宜于实行股份制的，要通过规范上市、中外合资和企业互相参股等形式，改为股份制企业，发展混合所有制经济，重要的企业由国家控股。”

2002年，党的十六大报告提出，“要深化国有企业改革，进一步探索公有制特别是国有制的多种有效实现形式”，“除极少数必须由国家独资经营的企业外，积极推行股份制，发展混合所有制经济”。至此，混合所有制经济都是在改革国有企业，探索完善公有制实现形式的过程中出现的。

2003年，党的十六届三中全会通过的《中共中央关于完善社会主义市场经济体制若干问题的决定》将党的十六大报告中的“进一步探索公有制特别是国有制的多种有效实现形式”拓展为“积极推行公有制的多种有效实现形式”，“进一步增强公有制经济的活力，大力发展国有资本、集体资本和非公有资本等参股的混合所有制经济，实现投资主体多元化，使股份制成为公有制的主要实现形式”。此外，党的十六届三中全会还专门论述了如何建立健全现代产权制度，并强调现代产权制度“有利于各类资本的流动和重组，推动混合所有制经济发展”。这里两次出现“混合所有制经济”，把股份制作为公有制的主要实现形式，并首次把国有资本、集体资本和非公有资本在政策上给予平等的地位，还要通过产权制度加以巩固，促进混合所有制经济的发展。党的十六届三中全会开启了公有资本与非公有资本之间的良性互动机制，由此推动国有企业的大规模股份制改革和股票上市，以及一批民营企业的股票上市。这种所有制创新，一方面，通过参股、引入战略投资者等方式，把非公有资本积极引入国有企业股份制改革进程，为非公有制经济开辟了广阔的投资空间，盘活了包括个人资产在内的大量社会闲置资本；另一方面，也重构了国有企业的内部机制，为进一步深化国有企业改革奠定了基础。

2007年，党的十七大报告将产权与混合所有制经济结合在一起，要求“以现代产权制度为基础，发展混合所有制经济”，并提出“坚持平等保护物权，形成各种所有制经济平等竞争、相互促进新格局”。

2012年，党的十八大报告要求“推行公有制多种实现形式”，“保证各种所有制经济依法平等使用生产要素、公平参与市场竞争、同等受到法律保护”。平等保护物权和公有制多种实现形式的结合为混合所有制经济的发展奠定了法律基础，这就更加稳定了非公有制经济主体的信心。

2013年，党的十八届三中全会对“混合所有制经济”作出了明确定义，即“国有资本、集体资本、非公有资本等交叉持股、相互融合的混合所有制经济，是基本经济制度的重要实现形式”。发展混合所有制经济的外延也不局限在公有制经济，而是进行了全面拓展，“允许更多国有经济和其他所有制经济发展成为混合所有制经济”，并“允许混合所有制经济实行企业员工持股，形成资本所有者和劳动者利益共同体”。这就为混合所有制经济增加了新的内容，即不仅要形成要素资源高效率使用的组织形式，还要探索现代社会新型劳资关系。此外，党的十八届三中全会通过的《中共中央关于全面深化改革若干重大问题的决定》还为非公有制经济参股公有制经济开辟了更广阔的空间，也为非公有制经济的发展指明了方向，即“鼓励发展非公有资本控股的混合所有制企业，鼓励有条件的私营企业建立现代企业制度”。

2015年，《中共中央　国务院关于深化国有企业改革的指导意见》对国有企业全面深化改革给出了详细方案，并按照分类改革的总体思路将发展混合所有制经济分为四种主要形式：“推进国有企业混合所有制改革”“引入非国有资本参与国有企业改革”“鼓励国有资本以多种方式入股非国有企业”“探索实行混合所有制企业员工持股”。

上述梳理表明，“混合所有制经济”从提出到积极发展是一个思想解放的过程，是一个逐步认识其价值的过程，且是一个不断肯定混合所有制经济作用的过程。而混合所有制经济的发展不仅“有利于国有资本放大功能、保值增值、提高竞争力”，更有利于“废除对非公有制经济各种形式的不合理规定，消除各种隐性壁垒”，使非公有制经济获取与公有制经济“权利平等、机会平等、规则平等”的地位，促进私营企业建立现代企业制度，从而“有利于各种所有制资本取长补短、相互促进、共同发展”。

二、加快发展混合所有制经济的基础

从探索公有制实现形式，到积极发展混合所有制经济，再到将混合所有制经济定义为基本经济制度的重要实现形式的认识历程，是混合所有制经济从无到有，规模从小到大，作用由轻到重的蜕变过程。“发展混合所有制经济已经成为大势所趋。是完善我们基本经济制度一个着力点。”①

（一）新阶段完善和巩固社会主义基本经济制度的要求

“二战”后，以国有化浪潮和私有化浪潮为阶段性特征，展示了公有制作为一种所有制形式在各国的发展历经兴衰的图景。其中，社会主义实践从纯而又纯的公有制经济走向公有制经济与非公有制经济共同发展的混合所有制经济，而发达资本主义经济体为解决自身的根本问题（社会不平等加剧）而有意识地主动引入公有制经济和扩大私有经济中公有制经济的规模。虽然经历了私有化浪潮，但公有制（国有企业）作为经济重要的组织形式得以保留，且分布范围相当广泛。这两个事实表明，在一个成熟的经济体中，公有制经济与非公有制经济同样重要，并发挥着不同作用以促进经济社会平衡发展。就我国来讲，我国已经形成公有制为主体、多种所有制经济共同发展的混合经济格局。其中，公有制经济改革取得巨大成就，除了国有企业、集体企业外，又出现专业合作社以及股份合作企业等新的组织形式；非公有制经济中私有企业、个体工商户等经济形式发展迅速。从多种所有制经济共同发展的趋势看，数量规模调整的改革正在向质量提升的改革转变，在这一阶段，公有制经济与非公有制经济取长补短、共同提高成为坚持和完善基本经济制度的主要特征。而最好的办法就是公有制经济与非公有制经济相互借鉴发展经验，最直接的方式就是让非公有制经济直接参与公有制经济的管理、改造，形成国有资本、集体资本、非公有资本等交叉持股、相互融合的混合所有制经济。

据估算，2016年末，国内非金融资产424万亿元，中国社会净财富的73%（309.52万亿元）归居民所有，剩余27%（114.48万亿元）由政府持有，而其中国有企业股权为52万亿元 。由此可见，非公有制经济已经具备参与公有制经济改造所要求的规模。从经营效率看，非公有制经济也有公

① 参见张卓元2013年12月27日在凤凰网与凤凰卫视联合举办的“2013凤凰财经峰会”上的发言《发展混合所有制经济已经成为大势所趋》。

有制经济学习的空间，即公有制经济与非公有制经济还存在较大的效率差距。如表3-7所示，2016年主营业务收入超过2000万元的工业企业的平均利润率为6.62%，其中内资企业低于港澳台资企业和外商投资企业，而内资企业中国有企业最低（2.59%），有限责任公司（4.62%，其中国有独资公司只有2.09%）次之；在所有企业中，其他企业、股份合作企业、联营企业和私营企业的利润率都超过10%。从提高经营效率的角度讲，国有企业第一步是要赶上有限责任公司和股份有限公司，然后是港澳台资企业和外商投资企业。另外，非公有制经济对国民经济的贡献也不能忽视。如前文所述，民营经济对国家财政收入的贡献占比超过50%，对GDP和固定资产投资、对外直接投资的贡献占比均超过60%，对企业技术创新和新产品的贡献占比超过70%，对城镇就业的贡献占比超过80%，对新增就业的贡献占比超过90%。尽管如此，公有制经济还是有很大优势，如技术优势、创新优势以及组织形式优势等，这些都可以通过技术扩散等方式，在非公有制经济参与公有制经济改造后传递到非公有制经济，从而实现各类经济的全面提升。此外，公有制经济对非公有制经济的发展具有引导作用。

表3-7　2016年规模以上工业企业主要财务指标

项目	企业数/个	总资产/亿元	主营业务收入/亿元	利润总额/亿元	利润率/%
总计	378599	1085866	1158999	71921	6.62
内资企业	329045	873122	908606	54324	6.22
国有企业	2459	67394	40649	1749	2.60
集体企业	2092	4923	5920	433	8.80
股份合作企业	946	770	1322	100	12.99
联营企业	110	109	227	12	11.01
有限责任公司	96240	405783	344805	18747	4.62

续表

项目	企业数/个	总资产/亿元	主营业务收入/亿元	利润总额/亿元	利润率/%
股份有限公司	12007	153953	103912	7679	4.99
私营企业	214309	239543	410188	25495	10.64
其他企业	882	647	1583	109	16.85
港澳台资企业	23429	88300	99173	6604	7.48
外商投资企业	26125	124444	151220	10993	8.83

资料来源：中华人民共和国国家统计局《中国统计年鉴2017》。

（二）混合所有制经济已经成为我国经济的重要组成部分

在新的经济组织形式中，混合所有制企业通过公有制经济改制转型得到快速发展。而且，相对于公有制经济和非公有制经济，混合所有制经济显示出更大的经济活力。2008年混合所有制经济创造GDP 8.46万亿元，而通过资本产出弹性计算得到的只有4.81万亿元，制度溢出效应为75.88%，比按照资本产出弹性计算的公有制经济和非公有制经济分别超出1.41万亿元和2.22万亿元，制度溢出效应分别为66.82%和83.15%[①]。也就是说，混合所有制经济比单纯的公有制经济和非公有制经济具有更高的效率，要素资源向混合所有制经济流动会拉动GDP更快发展，使要素资源得到更有效率的使用。但必须指出，这种制度溢出效应是有时滞性的。也就是说，在改制初期由于制度运行尚不流畅很可能表现为负溢出，而在制度运行顺畅后才能表现为正溢出，发挥出比公有制经济和非公有制经济更高的效率。由此可见，发展混合所有制经济有利于国有资本放大功能、保值增值、提高竞争力，有利于各种所有制资本取长补短、相互促进、共同发展，实现

① 杨新铭、杨春学：《对中国经济所有制结构现状的一种定量估算》，《经济学动态》2012年第10期。

经济整体运行质量的不断提高和资源配置效率的不断改善。

基于此，在今后所有制结构调整以及完善基本经济制度的过程中，必须遵循“两个毫不动摇”的原则，即必须“毫不动摇巩固和发展公有制经济”，坚持公有制主体地位，发挥国有经济主导作用，不断增强国有经济活力、控制力、影响力；必须“毫不动摇鼓励、支持、引导非公有制经济发展”，激发非公有制经济活力和创造力。

三、用混合所有制改造国有企业需注意的问题

积极发展混合所有制经济的目标是实现不同性质的资本取长补短、相互促进、共同发展，其核心是企业产权多元化。但产权多元化必然会使大小股东因规模差异而引起权益差异，这就引出了如何保障混合所有制经济中的中小股东，特别是非公有制中的中小资本在企业经营决策中的权益，避免大股东侵蚀、无视中小股东权益的问题。另外，鉴于我国混合所有制经济是在国有企业基础上通过国有企业改制实现发展的，因此，在改制过程中，如何避免国有资产流失，在经营过程中如何实现国有资产保值增值，并加强国有资本控制力、影响力，发挥国有资本引导非公有资本以及非公有制经济发展的作用，都值得探讨。

（一）切实保护投资者的利益，特别是中小投资者的利益

积极发展混合所有制经济是不同性质的资本共赢的一种制度安排。在此过程中，只有有效保护不同投资者的利益，各类资本才能融合在一起。在目前资本市场发展不完善和公司治理结构不健全的情况下，中小投资者的利益往往容易受到侵害，这是发展混合所有制经济需要着力解决的问题。为此，需要采取以下措施。

第一，规范和完善公司治理结构。提高信息准确性和透明度，如建立会计委派制、财务总监制等，使广大股东能够准确掌握公司的运营状况。切实发挥监事会的作用，在监事会中注意吸收中小股东代表。规范职业经理人的选拔和管理，一方面，当公司发生重要人事任免时，应由投资者共

同讨论决定；另一方面，对管理者除了建立相应的薪酬等激励机制外，还应建立追责制度，对管理者在经营过程中出现的重大失误进行调查，并给予必要的处罚。

第二，强化对投资者的法律保护，特别是国家层面的立法保护。可以赋予投资者“集团诉讼”和“股东代表诉讼”等诉讼权利，保护其合法权益。在此方面较为成熟的美国已通过了《1933年证券法》《1934年证券交易法》《私人证券诉讼改革法案》以及《证券诉讼统一标准法》等一系列法案，一旦企业侵害投资者的权益，相关责任人，包括公司内部人员和会计师、律师或证券承销商等外部人员，均将承担巨额罚款等严厉惩戒。

第三，尽快出台半强制性的上市公司分红制度。这一制度既可以保护中小投资者权益，抑制市场剧烈波动，又可以形成一种促使上市公司业绩提高的倒逼机制。即使目前对上市公司的资质审核仍不到位，退市机制亦难以形成普遍压力，但只要市场信息具有一定透明度，半强制分红制度就可以通过“看不见的手”将资金引向最有效率的公司，同时淘汰那些劣质的公司，进而推动证券市场健康繁荣发展，吸引包括普通群众在内的各类投资主体持有上市公司股份。这在推动上市公司资本来源多元化的同时，还将利用市场方式促进经济发展成果的全民共享。在具体操作上，首先，应将目前不定期的上市公司分红活动定期化，将以往分红决策的内部相机决定变为外部硬性规定；其次，推动现金分红成为红利派发的主要形式，限制上市公司以分股的形式代替现金分红；再次，根据公司性质、经营状况和资金需求的不同，分别制定较为合理的分红标准，这方面可参考美国等成熟的市场经济体的经验，将现金分红比例设定为利润的50%左右；最后，上市公司在经营过程中已缴纳了包括企业所得税在内的各种应缴税收，应避免再对红利重复计税。

第四，建立和创新长效机制，打击关联交易和内幕交易。由于所有者缺位和股权分散等方面的问题，国有资本和中小资本往往成为关联交易和内幕交易的牺牲品。有效打击这些违法行为，一方面可以防止国有资产的流失和群众利益的损失，另一方面还将提高资本市场的吸引力，促进股份制经济的快速发展。目前，我国相关管理部门已着手加强对关联交易和内幕交易等资本市场违法行为的查处，但是，在违法操作获利巨大、操作手段不断翻新的形势下，查处方式也要不断创新，以形成长效机制。对此，可以考虑从以下几个方面入手：完善和强化关于查处资本市场中关联交易和内幕交易等违法行为的立法，如拓展对关联交易的调查范围、按非法的财富转移数额而不是所得数额制定量刑标准等；鼓励对关联交易和内幕交易等违法行为的举报，并给予举报人必要的保护；伴随着我国国有资产管理体制从管企业向管资产转型，资产管理者很难有足够的精力应对各个投资方向的复杂事项，为此，对于非法占有或转移国有资产的行为，应设置更高的惩处标准，以形成事前威慑力，降低该行为发生的概率；逐步改革非流通股等制度，消除企业经营者从事关联交易和内幕交易等违法行为的动机；广泛构建资本市场中经营主体的激励机制，收紧“老鼠仓”的资金渠道，如将基金管理者收入与基金绩效挂钩等。

（二）准确发挥国有资本在混合所有制经济中的控制力、影响力

受制于既有利益格局，部分行业或部门内部难以实质性地推动混合经营模式的开展。发展混合所有制经济要突破行业限制，不能把关系国计民生、国民经济命脉的行业范围过度扩大。除了军工等涉及国家安全的极少数领域外，金融、石油、电力、铁路、电信、资源开发、公用事业等行业都要采取切实有效的措施向民间资本开放，引入混合所有制企业，在一些领域，国有资本要逐步放弃控股，争取在二级、三级企业全部实现混合所有制。

但是，在这种产权多元化的改革过程中，要特别注意保持国有经济的控制力、影响力，要分类进行制度安排，注意国有资本在不同领域所占比例。重要行业和关键领域需要国有资本绝对控股或相对控股，一些重要但不需要国有资本控股的领域，可以撤出大部分国有股，将其投入更为合适的领域。

在竞争性领域，各类资本的流动和融合完全由市场原则决定。这些领域主要是非国有资本的天地，国有资本可以根据营利性原则参与其中，也可以把这些领域完全让给非国有资本。各类资本所有者的权益由《中华人民共和国公司法》规范。结合上一节的内容，在某些领域，可以考虑建立符合中国国情的“黄金股”制度（简称“金股制”）。“黄金股”是指政府出于维护公共利益的考虑，在关系国计民生和国家安全的公司中所持有的一种“特权优先股”。即使国有股权占比因其他所有制资本的进入而被稀释，乃至失去控股地位，政府依然可以在必要的时候利用这一特权主导公司的决策，保证国家对重要行业和关键领域的控制。当然，出于股权对等原则的考虑，同时也为了防止政府过度干预，金股制在具体实施过程中还须建立相应的制度章程。一般而言，这些制度应旨在保证：政府不能通过自身所持有的黄金股来干预企业的日常经营行为，而只能在企业发生资产战略转移、企业并购等重大交易事项或经营决策时，根据维护公共利益的需要酌情考虑是否动用特权。实施金股制，一方面可以在不削弱政府控制力和维护公共利益的同时，析出大量国有资本重新进行优化配置，进而提高国有资本收益率，实现保值增值；另一方面可以进一步推动产权主体的多元化，为非公有资本进入传统的行政垄断行业创造条件、释放空间，也将有利于完善企业的法人结构和公司治理结构，提升企业的经济社会效益，促进市场决定性作用的充分发挥。

（三）分类推进，防止国有资产流失

根据2015年《中共中央 国务院关于深化国有企业改革的指导意见》（简称《指导意见》）作出的分类，积极发展混合所有制经济应在四个方向上着力，而这四个方向注意的问题也各有侧重。

第一，推进国有企业混合所有制改革。根据《指导意见》，这类国有企业通过股份制改造已经实现了产权多元化，其混合所有制改革定位在经营机制转换、国有资本功能放大以及国有资本配置和运行效率提高上，因此，要根据企业具体情况，因地因时选择恰当的方式推进混合所有制改革，切不可搞一刀切、“拉郎配”，为了改革而改革。在混合所有制改革过程中，要坚持依法依规、严格程序、公开公正，切实保护出资人的权益，同时杜绝国有资产流失。

第二，引入非国有资本参与国有企业改革。结合国有企业分类看，需要引入非国有资本参与改革的国有企业主要集中于石油、天然气、电力、铁路、电信、资源开发等带有垄断性质的行业以及部分公用事业领域。这些行业和领域引入非国有资本有利于完善原有国有企业治理机制，而且有利于降低准入门槛，增强竞争力。这方面应该注意维护非国有股权的合法权益，避免大股东特别是国有股东侵蚀非国有股东的权益。在引进外资时，要做好安全审查，对于涉及国家安全的领域要审慎处理，做到公开透明，而公开透明的前提是完善相关制度建设。

第三，鼓励国有资本以多种方式入股非国有企业。这种混合方式适用于国有资本投资、运营公司。在投资过程中，首先要注意项目选择，重点关注公共服务、高新技术、生态环保、战略性新兴产业等发展潜力大、成长性强的非国有企业项目，以发挥国有资本的引导作用；其次要注意混合方式，以不干扰非国有企业经营决策为主，重点在于提供资本支持和获得投资收益，可适当参考优先股的做法，在做强做优做大企业的同时，获取投资收益和社会收益；再次要注意非国有企业的国有化倾向，防止戴上“红帽子”的非国有企业试图通过享受国有资本特殊政策而患上不思进取的“国有资本依赖症”。

第四，探索实行混合所有制企业员工持股。这种混合方式适用于科研院所、高新技术企业和科技服务型企业。这类企事业单位人才资本和技术要素占比高，如何合理定价科研人员的科研成果一直困扰着这类企事业单位。在科技创新引领世界竞争的潮流中，凝聚并激发科研人员的积极性尤为重要。因此，这类企事业单位可以试行员工持股，使激励内生于科研人员自身。在此过程中，要确实将科研人员和业务骨干纳入员工持股范畴，并将持股范畴逐步向普通员工推广，提高整个单位的凝聚力。需要注意的是，员工持股是员工价值实现的过程，不是公共资产的私有化。为此，要确立公开透明的操作流程，建立健全智力资本和知识产权的评估评价机制。

总的来看，国有企业开展混合所有制改革的根本目的是优化资源配置，实现国有资产保值增值。因此，在混合所有制改革过程中要避免国有资产成为其他资本围猎的“唐僧肉”。而避免国有资产流失就要建立科学公允的国有资产评价机制，同时，对不同的国有企业实施不同的混合所有制改革措施。从经营情况看，国有企业主要分为盈利企业和亏损企业两类。对于亏损企业要在存量资产上下功夫，一方面，尽量通过引入非国有资本盘活国有资产存量，扭转经营中的不足，改善经营绩效，增强国有资产的活力；另一方面，通过出让部分存量股权回收国有资本，将其应用到更加需要的领域。对于盈利企业，特别是那些处于行业排头兵地位、具有明显竞争优势和盈利能力的国有企业进行混合所有制改革，重心不应该在存量，而应该在增量上。增量混改不减少国有资产的数量和收益，同时引进非国有资本可以进一步完善现代企业制度、拓展经营领域、提高资本运行效率，更好地实现国有资产保值增值的目标。需要注意，在存量混改的过程中，评估国有企业价值应该以当时的价值而不能以混合所有制改革后的价值，更不能以经营好转以后的价值来追溯国有资产的原有价值。一旦以事后价值评估事前，就会造成所谓的国有资产流失，这并不是真正意义上的国有资产流失，真正意义上的国有资产流失是人为降低国有资产价值或者侵占国有资产。如果以事后价值评价事前，出于规避责任与风险的心理，相关责任人就难以有效推进国有企业混合所有制改革。

第四章
优化营商环境　积极支持民营经济发展

作为社会主义市场经济的重要组成部分，非公有制经济已经获得了长足的发展，为社会主义市场经济发展作出了重要贡献。党的十七大报告提出，“毫不动摇地巩固和发展公有制经济，毫不动摇地鼓励、支持、引导非公有制经济发展，坚持平等保护物权，形成各种所有制经济平等竞争、相互促进新格局”。这“两个毫不动摇”为民营经济的发展奠定了坚实的政策基础。党的十八大、党的十八届三中全会和党的十九大的报告决议对此也进行了反复强调。这表明，民营经济在我国社会主义初级阶段的市场经济建设中必不可少。更重要的是，民营经济也是社会主义市场经济的重要组成部分，是我国经济社会发展的重要基础之一。

发展民营经济，既关系着我国社会主义市场经济建设的成效，又关系着千千万万劳动者就业、生活的改善，还关系着国有企业混合所有制改革的进程，因此，必须通过破除制度障碍、规范政府行为、营造良好环境来支持民营经济发展。

第一节　积极支持民营经济发展

改革开放以来，沿着渐进式增量改革的路径，我国实现了经济持续快速健康稳定增长，民营经济亦在此路径下得到长足发展。从理论上讲，发展民营经济是我国社会主义市场经济体制建设的必然选择；从现实情况看，民营经济的发展为我国经济社会健康发展作出了巨大贡献。在当前经济从高速增长阶段向高质量发展阶段转变的过程中，民营经济将作为经济发展的重要动力继续发挥着重要作用。

然而，民营经济发展面临的制约还有很多：既有民营经济自身的问题，如发展不均衡、管理不完善等，也有外部制度环境的因素，如政策不对等、要素资源约束明显等，还有经济发展的阶段性特征，如工资上涨快、人民币对外升值对内贬值的压力等。因此，要促进民营经济健康发展，就必须坚持存量调整与增量改革并重的路径，减少改革的阻力与成本；处理好政府与市场的关系，坚持放权让利、加强监管与提供服务相结合；在完善企业内部管理机制的同时，实现民营经济整体上的转型升级，以适应经济发展的客观规律。

一、为什么要支持民营经济发展

（一）理论上具有必然性

从理论上讲，民营经济发展是完善社会主义市场经济体制的应有之义。市场经济是由市场通过价格引导资源实现合理配置的体制机制，而价格引导资源实现合理配置的核心是竞争，因此，从某种程度上讲，市场经济就是充分竞争的经济。竞争的动力来自经济主体的自利行为，即通过降低成本、提高效率从而实现利润或效用的最大化。这无疑要求经济主体的分散化。也就是说，市场经济的内在要求就是多种经济成分共存，只有这样才能展开有效的市场竞争，实现资源有效配置。虽然传统的公有制经济中也存在着不同的企业，但从本质上讲，这些所谓的企业并不是根据市场而是根据计划来配置资源的，所以，这些企业被称为“车间”。在原有公有制经济体系外，发展民营经济也就成为社会主义市场经济体制完善的重要内容。

需要指出的是，现代市场经济既不是单纯的私有制经济，也不是单纯的公有制经济，而是公有制经济与私有制经济并存的混合所有制经济。这就涉及一个经济体内公有制经济与私有制经济的结构问题。究竟公有制经济与私有制经济各占多大比重比较合适，是一个经验问题，并不存在一个固定比例关系作为参照。因为一国经济的所有制结构受到该国主流意识形态、政治结构、经济发展阶段等多重因素影响，并不存在一个标准答案供我们参考。但是，一国经济的所有制结构根据该国国情必然存在一个相对适度的规模，这一规模是在不断调整中逐渐实现的。有学者认为应把公有制经济控制在10%左右，即使不考虑意识形态因素，这一比重也是非常低的。以OECD为例，在20世纪90年代大规模私有化浪潮之前，OECD中“国有企业代表了40%以上的经济增加值、大约10%的就业和50%的市场资本总额”[①]。虽然私有化浪潮后，发达国家国有经济规模有所缩小，但仍保有相当比例，且地位更加显著。除英国和美国国有经济规模较小（1%左右）外，芬兰、法国、意大利等国家依然保持着较大比重的国有经济规模。其中，芬兰仅国有独资企业的资产价值就占该国GDP的80%，而瑞典、意大利、法国、韩国、土耳其、捷克共和国、新西兰和荷兰等国家的国有企业资产占GDP的比重维持在15%～35%。从产出看，德国、法国和意大利的国有企业营业总收入占GDP的10%～15%，而芬兰国有企业增加

① 经济合作与发展组织：《国有企业公司治理：对OECD成员国的调查》，李兆熙、谢晖译，中国财政经济出版社，2008，第121页。

值占GDP的比重达到45%[①]。

（二）现实上具有合理性

从现实看，非公有制经济为改革开放以来我国经济社会发展作出了巨大贡献，承担着进一步促进经济社会快速发展的重任。党的十八届三中全会明确提出，“公有制经济和非公有制经济都是社会主义市场经济的重要组成部分，都是我国经济社会发展的重要基础”。

非公有制经济（民营经济）在我国当前发挥着重要作用。裴长洪估算了全口径的所有制结构，包括三次产业的2012年中国经营性总资产中公有制经济虽然仍占据主体地位，但非公有制经济与公有制经济在资产总额上的差距已经大大缩小，其中非公有制经济占47%，仅比公有制经济低6个百分点。如果不计算第一产业（主要资产为耕地，占第一产业公有制经济资产的86.79%），那么，非公有制经济资产占比达到49.78%，基本与公有制经济资产相当[②]。

总的来看，判断一国所有制结构是否合适，理论上可以从三个方面来考察：第一，是否与资源配置方式相吻合；第二，是否与经济发展节奏相适应；第三，是否与人民生活水平和质量不断提升相一致。就资源配置方式来讲，我国已经从计划经济转向市场经济，多种所有制经济并存的混合所有制经济更适合市场经济发展的内在要求。只有这样，才能发挥市场配置资源的决定性作用。因此，民营经济发展是市场经济体制不断完善的必要条件，而这就需要所有制结构尽可能地分散化和多元化。就经济发展节奏来看，与我国经济由高速增长阶段转向高质量发展阶段相吻合的不是规模上的大幅度调整，而是结构上的不断优化。民营经济的不断优化发展也是这一转型的关键，是转型成功的重要保障，也是高质量发展的重要驱动

---

① 经济合作与发展组织：《国有企业公司治理：对OECD成员国的调查》，李兆熙、谢晖译，中国财政经济出版社，2008，第29页。

② 裴长洪：《中国公有制经济主体地位的量化估算及其发展趋势》，《中国社会科学》2014年第1期。

力量。因此，无论是国有经济还是民营经济都不会在规模上有大幅波动。更可能的是，在总体结构稳定的基础上，国有经济和民营经济在竞争合作中不断提质增效，共同构成高质量发展市场主体的基础。就上述第三点来讲，要结合我国社会主要矛盾的变化来分析。

在2017年党的十九大报告中，习近平总书记阐述了新时代我国社会主要矛盾："中国特色社会主义进入新时代，我国社会主要矛盾已经转化为人民日益增长的美好生活需要和不平衡不充分的发展之间的矛盾"。这意味着，人民生活的改善不再只是充实种类和数量，更多的是提高质量和转变结构。这就需要微观主体（企业）走出规模急剧扩张的模式，而更多地从加强内部治理、提高供给质量入手，走内源型发展道路。

二、哪些因素制约了非公有制经济发展

作为与公有制经济相对应的一种经济组织形式，民营经济包括规模较大、制度健全、治理结构完善的外资经济，也包括发展规模不等、数量庞大、缺乏完善的现代企业制度的私营经济与个体经济。由于形态不同，民营经济所包含的企业既面临共性问题，又面临各自的特性问题，厘清这些问题有助于进一步支持民营经济发展。

（一）社会贡献巨大，但社会承认度依然不高

虽然民营经济为我国经济社会发展作出了巨大贡献，在支撑增长、促进创新、扩大就业、增加税收等方面具有重要作用，但长期以来，对民营经济的质疑和不信任却一直伴随着民营经济的发展。比如：有的人提出"民营经济离场论"，说民营经济已经完成使命，要退出历史舞台；有的人提出"新公私合营论"，把现在的混合所有制改革曲解为新一轮"公私合营"；有的人说加强企业党建和工会工作是要对民营企业进行控制；等等。这些言论都动摇了民营企业家的信心。虽然主流媒体对这些言论进行了批驳，但依然没有缓解紧张情绪。直到2018年11月1日，民营企业座谈

会召开，习近平总书记明确指出，“这些说法是完全错误的，不符合党的大政方针”①。

虽然习近平总书记的讲话像一颗定心丸，稳定了民营企业家的发展信心，但这实际蕴含的是民营经济在社会主义市场经济中的角色问题。从公有制经济的有益补充，到社会主义市场经济的重要组成部分和我国经济社会发展的重要基础，党对发展民营经济的认识不断深化，但在理论上还存在“公有制与市场经济”和“私有制与社会主义”的相容性问题。如果不能从学理上加以论证，民营经济作为一种权宜性工具的认识将不能从根本上排除，而这必然影响甚至阻碍民营经济的发展。

（二）发展速度快，但不均衡

改革开放以来，民营经济快速发展，已经是国民经济的重要组成部分，而且民营经济质量不断提高。据国家工商总局统计，截至2015年，全国共有7746.9万户各类市场主体（比2014年增长11.8%）。在新登记的1479.8万户（比2014年增长14.5%）市场主体中，民营经济达1436.4万户（比2014年增长15.3%），占新增市场主体数量的97.1%。在新登记的443.9万户（比2014年增长21.6%）企业中，私营企业达421.2万户，外资企业达4.2万户，二者合计占新增企业数量的95.8%②。

不仅如此，优秀民营企业已经跻身于中国企业500强的行列，而且数量逐年增加，2018年入围中国企业500强的民营企业达到237家，只比国有企业少26家，而2010年这一差距为150家（见图4-1）。另外，2018年入围世界500强企业的中国企业107家，其中，民营企业17家。2017年，资产总额突破1000亿元的民营企业共有61家，其中，有9家企业营业收入突破3000亿元大关，营业收入最多的是华为投资控股有限公司（6036.21亿元），其次是苏宁控股集团有限公司（5578.75亿元），排在

① 参见习近平在在民营企业座谈会上的讲话。

② 国家工商总局综合司：《2015年度全国市场主体、市场环境有关情况》，《中国市场监管研究》2016年第1期。

第三位的是正威国际集团有限公司（4917.99亿元），其余6家分别是京东集团（3623.32亿元）、山东魏桥创业集团有限公司（3595.78亿元）、联想控股股份有限公司（3162.63亿元）、恒大集团有限公司（3110.22亿元）、国美控股集团有限公司（3093.50亿元）和恒力集团有限公司（3079.41亿元）。

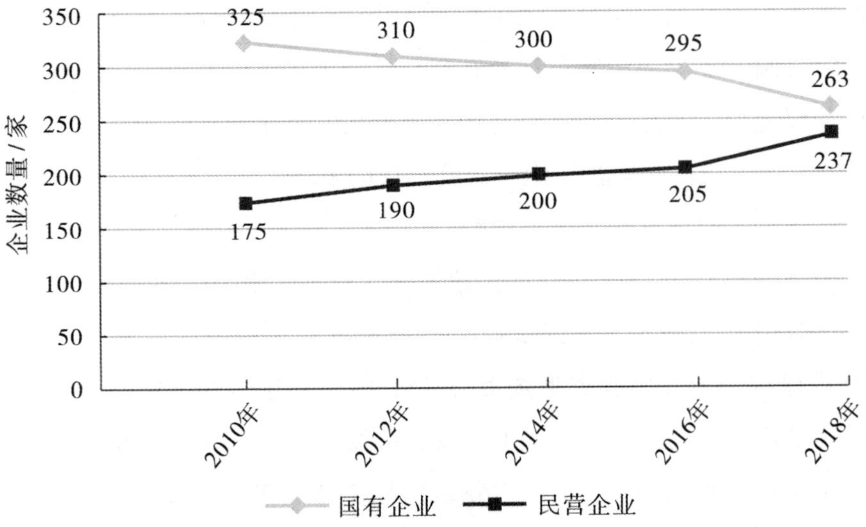

图4-1 2010—2018年中国企业500强中国有企业与民营企业数量变化

尽管民营经济发展迅速，但由于民营经济组成多元，既有经营模式现代化的外资企业，又有处于发展扩张阶段的私营企业，还有数量众多的个体工商户等，因此，民营经济内部发展极不均衡。这种不均衡既表现为不同所有制之间规模、现代化程度上的差异，也表现为总体上与国有企业之间还存在较大差距。对于为数众多的中小民营企业来讲，企业规模小，生产技术相对落后，产品附加值低、竞争力差，大都分布于东南沿海地区，以依附于大型企业的块状经济为主要特征，尚未形成有效的产业集群，更没有自己的品牌以及核心竞争力，独立发展的能力较差，一旦大型企业业务受阻，这些民营企业则将面临停产倒闭的危险。

从企业治理水平看，大量中小民营企业仍以家族式管理为主，亟须向现代企业制度转型。在企业发展初期，企业规模较小，生产单一，家族式管理比较有效率。但随着企业的成长壮大，家族式管理将影响民营企业的长远发展。此外，大量中小民营企业缺乏品牌意识，不注重产品创新，缺乏经营特色，也不利于民营经济的长远发展。非公有制经济发展的不均衡格局还表现在区域分布上。虽然近年来中西部地区企业与个体工商户增长速度高于东部地区，但就经济成熟程度看，东部地区远远超过中西部地区。在2018年中国民营企业500强中，东部地区为396家，中部地区为52家，西部地区为43家，东北地区为9家。在前30强中国民营企业中，东部地区为27家，西部地区为1家，东北地区为2家，这种区域不均衡格局非常突出。民营企业500强中排在前四位的省份分别是浙江、江苏、山东、广东，共有312家企业入围，占总数的62.4%，四省企业数量分别为93家、86家、73家和60家。

（三）新政策出台多，但落地还很难

尽管促进民营经济发展的政策不断出台，政府也在积极转变职能，但由于政府层级等固有因素，政策衔接、政策理解、工作模式以及工作人员对于新业务的熟练程度等都还不适应新政策要求，表现为政策落地不实、配套措施不到位、工作效率低；对非公有制经济的歧视依然存在，规模上“重大轻小”，身份上“重公轻私”，地域上“先内后外”；另外，显性制约因素虽然取消了，但隐性障碍又突出来——“玻璃门”“弹簧门”“旋转门”现象没有根除。

以“非公经济36条”（《国务院关于鼓励支持和引导个体私营等非公有制经济发展的若干意见》）为例。2005年国务院下发了“非公经济36条”，相关的制度建设逐步推开，垄断行业（除关系经济安全的行业外）大都已在理论和政策层面上向民营经济开放。2010年，《国务院关于鼓励和引导民间投资健康发展的若干意见》（被称为“非公经济新36条”）发布，旨在进一步拓宽民间投资的领域和范围，鼓励和引导民间资本向多领域，如基础产业、基础设施领域、市政公用事业、政策性住房建设领域、金融服务领域、国防科技工业领域等发展。

对民营经济而言，能放开的领域基本上都涉及了，但在操作层面，很多领域依然存在看不见的"玻璃门"阻挡着民营企业进入。例如，在石油领域，民营企业实际是很难进入的。2005年，商务部发布《成品油批发企业管理技术规范》《成品油仓储企业管理技术规范》两个意见征求稿，规定申请设立成品油批发企业的申请主体注册资本应不低于1000万元，有从事两年以上成品油零售业务的经历，且须拥有30座以上自有或控股加油站。另外，天然气开采准入政策要求注册资本不少于40亿元。对于民营企业来讲，不可能在短期内具备这些准入条件。正如中国民（私）营经济研究会时任会长保育钧指出的："放在私营经济发展的整个历史进程中来看，'非公经济36条'堪称一份划时代的文件。但是，让人失望的是，直到目前，'非公经济36条'落实很难，也可以说基本没有落实，原因是碰到了既得利益集团的强大阻力，许多业内人士抨击的'玻璃门现象'（看得见进不去）并没有实质性的改变。"[①]全国工商联关于"非公经济36条"落实情况的问卷调查显示，在行业准入方面障碍最大的五个行业分别是电力、电信、石油、金融服务业和公用事业[②]，而障碍主要来自技术、资金以及从业经验。

此外，小微民营企业融资难的问题依然存在，是民营企业发展的固有瓶颈。虽然放开银行准入对构建多层次金融体系及缓解小微企业融资难的问题有一定作用，但相对于小微企业的需求，显然不够。这一世界性难题与现有金融体系供给规则不一致，需要创新金融体制机制，借助外部中介担保等才能解决。近年来，政府以及银行监管部门对金融机构小微企业的贷款比重有了具体要求，但目前各银行执行情况却不乐观，特别是国有大型银行对于小微企业的贷款基本上处于完成相关任务的状态，还没有真正

① 张志勇：《中国往事30年》，经济日报出版社，2009，第137页。

② 黄孟复主编《中国民营经济发展报告No.5（2007～2008）》，社会科学文献出版社，2008，第117页。

开发出适合小微企业的专门的金融服务业务，也就不能在一般意义上满足小微企业的融资需要。但需要特别注意的是，经济下行阶段以控制银行风险为名，针对民营经济的抽贷断贷、高息限贷等，加大了民营经济的融资困难，挤压了企业的利润空间，甚至直接导致民营经济陷入困境。

（四）营商环境不断改善，但税负水平依然较高

在非公有制经济中，个体经济、私营经济与外资经济面临的经济政策具有较大差异。长期以来，各地在招商引资过程中往往倾向于让外资企业和规模较大的企业享受超国民待遇，对于这些企业各地政府给予了大量优惠政策，如税收减免、土地使用优惠（返还部分土地出让金）、人才引进优惠等。但随着优惠期的结束，工资水平不断上涨以及世界经济长期低迷的现状导致大多数处于低端生产环节的外资企业处于艰难生产的困境，有一些企业开始转向越南、印度等国家。

除了缺乏优惠政策外，私营企业以及个体工商户等广大民营经济还面临着税费负担过重等难题。尽管近年来中央政府不断减税降费，但我国的税负依然处于高位，特别是与国际水平相比。根据世界银行《2018年营商环境报告：改革创造就业》，2018年在有数据的190个经济体中，中国的税负排在114位，是税负较重的国家。对于中小企业来讲，除了缴税以外，还有各种不合理收费，当前中小企业面临1/3的税和2/3的费[①]。特别是在经济下行时，为保证财政收入稳定增长，税务稽查就成为非公有制经济面临的又一压力。

不仅如此，民营经济合法权益仍不时受到侵害。虽然两院出台了相关政策为民营经济发展保驾护航，但不可否认的是，民营经济在一些地区依然是弱势群体，来自市场竞争对手、地方政府主管部门以及社会黑恶势力等的侵害仍时有发生。近年来，在中央和地方查处的贪腐案件中，一个共同特征就是官商勾结打击竞争对手，破坏市场竞争环境，谋取不正当利

① 黄孟复主编《中国民营经济发展报告No.5（2007～2008）》，社会科学文献出版社，2008，第117页。

益。因此，应该特别注意地方政府以发展地方经济的名义侵害部分非公有制经济的合法权益。

三、如何促进非公有制经济发展

（一）坚持理论创新，破除思想束缚与干扰

如前所述，民营经济发展遇到这样那样的难题的根本原因是主流社会对民营经济的歧视。受意识形态影响，民营经济作为社会主义市场经济有益补充[①]的思想根深蒂固。党的十八届三中全会决议明确提出，“公有制经济和非公有制经济都是社会主义市场经济的重要组成部分，都是我国经济社会发展的重要基础”。这一表述将公有制经济和非公有制经济统一在社会主义市场经济中，体现了市场经济公平的特征，明确了公有制经济与非公有制经济同等重要的地位。这一定位为非公有制经济发展奠定了基础，但理顺各种利益关系，真正形成不同所有制经济公平竞争的环境还需要更长时间的建设。同时，我们注意到这一表述虽然将公有制经济与民营经济的经济功能摆在同等重要的地位，但并没有从根本上回答民营经济与社会主义的关系问题。

要理顺这一关系就必须进行理论创新，破除思想束缚与干扰。而要做到这一点，显然不能单纯地从占有关系去界定民营经济，而应该全方位界定民营经济的性质。一方面，从所有制上看，民营经济是非社会主义性质的；但另一方面，民营经济在生产和分配环节上具有一定的社会主义色彩。

实际上，马克思、恩格斯在批判资本主义生产方式的时候侧重于批判这种生产方式对生产资料的占有，但这种对占有关系的批判是基于资本主义收入分配的两极分化导致无产阶级贫困积累的现实。马克思并没有批判

---

① 1992年10月，党的十四大明确了中国经济体制改革的目标是建立社会主义市场经济体制，并提出要以公有制（包括全民所有制和集体所有制）为主体，个体经济、私营经济、外资经济为补充，多种经济成分长期共同发展。

社会化大生产本身，这是因为社会化大生产是符合经济发展规律的，因为生产力带有继承性，“无论哪一个社会形态，在它所能容纳的全部生产力发挥出来以前，是决不会灭亡的；而新的更高的生产关系，在它的物质存在条件在旧社会的胎胞里成熟以前，是决不会出现的”[①]。不仅如此，马克思、恩格斯在《共产党宣言》中对资本主义社会化大生产本身给予了高度评价：“资产阶级在它的不到一百年的阶级统治中所创造的生产力，比过去一切世代创造的全部生产力还要多，还要大。”[②]从这个角度讲，社会化大生产本身并不具有特定的阶级属性，这就意味着民营经济在生产这一环节上也不必然就是和社会主义不相容的，问题的关键在于分配环节。因此，完善收入分配体制就显得尤为必要。

让分配制度更加充分地体现社会主义性质，一方面，要改善劳动力市场，让民营经济中的劳动力获得与其劳动付出相适应的报酬，尽可能地接近按劳分配结果；另一方面，要对资本、企业家精神、知识产权等要素使用进行合理定价，按其社会贡献确定分配份额，从而实现分配环节与社会主义性质的相容性。厘清民营经济与社会主义相容性问题，可以彻底卸下民营经济特别是民营企业家的思想包袱，进而挖掘其积极性，进一步发展民营经济。

（二）坚持深化改革，在存量调整与增量改革上双发力

中国经济改革开放的成功之处，就在于坚持了循序渐进的增量改革的逻辑。而调整所有制结构，特别是当前促进民营经济向资源能源行业、垄断行业，以及基础设施等社会公共事业领域发展，就不可避免地触及原有利益格局。因此，如何最小化这种阻力，减少改革成本就成为摆在决策者面前的首要问题。

---

① 马克思：《〈政治经济学批判〉序言》，载中共中央马克思恩格斯列宁斯大林著作编译局《马克思恩格斯文集（第2卷）》，人民出版社，1995，第33页。

② 马克思、恩格斯：《共产党宣言》，载中共中央马克思恩格斯列宁斯大林著作编译局《马克思恩格斯文集（第2卷）》，人民出版社，1995，第277页。

这就要求坚持存量调整与增量改革并举。一方面，通过产权结构调整，将国有企业等公有制经济进行股权多元化改革，吸引非公有资本进入，发展混合所有制经济；另一方面，消除各种隐性壁垒，切实放宽市场准入，消除“玻璃门”“弹簧门”等赖以存在的基础，构建权利平等、机会平等、规则平等、竞争中性的市场环境。存量调整的好处在于稳定市场运行节奏，减小全面放开造成的阻力；但其缺点也比较明显，对于就业、税收等促进作用小，见效慢。在人们逐渐适应存量调整后的格局后，要鼓励增量改革，即通过消除各种壁垒实现企业进入。这种增量改革有助于就业、税收等的增加，同时有助于形成不同行业公平合理的竞争格局，从而有助于我国混合经济的运行。这是因为，长期以来困扰国有企业等公有制经济改革的一个关键问题就是如何衡量这些企业的经营绩效，由于制度环境差异我们很难通过国际比较为这些企业提供较为合理的参考，因此，通过发展国内民营经济可以为同行业内的公有制经济特别是国有企业绩效评价提供可供参考的“影子企业”，进而从外部倒逼公有制经济提高经营绩效，形成合理的竞争格局，促进混合经济的高效运行。

（三）坚持“放管服”相结合，构建好“亲”“清”的新型政商关系

坚持存量调整与增量改革并举的关键，是切实处理好政府与市场的关系。经济理论与各国经济发展的经验表明，无论是市场还是政府，都不是万能的，既存在市场失灵，也存在政府失灵，这就意味着一国经济要良性发展就必须合理界定市场与政府的边界。界定市场和政府边界的前提之一是要有一个统一开放、竞争有序的市场体系，并且市场能够真正在资源配置中发挥决定性作用；前提之二是构建一个高效的服务型政府，简政放权，深化改革行政审批制度，最大限度地减少政府对微观事务的管理，强化政府的宏观调控与社会服务职能，将原有的政府提供的生产服务推向市场，“只要合约完全、监管到位，由谁（国家或私企）来提供产品和服务

都是一样的”[①]。

也就是说，国家完全可以通过市场监管与外包来实现公共物品等的供给。但现实的情况是合同本身可能存在先天的缺陷，信息不对称也使政府很难对私有企业进行充分监管，再加上国家不能承诺不没收企业资产或超额征税，因此，国家所有权就会作为次优选择而存在。这就要正确对待不同所有制经济，通过市场供给和政府约束，提高资源配置效率和公平性。

切实放开市场准入，履行负面清单，将公有制经济、外资经济和内资非公有制经济同等对待。真正做到凡是法律法规未明确禁入的行业和领域都应该鼓励民间资本进入，凡是我国政府已向外资开放或承诺开放的领域都应该向国内民间资本开放。特别是垄断行业，应该通过向非公有制经济开放来强化竞争环境，提高新进入企业和原有企业的经营绩效。要进一步清理、精简涉及民间投资管理的行政审批事项和涉企收费，改革那些可以精简的关键环节审批，切实减轻企业负担，降低企业成本。同时，注意规范中间环节、中介组织和行业组织的行为，强化市场自律，避免“二政府”的不当干预。

对于各级政府与民营企业应该如何保持良好关系的问题，2016年“两会”期间，习近平总书记在参加民建、工商联界委员联组讨论时给出了明确答案，即构建“亲”“清”的新型政商关系。“亲”“清”的新型政商关系划定了各级政府和民营企业的行为准则和边界。

从整个社会角度来讲，政府和企业是分工协作的关系，政府更多地发挥制度供给职能，而企业则承担着经济建设职能，这就要求政府公正、公开、透明地制定相应规则，企业合理、合法、合规地正当经营。因此，构建新型政商关系需要政府和企业两方面共同努力。从政府角度讲，“亲”就是各级政府要端正民营企业是社会主义市场经济的重要组成部分、是我国经济社会发展的重要基础的认识，要“推动广大非公有制经济人士做合

① 热拉尔·罗兰主编《私有化：成功与失败》，张宏胜、于淼、孙琪等译，中国人民大学出版社，2013，第12页。

格的中国特色社会主义事业建设者”，以此增强民营经济相关人士的身份认同感，从而强化他们对国家、对社会主义市场经济的归属感。这是“亲”的认识层面的含义。

在具体事务上，各级政府要主动接触民营经济，特别是在民营经济遇到困难和问题时要积极作为、靠前服务，帮助民营经济解决实际困难。“亲”的基础是“清”，也就是政府和民营经济之间关系要清白、透明、廉洁。这就要求各级政府公务人员不能以权谋私，不能搞权钱交易，更不能向民营经济伸手要钱、要好处；各级政府不能巧立名目乱收税费，也不能通过其他形式加重民营经济的经营负担。相反，要在阳光下执政，要依法依规为民营经济服务，取消隐性歧视，通过竞争中性原则为民营经济的发展扫清制度障碍。从民营企业角度看，与政府“亲”就是遇到困难要坦诚相待，与各级政府积极沟通，与政府一起找问题，想办法解决问题，更好地服务地方经济发展。而“清”则是要求民营企业家正确处理与政府及其工作人员的关系，做到遵纪守法办企业、光明正大搞经营。

（四）坚持自我完善与转型升级相结合，顺应经济发展规律

确定市场与政府的边界、统一存量调整与增量改革离不开发育良好、制度健全的民营企业。但从现实情况看，民营企业确实参差不齐，既有信息透明、制度完善、机制健全的上市公司，也有数量庞大、产权混乱、管理落后的家族式企业。因此，必须区别对待，鼓励有条件的民营企业建立现代企业制度。

这就要坚持政府政策引导与企业自我完善相结合的路径。一方面，通过财税、补贴以及政策咨询等方式，由政府扶持广大中小民营企业，促进中小民营企业内部机制完善，提高管理水平，摆脱落后的管理模式。另一方面，企业自身通过吸引人才、建设内部激励机制以及改造股权等，逐渐成为现代企业，提升企业核心竞争力。只有民营企业自身更加规范，才能解决长期困扰中小民营企业发展的融资难问题。当然，政府相关部门要督促金融机构创新金融产品，符合市场规律，解决中小民营企业通过正规渠道融资的难题。这就需要发挥政府的服务功能，加快面向非公有制经济的技术平台、担保平台等平台建设，同时积极引导民营经济转型升级，培育一批特色突出、市场竞争力强的大企业集团和产业集群。

需要指出的是，民营经济所面临的一些问题与经济发展阶段密切相关，并不是通过企业自身就可以克服的，如工资上涨导致劳动力成本上升、贸易摩擦引起外部经营环境恶化等。这种阶段性转变需要产业转型与企业转型并举。随着中国经济由高速增长阶段向高质量发展阶段转变，中高速增长已经成为新时代的主要经济特征，为此，要抛弃唯GDP论，转变经济增长的动力源是宏观经济面临的首要问题。

从动力来看，投资下降不可避免，但科技创新与消费升级将为中国经济持续中高速增长提供动力。转变经济发展的动力要求纠正政府投资越位现象，真正实现民间资本的投资。民间资本的投资与民营经济的发展是密不可分的，这就要求民营经济顺应经济转型的大背景，由原来依靠低工资、低成本、低附加值的生产模式，转向依赖产品、技术创新，引领需求升级增加产品附加值的新增长模式，而且要适应整个社会持续改善民生的节奏。只有这样，民营经济才能持续健康发展，并成为中国经济增长的动力。

在此过程中，政府放权与政府扶持要为民营经济发展保驾护航。但需要注意的是，要防止政府被任何利益群体俘获，否则将不可避免地产生腐败。

第二节　规范政府行为，优化营商环境

改革开放40多年来的经验表明，民营经济对我国经济社会发展作出了重要贡献，而支持民营经济最好的方式就是尊重市场规律，规范政府行为，降低企业负担，扩大民营企业的经营范畴。

从微观讲，促进民营经济发展实际上是要给民营经济更多的生存空间，即拓展民营经济的利润来源。我国的民营经济是在公有制的经济边缘上发展起来的，典型的有浙江发展模式，其利润来源于规模经济，即“薄利多销”策略。在一个快速增长的经济体中，规模存在持续扩大的潜能，特别是嵌入世界经济体系以后，这一过程可以进一步被延长。但是，这种依赖规模扩张的传统模式是不可持续的，特别是在国内经济面临换挡提质、要素成本不断上升，全球经济还没有走出2008年金融危机阴霾、外部经贸环境恶化的大环境下，民营经济发展受到多方面挑战。因此，民营经济转型发展，需要政府为其提供相应的空间。

党的十八大以来，政府在坚持市场化改革不断深化的大方向上，为促进民营经济发展提供了切实有效的政策支持和制度建设。一方面，不断规范政府行为，减少政府审批内容，优化营商环境；另一方面，不断降低税费，减轻企业负担；此外，坚持竞争中性，取消进入壁垒，负面清单全面推进；等等。这些政府职能的转变，为民营经济转型发展、拓宽生存空间打下了坚实的制度和政策基础。

一、规范政府行为，减少行政审批

党的十八大以来，在坚持“公有制为主体、多种所有制经济共同发展”的基本经济制度时，重申“两个毫不动摇”，指出“公有制经济和非公有制经济都是社会主义市场经济的重要组成部分，都是我国经济社会发

展的重要基础”，这就明确了非公有制经济与公有制经济具有同样的地位，为加快非公有制经济发展扫清了思想障碍。

2016年“两会”期间，习近平总书记在与民建、工商联界委员对话时，进一步回应了公有制经济与非公有制经济的关系，坚定了发展非公有制经济人士的信心，指出：“公有制经济、非公有制经济应该相辅相成、相得益彰，而不是相互排斥、相互抵消。……任何想把公有制经济否定掉或者想把非公有制经济否定掉的观点，都是不符合最广大人民根本利益的，都是不符合我国改革发展要求的，因此也都是错误的。”党的十九大把“两个毫不动摇”写入新时代坚持和发展中国特色社会主义的基本方略，是党和国家的一项大政方针。

2018年11月1日，民营企业座谈会召开，习近平总书记再次肯定民营经济在国民经济发展中的作用，并指出民营经济发展的方向和历史定位，即“民营经济是我国经济制度的内在要素，民营企业和民营企业家是我们自己人。民营经济是社会主义市场经济发展的重要成果，是推动社会主义市场经济发展的重要力量，是推进供给侧结构性改革、推动高质量发展、建设现代化经济体系的重要主体，也是我们党长期执政、团结带领全国人民实现‘两个一百年’奋斗目标和中华民族伟大复兴中国梦的重要力量。在全面建成小康社会、进而全面建设社会主义现代化国家的新征程中，我国民营经济只能壮大、不能弱化，不仅不能‘离场’，而且要走向更加广阔的舞台”①。

既然“民营经济是我国经济制度的内在要素，民营企业和民营企业家是我们自己人”②，那么，政府就不应该歧视民营经济。相反，政府要转变职能，由管理型政府向服务型政府转型，要像对待国有企业一样对待民营企业，要坚持“放管服”相结合，支持民营经济发展。

党的十八大以来，为深化市场经济体制改革，转变政府职能，促进民

① 参见习近平在民营企业座谈会上的讲话。
② 同上。

营经济发展，中央政府不断简化各种审批职能。2013—2016年，共取消审批事项1138项，取消职业资格许可492项（见图4-2）。到2018年，全面实施负面清单。取消和简化审批使民营经济免受不必要的政府干扰，但并不意味着政府对市场不加管理，相反，是要通过构建与现代市场经济相适应的新型市场监管机制强化监管。2017年，国务院印发《“十三五”市场监管规划》，相关部门在执行过程中坚持“宽进”与“严管”并重，有效促进各类市场主体公平竞争。据统计，全国24%的地市、70%的区县完成了市场监管综合执法改革，对垄断与不正当竞争、传销等加强了打击，对网络市场、广告等加强了监管。2013—2017年，工商系统共查处经济违法案件427.2万件。据统计，2013—2017年，国务院部门行政审批事项削减44%，非行政许可审批彻底终结，中央政府层面核准的企业投资项目减少90%，行政审批中介服务事项压减74%，职业资格许可和认定大幅减少。中央政府定价项目缩减80%，地方政府定价项目缩减50%以上。全面改革

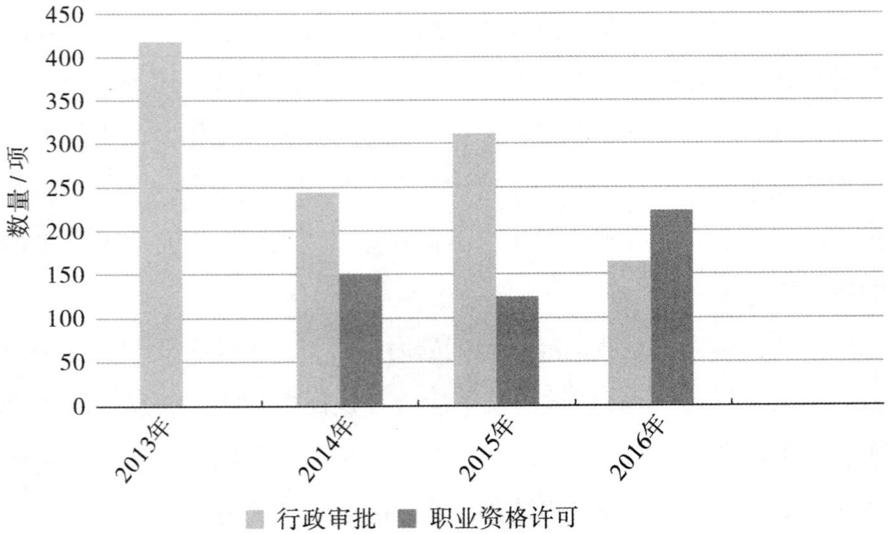

图4-2　2013—2016年取消行政审批和职业资格许可的数量

数据来源：2014—2019年的政府工作报告。

工商登记、注册资本等商事制度，企业开办时间缩短三分之一以上[①]。

当前，许多问题困扰着民营经济，特别是民营中小企业融资问题。根据《中小企业金融服务变革与金融科技前沿发展》的研究，截至2017年末，国内小微企业贷款余额30.74万亿元，仅占银行贷款总余额的24.67%，中小微企业正规部门融资缺口接近14万亿元，融资缺口率达43%，占GDP比重的17%。此外，中国受融资约束的中小微企业总数达2300多万家，微型企业和中小企业受融资约束的比例分别为41%和42%。2015年以后，历年政府工作报告都把缓解民营中小企业融资难、融资贵的问题列入其中，并出台了一些具有中国特色的金融支持政策。如2018年先后4次定向降低存款准备金率以缓解民营企业和小微企业资金紧张状况，2019年要求国有大型商业银行对小微企业贷款增长30%以上。除了上述差别化降准和差异化政策外，这些年政府还通过政策性银行（国家开发银行和中国农业发展银行）向中小企业提供资金支持或担保，创新金融产品和服务方式；推动银行业金融机构扩大知识产权、股权、应收账款等质押贷款业务规模，拓宽中小企业多元化融资渠道；推出供应链票据和定向可转换票据等适合中小企业使用的融资工具；加强中小企业信用体系建设，完善中小企业信用信息征集、信用评级和应用机制；等等。多渠道为民营中小企业融资提供便利[②]。

二、深化税制改革，降低企业负担

如果说减少行政审批和解决民营企业融资难问题可以有效降低企业经营的机会成本，这一点在经济景气周期尤显重要，那么在经济不景气的情况下，减税给企业带来的则是实实在在的利润，对于企业应对短期的外部环境恶化，迎接新的经济景气周期更为重要。2000年以来，以OECD为代表的发达经济体纷纷通过降低税率（见图4-3）吸引投资、提振经济，这

① 参见李克强总理在2018年所作的政府工作报告。

② 参见《周小川行长出席经合组织中小企业融资报告新闻发布会》。

种税收竞争已经为相关研究所证实[①]。与此不同，改革开放40多年来，我国虽然也在不断地进行税制改革，但这种改革并不是着眼于全球性税收竞争，而是针对国内税制繁杂、税率较高、非税收入较多展开的。这些改革不是为了应对经济景气周期而作出的财政政策调整，而是资源配置方式市场化改革和政府职能转型的结果。具体来讲，就是以“公共财政体制”匹配“社会主义市场经济体制”，以“现代财政制度”匹配“国家治理体系和治理能力现代化”[②]。

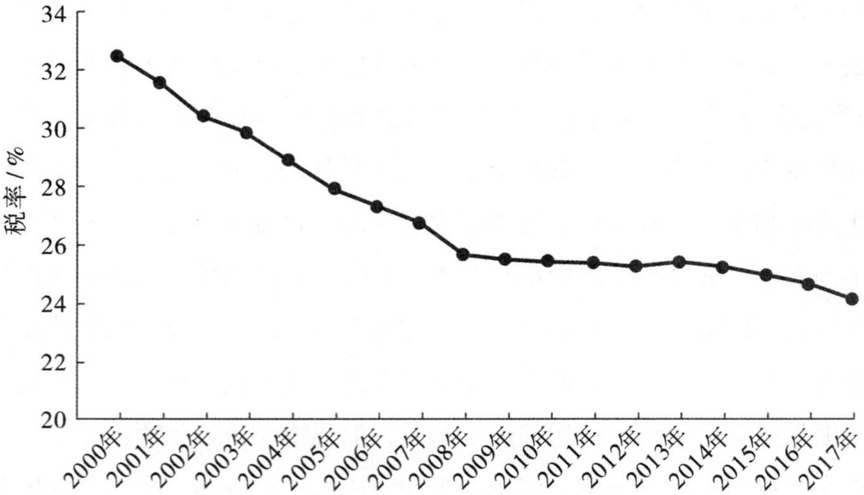

图 4-3　OECD企业所得税平均税率演变趋势

党的十八大以来，为适应公有制为主体、多种所有制经济共同发展的基本经济制度，逐渐取消歧视性税收政策，税制改革沿着如下几个方向深化：其一，继续完善旨在减轻中小企业负担的结构性减税和普遍性降费政策，降低中小企业的总体税负；其二，优化税收结构，“营改增”改革从试点扩容，到2017年已经在全国全面展开，同时从间接税向直接税转变；

① 郑新业、张力、张阳阳：《全球税收竞争与中国的政策选择》，《经济学动态》2019年第2期。

② 高培勇：《中国财税改革40年：基本轨迹、基本经验和基本规律》，《经济研究》2018年第3期。

其三，进一步推进税率下调与税制简化。在结构性减税上，重点降低制造业和小微企业税负。2017年将小微企业年应纳税所得额上限由30万元提高到50万元，科技型中小企业研发费用加计扣除比例由50%提高到75%，2019年进一步将小规模纳税人增值税起征点从月销售额3万元提高到10万元。在降低税率方面，2018年将制造业等行业现行16%的税率降至13%，将交通运输业、建筑业等行业现行10%的税率降至9%。据统计，2013—2017年通过分步骤全面推开“营改增”，累计减税超过2万亿元，加上采取小微企业税收优惠、清理各种收费等措施，共减轻市场主体负担3万多亿元①；2018年为企业和个人减税降费约1.3万亿元②。

从表4-1、表4-2中可以更直观地看出本轮税制改革的成效。从税收结构看，“营改增”的效果明显，增值税在税收中的比重越来越高，营业税在2017年彻底退出历史舞台，企业所得税和个人所得税总体稳定；从减税效果看，企业所得税增长率在波动中下降，个人所得税增长率明显上升。值得注意的是，2014年及以后税收增长速度总体上低于经济增长速度，但2017年税收增长速度超过经济增长速度；另外，企业所得税增长率波动较大，个人所得税增长率还在持续上升。这说明，我国总体上税负依然较高。这里有一个问题，即在经济增长速度下降及税率整体下降的情况下，为什么企业所得税和个人所得税还能较快增长？实际上，税收增长取决于税率、税基、税档和征缴力度等多种因素。本轮税改主要集中在税率下调、税基缩小、税档减少等这些显性的制度安排上，但在总体税收收入不降低的大框架下，征缴力度一定会加大。况且，公开、透明、规范、非歧视是市场经济的内在要求，因此，税改的结果一定是更加规范的税制体系和征收过程。这一过程可能会伴随着短期的企业实际税负不降反升的现象，但从长期看，企业税负将持续下降。就个人所得税的快速增长来讲，主要是由于我国收入分配差距还处于高位，特别是近年来高收入阶层的收

① 参见李克强总理在2018年所作的政府工作报告。

② 参见李克强总理在2019年所作的政府工作报告。

入增长率高于中低收入阶层的收入增长率，而高收入阶层属于累进税制，因此，个人所得税依然保持着快速增长的势头。由此可见，当前阶段要真正降低企业税负，就需要在规范征缴的基础上，进一步降低税率、缩小税基以保证企业真正享受到减税带来的实惠。就个人所得税来讲，则要进一步依据收入分配特征，减少档位，拉大累进税率，以减免中低收入阶层的税收；对高收入阶层继续实行高额累进税制，从而解决因个人所得税逆向调节收入分配而造成的收入差距拉大的问题。

表4-1　2013—2017年国内各项税收结构

年份	税收合计 / 亿元	增值税/ %	消费税/ %	营业税/ %	企业所得税/ %	个人所得税/ %
2013	110530.7	26.07	7.45	15.59	20.29	5.91
2014	119175.3	25.89	7.47	14.92	20.68	6.19
2015	124922.2	24.90	8.44	15.46	21.72	6.90
2016	130360.7	31.23	7.84	8.82	22.13	7.74
2017	144369.9	39.05	7.08	0.00	22.25	8.29

表4-2　2013—2017年国内各项税收增长率

年份	税收合计 / 亿元	增值税/ %	消费税/ %	营业税/ %	企业所得税/ %	个人所得税/ %
2013	9.86	9.07	4.52	9.43	14.11	12.22
2014	7.82	7.10	8.21	3.18	9.88	12.94
2015	4.82	0.82	18.36	8.61	10.11	16.82
2016	4.35	30.87	–3.08	–40.44	6.33	17.08
2017	10.75	38.48	0.08	–100.00	11.32	18.61

数据来源：根据《中国统计年鉴2018》相关数据计算得到。

三、坚持竞争中性原则，放宽市场准入

所谓“负面清单管理”，原指政府出于经济安全、行业保护等目的明确划定一些经济领域不对外资开放，而除了已经划定的领域外，其他行业、领域和经济活动都许可。凡是与外资的国民待遇、最惠国待遇不符的管理措施，或业绩要求、高管要求等方面的管理措施均以清单方式列明。与其他市场经济国家内外资二分法不同，我国经济成分的划分更加多样化[①]，而政府对不同所有制经济的政策也是不同的。从管理角度看，我国长期实行市场准入的分类管理，特别是对外商投资和国内民营资本投资长期区别对待、分类引导。其中，对于外资企业投资，长期适用的是《外商投资产业指导目录》。该目录由三部分组成，即“鼓励外商投资产业目录”“限制外商投资产业目录”“禁止外商投资产业目录”。实际上，党的十八大以来，这三个子目录中限制类目录和禁止类目录的相关条目在不断减少。比如，2015年版《外商投资产业指导目录》中有93条限制性措施（鼓励类条目19条、限制类条目38条、禁止类条目36条），2017年版《外商投资产业指导目录》中只保留了63条（限制类条目35条、禁止类条目28条），减少了30条。

为促进民营经济发展，2005年《国务院关于鼓励支持和引导个体私营等非公有制经济发展的若干意见》（即“非公经济36条”）发布。其中，第一条至第八条放宽了非公有制经济的市场准入，允许民营经济进入垄断、公用事业、基础设施、社会事业、金融服务业、国防科技工业建设等行业和领域；民营资本还可以参与国有经济结构调整和重组，参与西部大开发、东北地区等老工业基地振兴和中部地区崛起。此外，允许外资进入的行业和领域，民营经济也同样享有，同时还放宽了民营经济进入相关行业和领域的股权比例限制等条件。虽然这些政策体现了平等准入、公平

① 1997年党的十五大报告给出的表述是：“公有制为主体、多种所有制经济共同发展，是我国社会主义初级阶段的一项基本经济制度。”

待遇的原则，但据调查，在全社会80个行业中，允许外资进入的有62个，而允许民营资本进入的只有41个。为了进一步促进民营经济发展，引导民间资本投资，2010年《国务院关于鼓励和引导民间投资健康发展的若干意见》（被称为“非公经济新36条”）出台。“非公经济新36条”侧重破除阻碍民营资本投资的制度性和体制性以及来自原有利益相关主体的障碍、壁垒，鼓励和引导民营资本进入基础产业和基础设施、市政公用事业和政策性住房建设、社会事业、服务等领域。除了对于民营经济进入相关领域给出了更为明确、细致、便于操作的细则外，更重要的是对民营经济或民营资本在政府投资范围设定、国有经济布局调整以及社会事业改革中的角色和作用给出了明确界定，对政府和国有企业对民营经济的态度进行了规定，为民营经济发展指明了方向。

由上可知，无论是《外商投资产业指导目录》还是“非公经济新36条”，虽然都旨在规范设置投资准入门槛，创造公平竞争、平等准入的市场环境，但这种“条块管理”的模式依然没有摆脱区别对待、分类管理的隐性歧视特征，与市场经济体制内在要求的非歧视原则相悖。党的十八大以来，中央政府积极尝试变革现有管理体制，2013年在上海自贸区开始试点负面清单，2015年将负面清单引入市场准入管理并发布了《国务院关于实行市场准入负面清单制度的意见》，2016年印发《市场准入负面清单草案（试点版）》，并在福建、广东、天津、上海4个省市试点，2018年《市场准入负面清单（2018年版）》正式发布并在全国范围内实施。比较两版市场准入负面清单可以发现，无论是大类划分还是细项划分都有差异，且数量大幅减少。具体看，2016年试点版市场准入负面清单分为禁止准入类和限制准入类两类，而2018年版市场准入负面清单则分为禁止准入类和许可准入类；就细项看，2016年试点版禁止准入类和限制准入类两类共328项（其中，禁止准入类有17大类96项，限制准入类有22大类232项），而2018年版禁止准入类和许可准入类2类共151项（其中，禁止准入类4项，许可准入类147项）。

应该说，将负面清单从外商投资领域应用到市场准入是一项创新性的制度安排。市场准入负面清单制度即国务院以清单方式明确列出在我国境内禁止和限制投资经营的行业、领域、业务等，各级政府依法采取相应管理措施的一系列制度安排。清单以外的行业、领域、业务等，各类市场主体皆可依法平等进入。市场准入负面清单是我国深化市场化改革的重大举措，其重大意义在于用公开、透明、非歧视的原则对政府行为进行规范，对市场主体的经济行为给予最大范围的拓展。

首先，市场准入负面清单规范了政府的行为和作用空间。各级政府必须依据负面清单审批市场主体投资经营的是不是清单上的行业、领域和业务，不得在清单外进行操作。这实际上是将政府与市场的关系限定在了清单之上，大大降低了政府对市场进行不当干预的可能性。

其次，市场准入负面清单体现了市场经济内在要求的公平和非歧视原则。市场准入负面清单只限定投资和经营领域，不对市场主体的性质作出限定，这实际上体现了市场经济非歧视原则，即突破了对不同性质（所有制）市场主体分类监管的歧视性管理措施，使各类市场主体能够在相同的规则下公平竞争。

再次，市场准入负面清单降低了政府和市场主体信息不对称的程度，进而大大降低了交易成本。市场准入负面清单的全面实施，明确了政府审批的事项，同时，原有的相关管理条例①都需要与市场准入负面清单衔接，从而简化了市场主体的搜寻成本。

最后，市场准入负面清单拓展了非公有制经济的发展空间，为非公有制经济赢得了与公有制经济同等的竞争环境。列入2018年版市场准入负面清单的细项只有151项，比2016年试点版减少了177项，大大拓展了非公有制经济的发展空间。

---

① 如《产业结构调整指导目录》《国务院各部门行政审批事项汇总清单》《政府核准的投资项目目录》等都需要与市场准入负面清单相衔接，《市场准入负面清单（2018年版）》附录中列明了《产业结构调整指导目录》和《政府核准的投资项目目录》。

四、改革商事制度，改善营商环境

在2019年世界银行给出的营商环境便利度排名中，中国由上一年度的78位上升到46位，而之前中国在此排名中都处在90位左右，如果参考参与这项排名的经济体数量的话，实际上中国的营商环境长期以来一直处于世界中等水平，2017年和2018年接近前2/5，2019年跻身于前1/4（见表4-3）。营商环境排名的这种大幅度上升，无疑是对我国近年来商事制度改革成果的肯定，也必然会激励市场主体活跃经济活动。据统计，2014—2018年新增市场主体连续五年增长幅度在两位数以上，全国的市场主体达到了1.1亿户。2018年我国新增市场主体2100万户，比2017年增长11%，平均每天新增企业1.84万户，而其中80%是服务业，特别是科研企业、互联网企业等新业态，90%以上是民营企业。大量新企业的产生，对于我们稳就业、促税收、新旧动能转换起到了积极的作用。

表4-3　中国营商环境便利度排名

年份	排名	经济体数量 / 个	所处位置 / %
2007	93	175	53
2008	90	181	50
2009	86	183	47
2010	89	183	49
2011	87	183	48
2012	91	185	49
2013	91	185	49
2014	96	189	51
2015	90	189	48
2016	84	189	44

续表

年份	排名	经济体数量 / 个	所处位置 / %
2017	78	190	41
2018	78	190	41
2019	46	190	24

数据来源：根据世界银行营商环境报告整理得到。

要探索营商环境改善的原因，就必须了解中国营商环境为什么一直处于中等水平。以世界银行2014年营商环境报告为例，当时在我国新开办企业需要的审批环节有13个，需33天才能完成；而全球平均只有7个环节，只要25天就可以完成，开办费用是人均年收入的32%；最快的是新西兰，只需要1项手续、半天时间，而且不需要支付任何费用。此外，在2014年分项排名中，我国开办企业排在第158位，获取电力供应排在第119位，缴纳税款排在第120位，投资者保护排在第98位。由此可见，审批环节多、时间长，开办费用较高，产权保护不足，资源、能源供给效率低等是营商环境排名不靠前的主要原因。而要改善营商环境就必须通过审批制度改革，降低开办企业难度；通过财税体制改革，降低企业税负；通过加强完善发展建设，加强对投资者财产权利保护，提高投资者长期投资信心；通过资源、能源供给体制改革，提高资源能源供给效率。

针对这些瓶颈问题，党的十八大以后，商事制度在放宽准入、加强监管和优化服务上加速改革。根据国家工商行政管理总局编写的《商事制度改革大事记》的记载，2013年2月28日，党的十八届二中全会决定改革工商登记制度，放宽工商登记条件，加强对市场主体、市场活动的监督管理；10月25日，国务院审议通过了《注册资本登记制度改革方案》，确立了商事制度改革总体设计；11月12日，党的十八届三中全会要求推进工商注册制度便利化，改革市场监管体系，实行统一的市场监管；12月28日，党的十二届全国人大六次会议审议修改了《中华人民共和国公司法》，明确将公司注册资本实缴登记制改为认缴登记制，取消公司注册资本最低限额制度，为推进商事制度改革提供了法治保障。2014年2月19日，国务院决定修改《中华人民共和国公司登记管理条例》《中华人民共和国企业法人登记管理条例》等8部行政法规，废止2部行政法规，确保改革依法推进；3月1日，工商登记制度改革在全国范围启动，正式拉开了改革的序幕。

2014—2017年，在放宽准入、加强监管和优化服务（“放管服”）方面，一系列改革紧锣密鼓地铺开。在放宽准入方面，最主要的改革就是前文提到的实施市场准入负面清单制度。与市场准入改革相配套的一系列企业登记注销手续得以简化，具体包括：工商注册便利化改革，改革了开办企业的注册资本、住所、名称、营业执照等；证照合一改革，从“三证合一、一照一码”到“五证合一、一照一码”再到“多证合一、一照一码”。在加强监管方面，与放宽准入相匹配的是原来的事前审批大部分转向事中事后监管，据统计，工商登记前置审批的全部226项事项中的87%相继改为后置审批或予以取消。在优化服务方面，改革主要表现为扶持小微企业发展，维护平等准入、公平竞争的市场环境和安全放心的消费环境，以及合理利用竞争政策引导企业发展等。

经过改革，目前以信用监管为核心的新型监管机制已经形成，具体包括：第一，建立企业信息公示制度，出台《企业信息公示暂行条例》，实现从年检到年报的转变；第二，在监管过程中全面推行随机抽取检查对象，随机选派执法检查人员，抽查情况及查处结果及时向社会公开的“双随机一公开”监管制度；第三，建成“全国一张网”，即全国企业信用信息公示系统上线运行；第四，由国家工商总局协调37个中央部门达成信息共享和协同监管的共识。

改革取得了显著效果，准入方面的环节从7个变成4个，产品准入的许可由38类降到24类，许可时间由60天降到9天，29个省实现企业登记无纸全程电子化，部分省市开办企业的时间降到8.5个工作日以内。此外，商标审查周期从《中华人民共和国商标法》规定的9个月降到6个月，对于企业的知识产权保护起到了重要作用。观察2019年营商环境报告可知，我国排名大幅度提升的原因在于开办企业、办理施工许可证、获得电力、登记财产、保护少数投资者以及跨境贸易等多项指标得分有较大提升（见表4-4）。

表4-4　2019年中国营商环境便利度变化情况

项目	2019年排名	营商环境便利度分数		
		2019年	2018年	变化（百分点）
总体√	46	73.64	65.00	8.64↑
开办企业√	28	93.52	85.47	8.05↑
办理施工许可证√	121	65.16	41.21	23.95↑
获得电力√	14	92.01	65.71	26.30↑
登记财产√	27	80.80	74.99	5.81↑
获得信贷	73	60.00	60.00	0.00
保护少数投资者√	64	60.00	55.00	5.00↑
纳税√	114	67.53	62.90	4.63↑
跨境贸易√	65	82.59	69.91	12.68↑
执行合同	6	78.97	78.97	0.00
办理破产	61	55.82	55.82	0.00

注：“√”代表营商环境改善；“↑”代表营商环境便利度分数提高。

数据来源：世界银行官网。

五、小结

建设现代化经济体系离不开各种各样的市场参与者，包括政府、企业、个人以及其他社会组织，但问题的关键在于如何界定这些参与者的行为边界。哪些归市场决定，哪些归政府管理，哪些归社会中介组织协调，等等，这些都需要一整套基本稳定的制度来约束与维护。党的十八大以来，按照市场经济的内在要求，我国已经基本建立起一套简单、透明、公平的市场经济规则，政府权力已经被关进了制度的笼子，市场主体的活力不断被释放出来，改革的红利也已经逐渐显现，成为新时期中国经济发展的主要推动力之一。党的十八大以来，党中央在把握我国社会主义市场经济内在规律的基础上作出了深化改革的一系列重大举措，在破除困扰非公有制经济发展的思想枷锁，构建公平竞争的环境、政策上取得了瞩目的成就，我国的营商环境不断改善并得到外界的认可。

需要指出的是，尽管在营商环境国际排名中我国的名次大幅上升标志着我国市场经济逐渐成熟，但这种成熟在短期内可能并不能转化成实实在在的经济增长；相反，有可能拖累经济增长。之所以会出现这种情况，主要是因为：

第一，政府行为受到约束，作用空间受到挤压。长期以来我国的经济增长模式赋予地方政府过多的自主裁量权，比如在招商引资过程中，地方政府在税收优惠、土地出让和劳动环境等方面有较大的空间，但随着制度的完善，政府这种深度参与经济活动的空间无疑会越来越小。显然，从短期经济效果看，政府主动参与经济活动比创造优良的市场环境对经济的拉动作用要大，因此，政府逐渐退出与市场逐渐进入并发挥引导性作用之间有时滞效应，而这段空白期会使经济出现短暂的停顿。

第二，对企业的隐性优惠政策减少，显性制度红利显现还需要时间。如前所述，政府自由裁量权的减少意味着对于企业的隐性优惠政策会减少，隐性优惠政策的减少在劳动力成本、土地成本以及融资成本都呈上升趋势的情况下，会进一步挤压一些企业的利润空间。尽管有普遍性减税降费的政策红利，但如前所述，在税收压力下财税部门会加大征收力度，因此，总的来看，经济景气周期中的小型微利企业的生存空间会受到挤压甚至使小型微利企业消失，从而实现资源的再配置和经济升级。同样，小型微利企业退出与高利润企业进入也会存在一个周期性时滞，导致经济向下波动。

第三，中国经济的内在要求与外部环境的冲击的背离使转型难度加大。市场经济内在地要求中国经济进一步完善制度，并用一套显性制度替代长期以来的隐性制度。显性制度在对接国际规则吸引外资的过程中更具优势，但受外部环境恶化的影响，这种优势明显被弱化了。2008年国际金融危机以来，世界经济在波动中运行，至今仍然没能回到经济景气周期的正常轨道，导致近年来贸易保护主义抬头，各国相继实施了税收竞争策略以吸引外资，一个必然的结果是中国引进外资的难度会加大。外部环境恶化与内部经济规律要求的双重作用无疑也会削弱改革的政策效应。

由此可见，要顺利使改革红利显现，就必须明确本轮深化改革是社会主义市场经济制度的内在要求，而不是应对经济下行的短期策略，因此，必须增强战略定力，维持政策的稳定性。当然，在此过程中要注意把握政策节奏，注意退出过快进入过慢造成的政策真空期。同时，要关注企业显性制度成本下降与隐性制度成本上升的矛盾，关注显性税率降低与隐性征缴力度上升的悖论，关注显性制度环境优化与隐性监管力度加强的配合，使经济在合理的区间内波动，符合制度成熟的内在要求。

第五章
创新与完善宏观调控体系

改革开放以来，特别是确立社会主义市场经济改革方向之后，中国的宏观调控框架不断完善，在充分吸收主流宏观经济理论的前沿成果并借鉴国际宏观政策实践有益经验的同时，也注意兼顾自身作为转型经济体和发展中经济体的现实条件，逐步形成具有中国特色的宏观调控体系。从宏观调控的实际绩效看，在应对经济周期波动中总体上发挥了积极的作用，大体上实现了宏观经济运行的基本稳定。

站在新的历史起点上，宏观调控体系依然面临多重挑战。其一，从体制转轨的层面看，随着“市场在资源配置中起决定性作用”这一改革目标的确立，宏观调控体系面临着进一步突出市场化取向的艰巨任务。其二，从发展转型的层面看，在从高速增长转向高质量发展的大背景下，宏观调控体系需要努力寻求短期目标与中长期目标、需求调节与供给调节的有机结合。其三，在后金融危机时期，面对全球宏观经济理论与政策的持续反思，宏观调控体系也需要作出适应性调整。

基于此，本章将重点围绕货币政策、财政政策和宏观审慎政策这三大核心的宏观调控政策，就有效应对上述三个时代命题、创新与完善宏观调控的基本路径问题进行集中讨论。

第一节　货币政策的创新与完善

改革开放伊始，从财政部门独立出来的中国人民银行逐步恢复了自身的金融属性，并从1984年开始正式行使中央银行的职能。根据当时的决定，中国人民银行被定位为管理全国金融事业的国家机关，不再对企业和个人办理信贷业务，而是集中力量研究和做好全国金融的宏观决策，加强信贷资金管理，保持货币稳定。从其承担的具体职责看，主要包括如下方面：①研究和拟订金融工作的方针、政策、法令、基本制度，经批准后组织执行；②掌管货币发行，调节市场货币流通；③统一管理人民币存贷款基准利率和汇率；④编制国家信贷计划，集中管理信贷资金；⑤管理国家外汇、金银和国家外汇储备、黄金储备；⑥代理国家财政金库；⑦审批金融机构的设置或撤并；⑧协调和稽核各金融机构的业务工作；⑨管理金融市场；⑩代表政府从事有关的国际金融活动；等等。

在正式履行中央银行职能的最初一个时期里，由于传统计划经济体制的惯性力量，中国人民银行主要是通过现金发行计划以及对信贷规模的直接控制来调节经济运行。从20世纪90年代初期开始，伴随着社会主义市场经济体制框架的基本确立，中央决定进一步完善中央银行宏观调控体系。为把中国人民银行办成真正的中央银行，中央将其主要职能进一步明确为：制定和实施货币政策，保持货币的稳定；对金融机构实行严格的监管，保证金融体系安全、有效地运行。在此基础上，着手改革和完善货币政策体系。

基于这一背景，中央银行逐渐缩小信贷规模管理的范围，探索由直接调控方式向间接调控方式转变。先是在1994年开始尝试向社会发布不同层次货币供应量统计指标，开展货币政策监测分析；之后于1996年正式将货币供应量确立为货币政策中间目标，并将现金发行调整为监测指标；也是在此阶段，全国统一的银行间债券市场逐渐发展起来，成为中央银行公开市场操作（OMO）的重要平台。自1998年起，中国人民银行决定对商业银行贷款增加量的管理，不再按年分季下达指令性计划，而是按年（季）下达指导性计划；在逐步推行资产负债比例管理和风险管理的基础上，实行“计划指导，自求平衡，比例管理，间接调控”的信贷资金管理体制；同时，综合运用存款准备金、再贷款、再贴现、公开市场业务等多种货币政策工具，调控基础货币，保持贷款适度增长。以此为标志，货币政策调控方式实现了由行政性直接控制向以数量型为主的市场化间接调控方式的第一次重大转型。

与价格型调控方式相比，数量型调控方式对金融市场的依赖程度相对较低。即便是公开市场操作，也不是以引导货币市场利率为目标，而是以数量目标为主，由货币当局根据经济金融形势对银行体系流动性进行调节。因此，在市场发育程度依然有限、利率传导机制还不顺畅的情况下，偏重于采用数量型工具具有一定的客观必然性。而且，在数量型调控方式下，政策传导链条往往较短，政策效果也更加快速显现，这也比较契合传统体制的思维偏好[①]。

但是，由于无法借助价格机制的有效引导作用，且缺少市场主体的信号反馈功能，数量型调控方式更容易带来一定程度的扭曲。从国际上看，20世纪80年代以来，一些发达经济体的中央银行逐渐放弃以货币供应量为中介目标的政策操作框架，转而采用以利率为中介目标的价格型调控方式，在遵循一定政策规则的前提下通过短端利率进行调节，较好地实现了价格稳定的优先目标。从国内的情况看，近年来，随着金融市场在广度和深度上的逐渐发展，以及金融机构资产负债行为趋于多元化，以货币供应量为中介目标的数量型调控基础逐渐受到侵蚀，在可控性上以及与主要宏观经济变量的相关性上都趋于下降。加之利率市场化的基本完成，为货币

① 参见周小川在中国货币政策传导机制高级研讨会上的发言《当前研究和完善货币政策传导机制需要关注的几个问题》。

政策调控方式由数量型为主向价格型为主的第二次重大转型创造了条件。在建立完善的社会主义市场经济体制的新阶段，如何进一步减少对数量手段的依赖，并逐步强化价格调控的引导功能，是创新与完善货币政策调控需要面对的核心命题。

一、探索新的基础货币投放渠道

在现行的“中央银行—商业银行”二级银行制度下，中央银行投放的是基础货币，而商业银行投放的是广义货币。在最终的货币供应总量的形成过程中，作为源头的基础货币如何投放成为关键性的环节。从货币当局资产负债表构成项目的变化中，可以看到中国基础货币供给方式近年来的明显转变：在外汇资产收缩的同时，对其他存款性公司债权出现扩张。未来随着相关条件的改变，可以预期基础货币投放方式或会发生更为深远的调整，其突出表现将可能是中央银行对政府债权特别是对中央政府债权的显著扩大。

（一）外汇占款的收缩

进入21世纪后，由于经常项目和资本项目双顺差带来持续的外汇流入，加之缺乏弹性的汇率机制，中央银行资产负债表中的外汇占款规模显著增长。2002年，外汇占款的规模首次超过再贴现和再贷款，外汇占款成为中央银行投放基础货币的主要渠道。2009年，外汇资产与基础货币之比达到了121.8%的历史高点。2013年，外汇占款在中央银行总资产中的比重高达83.0%，再创历史新高。为抵消外汇占款大幅增长对基础货币的冲击，中央银行通过对冲操作，向商业银行发行中央银行票据回收流动性；同时，大型存款类金融机构法定存款准备金率也曾被提高到21.5%的历史高位（中小型存款类金融机构法定存款准备金率亦达到19.5%）。

2014年下半年以来，在人民币汇率逐渐趋向合理均衡水平的背景下，人民币汇率由单边升值预期转化为双向波动预期，资本项目的流动方向相应发生了逆转，外汇占款增长速度随之显著放缓。2014年，中央银行外汇占款只增加了6400亿元，2015年和2016年更是分别减少了2.2万亿元和2.9万亿元，2017年和2018年分别减少了4637亿元和2232亿元。相应地，外汇占款占货币发行的比例下降至64%，在中央银行总资产中的份额也大幅下降至57%（见图5-1）。由于外汇占款的持续下滑，中央银行资产负债表规模在2015年2月至12月被动缩减，缩表规模近2.8万亿元，下降幅度近8%，成为历史上持续时间最长也是规模最大的一次缩表。

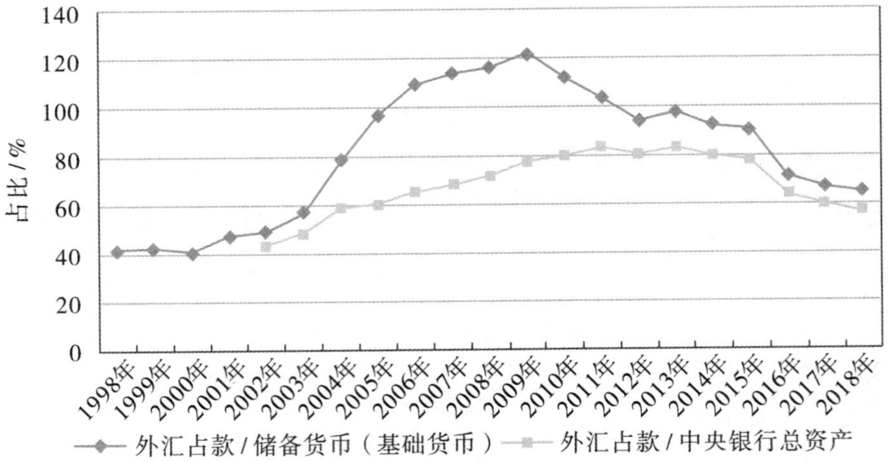

图5-1　外汇占款占中央银行总资产的比例以及占储备货币的比例

资料来源：根据中国人民银行统计数据计算得到。

（二）对其他存款性公司债权的扩张

在通过外汇占款投放基础货币的渠道趋于萎缩的背景下，为维持资产负债的平衡进而保持货币供给的平稳增加，中央银行在下调法定存款准备金率以减少对其他存款性金融机构负债的同时，也通过公开市场逆回购和各类再贷款便利操作进而扩张对其他存款性公司债权的方式向市场提供流动性以填补缺口。特别是中央银行先后创设了短期流动性调节工具（SLO）、常备借贷便利（SLF）、中期借贷便利（MLF）和抵押补充贷款

（PSL）等一系列新型货币政策工具来满足不同的流动性需求①。2014年底至2018年底，MLF余额增加了4.3万亿元，PSL余额增加了3.1万亿元。通过上述操作，中央银行对其他存款性公司的债权从2014年底的2.5万亿元增长至2018年底的11.2万亿元，扩张了近3.5倍；对其他存款性公司债权占货币发行的比例从8%提高到34%，占中央银行总资产的份额也从7.4%上升至30%（见图5-2）。这就意味着中央银行的货币供给机制已经发生了重要的变化，即从主要依靠外汇资产支撑逐步转向由各类借贷便利等国内资产推动。

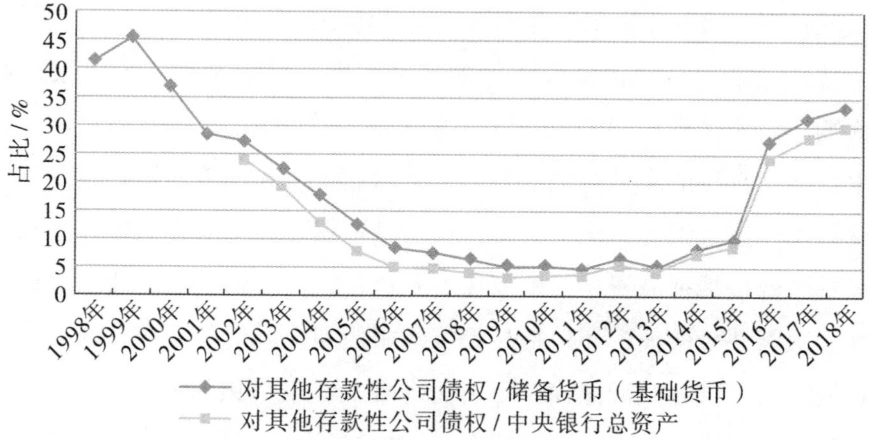

图5-2　对其他存款性公司债权占中央银行总资产的比例以及占储备货币的比例

资料来源：根据中国人民银行统计数据计算得到。

（三）货币供给机制的未来路径展望

过去几年中央银行创设的新型货币政策工具，主要是为了满足金融机构交易用的流动性需求，从基础货币投放的期限结构看，偏于短期，稳定性不足；未来可考虑财政部门创设公债资产、中央银行购买公债资产并长期持有的方式来投放基础货币，这样可以有效增加长期货币供给。不仅如此，由中央银行采取国债直购的方式投放基础货币，还会产生另外两个效应，这两个效应都有助于降低基础货币的整体投放成本。

① 2017年初，中央银行还推出临时流动性便利操作（TLF）来缓解短期的流动性紧张，为春节假期现金投放占比较高的几家大型商业银行提供流动性支持。

效应之一是改变国债在基础货币投放过程中的作用。中央银行在通过逆回购、MLF等操作进行基础货币投放的过程中，商业银行提供国债作为质押券（发挥担保工具的功效），由此获得一定期限的基础货币的使用权，并以支付利息作为代价。在这种情况下，相应抬高了银行的流动性获取成本，并可能引致整个社会融资成本的提高。而如果国债作为中央银行和商业银行进行交易的对象，则银行在实施一次性卖断的过程中，国债所有权发生了转移，由此获得永久的基础货币，并不需要支付利息。这样就可以减轻银行的财务成本，并相应降低实体部门的资金成本。

效应之二是减轻流动性传导的迂回程度。目前来看，中央银行通过逆回购，特别是SLF、MLF和PSL这些新型货币政策工具向市场提供流动性投放，通常直接的交易对象主要是大型商业银行和政策性银行以及其他一级交易商。这是因为，从中央银行获得融资需要充足的合格抵押品或质押品，尽管合格抵押品资产的范围在不断地扩宽，不仅包括国债、中央银行票据、政策性金融债，还包括高等级信用债和优质信贷资产，地方债也被正式纳入①，但相对于大型银行，中小型银行能够提供的抵押品相对有限，由此造成大型银行与中小型银行在从中央银行获得流动性工具支持的难易程度以及通过中央银行主动负债能力上的较大差异。可以看到，大型商业银行对中央银行负债占总负债的比例从2014年初的不足1%上升至2017年末的近5%（后回落至4%～5%），而同期小型商业银行的这一占比则仅从不足1%增加至1%～2%（见图5-3）。在这种情况下，中小型银行（还有非银行金融机构）只能通过同业融入方式从大型银行的资金融出中间接获得流动性，形成对批发融资的过度依赖。而如果通过国债买卖的方式投放基础货币，由于持有国债的机构不只是一级交易商，因此交易对手可能会扩大到

① 2018年以来，面对中小微企业和民营企业的融资困境，为支持中小微企业和民营企业融资，适当扩大了MLF担保品范围。MLF操作在之前接受国债、中央银行票据、国家开发银行及政策性金融债、地方政府债券、AAA级公司信用类债券等作为担保品的基础上，又将不低于AA级的小微企业金融债券，AA+级、AA级公司信用类债券（优先接受涉及小微企业的债券）和优质的小微企业贷款纳入，以引导金融机构加大对小微企业的支持力度。

中小型银行和非银行金融机构。由此，流动性分层的情况就大大减少，层级之间的加价成本也会相应降低。

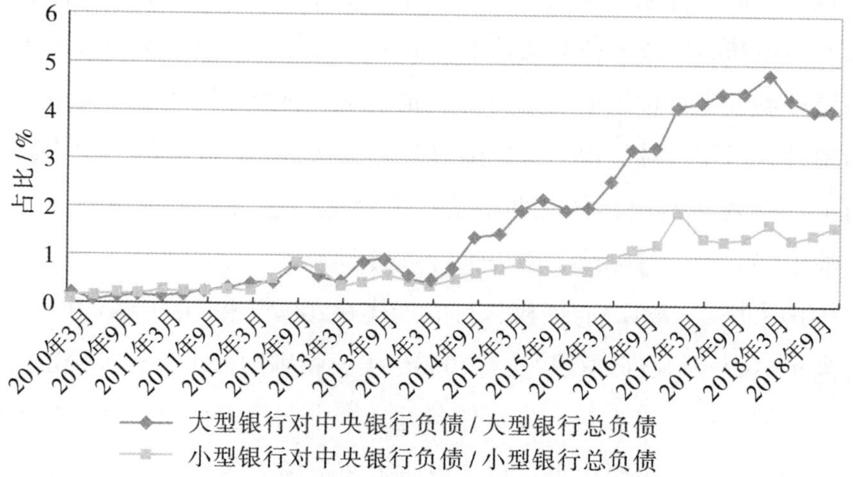

图5-3　大型银行和小型银行对中央银行负债占比

资料来源：根据中国人民银行统计数据计算得到。

观察成熟经济体的中央银行负债表可以发现，国债资产特别是长期限政府公债产品都占到较大比重。这是因为，在市场主导型的金融结构中，由于金融产品发达，中央银行可以在公开市场上通过资产购买行为来投放基础货币。比如美联储的资产结构以持有证券（包括国债、联邦机构债券和抵押贷款支持证券MBS等）为主，占比为95%左右。其中，国债买入卖出一直是美联储公开市场操作的主要手段，美联储持有的国债占总资产的比重曾高达85%左右。为应对危机，在实施量化宽松等非常规货币政策的过程中，美联储大幅增持抵押贷款支持证券，同时也增持了一定比例的联邦机构债券，致使资产构成有所变化。尽管如此，国债的占比依然为55%左右。同时，由于在国际金融危机期间，美联储通过扭转操作增持长期国债并减持短期国债，使得中长期国债的占比已经逼近整体国债的占比。

目前，中国人民银行持有的国债主要反映在中央银行资产负债表对（中央）政府债权科目中，即货币当局通过公开市场（二级市场）所购买并持有的政府发行的债券规模。根据1995年颁布的《中华人民共和国中国人民银行法》的规定，“中国人民银行不得对政府财政透支，不得直接认购、包销国债和其他政府债券”，但为执行货币政策，可以“在公开市场上买卖国债和其他政府债券及外汇”。中国人民银行曾经于2001—2003年在二级市场上进行过国债现券交易：先是买入现券，增加基础货币；后又卖断现券，回笼基础货币。后期随着外汇占款的大幅度增加，中央银行因持有的国债规模有限，加之期限结构不合理，无法完全对冲过多的流动性，故于2003 年4 月创设了中央银行票据作为最主要的对冲工具。

中国人民银行对政府债权科目的规模在2007年曾有一次跃升①，其背景是当年6月，财政部经授权发行2000亿美元特别国债（折合人民币约1.55万亿元）用于购买中央银行外汇储备并注资中国投资公司，其中1.35万亿元通过商业银行转手至中央银行（由后者在市场上购入），另外2000亿元通过市场方式发行。

这笔特别国债中的10年期品种（合计7000亿元左右，其中公开发行1000亿元左右）陆续于2017年下半年到期。为做好特别国债兑付工作，财政部采取滚动发行的方式，在全国银行间债券市场面向境内有关银行定向发行6000亿元特别国债。另外约1000亿元的特别国债也主要采取全额续发的方式兑付。由于到期续作并不形成新净增规模和债券供给压力，对政府债务总额总体上不会构成影响。

在2017年8月特别国债滚动发行过程中，为维护银行体系流动性基本稳定，财政部在一级市场面向有关银行发行特别国债，同时，中央银行在二级市场开展公开市场操作，从公开市场业务一级交易商处买入6000亿元特别国债。中央银行针对定向机构发行特别国债的对冲行为和提供的流动性支持，实现了财政政策与货币政策的有机配合，弱化了对债券一级市场发行和二级市场交易的挤出效应，可基本达到中央银行资产负债表不变、

① 在2001年初也有一次小幅提升，主因是中央银行购买为四大资产管理公司筹集资本金而发行的2800亿元特别国债。

相关金融机构资产负债表不变和银行体系流动性不变的效果，相应减轻了特别国债到期续作对市场的冲击。

总体来看，由于银行主导型的金融结构不利于中央银行公开市场操作等因素的存在，2007年之后，中央银行对政府债权科目基本保持稳定，目前其规模仅占中央银行总资产的4%，中央银行持有的国债（包括特别国债）占国债存量的比重仅10%。由此可见，进一步增加中央银行对政府债券的现券购买和长期持有还有很大空间，包括对正在持有的即将到期的特别国债进行转期。

当然，用这种基于国家信用的货币发行机制来改造中央银行资产负债表，非短期即能见效。这至少需要两方面的配套举措：

一是进一步拓展国债市场的深度和广度，尤其是扩大长期限国债品种的市场容量，为中央银行大规模操作提供可能。目前来看，国债市场活跃度不足，换手率偏低。在这种情况下，若中国人民银行直接参与买卖，或会加剧价格波动，从而弱化其进行大规模市场交易的可能性。未来若扩大国债在货币政策操作中的运用，推进国债在中央银行公开市场操作中从质押标的转为交易标的，需要采取一些关键性的措施。一方面，在一级市场的发行环节，与财政政策相配合扩大国债发行总规模，尤其是增加短期限品种的供给，改变国债期限偏长的现状，以便于中央银行进行流动性管理。另一方面，在二级市场的交易环节，也要通过便利性建设（包括通过国债随买随卖等做市机制），着力提高交投活跃度，扩大市场流动性，最终达到调节国债收益率曲线、强化其作为市场基准的目的。

二是深化财政体制改革，防止因政府债务软约束带来的潜在通货膨胀风险。从美国等成熟市场经济国家的已有经验看，为防止货币政策过于受到财政政策的牵制，美联储有关货币扩张的决策与是否弥补财政赤字之间并不存在直接的关联。从国内的历史教训看，改革开放以来所经历的几次严重的通货膨胀均与财政赤字货币化存在一定的关联。这也在一定程度上解释了中央银行在一级市场直接购买国债不存在法理基础的深层原因。未来还应注意弱化财政赤字与货币发行之间的关联度，增强中央银行的信用独立性。

二、发挥货币政策的结构引导作用

宏观经济学的传统理论认为，货币政策属于总量性工具，主要应对的是短期需求层面的问题，而对于调整经济结构这种偏于中长期的供给层面的问题，往往缺乏针对性。但自2008年国际金融危机以来，无论是从理论认知看，还是从实践探索看，货币政策工具的结构性功能都得到了明显的提升。诸如欧洲央行的定向长期再融资操作（TLTRO）、英国央行的融资换贷款计划（FLS）、日本央行的贷款支持计划（LSP）等，在理顺货币政策传导机制、促进金融体系对实体部门信贷投放方面都具有正面作用。

根据现代货币理论，在信用货币体系下，完整的货币创造过程实际上包含两个环节：一个是中央银行的货币供给环节，形成外生货币；另一个是金融体系内部的货币派生环节，形成内生货币。两个环节只有联动起来，才能实现货币调控的目标。在这一过程中，中央银行向银行体系投放基础货币，对银行间市场流动性闸门的掌控具有较大的影响力；但在广义货币创造中发挥更为关键性作用的因素，则是银行业存款类金融机构的系列资产扩张行为，包括发放贷款、购买非金融企业债券等。可以说，这种行为在相当大程度上决定了货币政策传导机制的有效性。比如，中央银行调降法定存款准备金率，为提高货币乘数提供了理论上的可能，但如果形成超额准备金不进行信用创造，实际的乘数效应就比较有限。在这种情况下，就需要设计激励相容的机制，相应调节存款创造的行为，从而加大对实体经济的支持力度。结构性货币政策工具的有效实施，能够发挥某种正向激励作用，在引导流动性投放的过程中，中央银行可以把缓解银行业存款类金融机构的流动性约束与合意的货币创造行为联系起来，起到定向调控的作用。

近年来，中国的货币当局注重运用结构性货币政策工具，如定向降准、再贷款、再贴现等，引导金融机构加大对民营企业、小微企业、“三农”等实体经济特别是国民经济薄弱环节的支持力度。特别是2018年下半年以来，为帮助中小微企业和民营企业走出融资困境，中国人民银行密集出台了多项有针对性的货币政策，其中有几项政策工具都是首次被使用，具有一定的创新意义。

一是推出民营企业债券融资支持工具。这是中国人民银行运用再贷款提供部分初始资金引导设立而成的，由专业机构进行市场化运作，通过出售信用风险缓释工具（CRM）、担保增信等多种方式，重点支持暂时遇到困难，但有市场、有前景、技术有竞争力的民营企业债券融资。旨在纠正市场主体在规避民营企业风险上的非理性行为，提高投资者对民营企业信用债的投资意愿和配置偏好。

二是创设定向中期借贷便利（TMLF）工具。利用这种工具，中国人民银行以优惠利率为金融机构提供长期稳定的资金来源，资金数量与中国人民银行扩大对小微企业、民营企业信贷投放的程度挂钩，以此撬动金融资源支持。

三是创设央行票据互换工具（CBS）。为加快推进银行发行永续债补充资本进而扩大对小微企业、民营企业的信贷支持，特推出这种工具框架，允许公开市场操作一级交易商使用其所持有的合格银行发行的永续债从中国人民银行换入中央银行票据。通过这种以券换券的方式，为银行发行永续债提供流动性支持，从而增强市场认购银行永续债的意愿。

可以预期，在为供给侧结构性改革和高质量发展营造适宜的货币金融环境方面，结构性货币政策还有很大的创新与完善空间。

三、推动利率调控方式的市场化

这方面改革的实质是中央银行对整个利率体系的管理机制由主要依赖行政手段转向更加依靠市场化的手段，由主要依靠直接调整存贷款基准利率的方式转向更加注重对（货币）市场利率的引导。具体而言，就是在价格型货币政策操作框架下，中央银行主要通过在公开市场操作来调控基准利率，进而引导金融市场（首先是货币市场）形成与政策目标水平接近的市场基准利率。或者说，中央银行通过货币政策工具调整自身的资产负债表，对商业银行的流动性进行调节，来引导货币市场的利率走势。在此基础上，再通过顺畅、有效的传导机制，将政策意图施加于金融体系并最终影响实体经济部门即居民和企业的消费与投资行为。

（一）完善中央银行货币政策基准利率和操作目标利率体系

从国际上看，不少国家的中央银行只有一个政策利率，但由于中国金融市场的摩擦性因素比较多，中央银行的政策利率选择是一个体系，既包括公开市场操作的正、逆回购利率，也包括再贷款、再贴现利率以及SLF、MLF和PSL等新型货币政策工具的操作利率等。从期限结构看，既涉及OMO和SLF这类短期利率，也涉及再贷款、MLF和PSL这类中长期利率。从利率的形成模式看，既有通过公开市场招标这种偏于市场的方式，也有由中央银行直接决定的方式。目前的问题是政策利率工具过于繁杂，不利于向市场传递清晰的货币政策信号，加大了社会预期管理的难度。而且，考虑到市场预期和期限溢价的复杂影响，利率期限越长，越难调控。因此，未来中央银行应最终收敛于一个短期限的政策基准利率。

在培育未来的政策（目标）利率方面，应进一步完善利率走廊机制。经过探索，目前利率走廊已初步建立，主要以超额存款准备金的利率（或公开市场逆回购利率）作为利率走廊下限，以SLF利率为利率走廊上限。这一利率调控机制的构建，旨在降低利率波幅，稳定短端利率。未来中央银行应继续以目标利率为中心，通过向商业银行提供贷款便利工具和存款便利工具，增强对货币市场利率的调控和传导能力。在这一过程中，可以适度收窄利率走廊的宽度，以减少目标利率的波动性。

（二）培育金融市场基准利率体系

这在某种程度上也是优化货币政策传导的重要一环。这方面的关键是通过金融市场的自发生成机制，形成能够准确反映市场资金供求状况的锚定利率，从而为金融资产定价提供重要参考。考虑到金融市场发展的现状，现阶段可重点聚焦以下两个方面：

一是增强上海银行间市场同业拆借利率（SHIBOR）的基准性。该利率于2006年9月推出，2007年1月正式运行，是在信用等级较高的银行组团自主报出人民币同业拆出利率的基础上，经计算确定的算术平均利率，属于单利、无担保、批发性利率，包括隔夜、1周、2周、1个月、3个月、6个月、9个月及1年等8个期限品种。目前报价的银行团由18家商业银行组成，这18家商业银行都是公开市场一级交易商或外汇市场做市商，在货币市场上人民币交易相对活跃、信息披露比较充分的银行。总体来看，SHIBOR在对同业存单、固定利率企业债券、固定利率短期融资券的定价中发挥了重要的基准作用，在浮动利率债券、衍生产品定价上也发挥了一定的基准作用，并为拆借及回购交易、票据等产品提供了某种定价参考。SHIBOR现在面临的主要问题是由于并不是市场实际成交形成的利率，对报价银行的产品定价未能形成实质性约束，可能在某种程度上偏离真实的市场价格。未来还需要进一步优化SHIBOR报价生成机制，扩大SHIBOR应用范围。

二是完善国债收益率曲线的定价基准作用。2014年11月，由中央结算公司编制提供的关键期限国债收益率曲线开始发布，已逐渐发展成为金融市场无风险收益率的重要基准。未来还需通过改善国债发行结构、提高国债发行频率等手段，强化国债收益率曲线编制的市场基础。同时，增强国债收益率曲线在商业银行存贷款定价及内部转移定价，以及在发行浮动利率债券、发行与通货膨胀率挂钩的债券品种等方面的基础性作用，推动国债收益率曲线的深度应用。

（三）进一步疏通利率传导渠道

这方面的着力点，是理顺从央行政策利率到货币市场（银行间市场）利率再到标准化债权利率最后到信贷利率的传导机制，以及由短期利率到中长期利率的传导机制。

目前来看，央行货币政策操作利率到银行间货币市场利率的传导还比较顺畅。由于银行是央行公开市场操作的主要对手方，也是银行间货币市场的主要参与主体，非银行金融机构只能从银行的资金融出中间接获得流动性，而且参与银行间市场拆借和回购交易较少。因此，央行政策利率在向银行间市场利率的传导过程中，一般先影响到存款类金融机构间质押式回购利率DR，再影响到全市场各种金融机构质押式回购利率R，后者相较前者一般水平更高、波动更大。

相对来说，银行间市场利率向交易所市场利率及债券市场利率的传导存在一定的阻滞。在目前的流动性供给格局下，银行类金融机构相对于非银行金融机构来说占据显著优势，而交易所市场的参与主体基本上都是非银行金融机构，由此形成两个市场的“利率异动”。未来随着越来越多的银行类金融机构参与到交易所市场，两个市场分割的状况或将有所改变。此外，银行间市场利率向债券收益率的传导效率也有待提高，这与债券市场现存的各种体制性和结构性矛盾密切相关。未来还需要进一步完善债券市场的各项制度基础，形成有效的收益率曲线，使得货币市场利率与债券收益率之间，以及短端收益率与长端收益率之间建立起顺畅的联动机制。

至于货币市场利率向信贷市场利率的传导，目前面临的阻滞更多。关于这一方面，更多会涉及如何打通利率市场化的“最后一公里”问题，笔者将在本书“深化金融体制改革”章节有关利率市场化的分析中进行专门讨论。

第二节　财政政策的创新与完善

财政政策历来是中国宏观调控体系的重要组成部分[①]，通过积极财政政策进行逆周期调节的实践最早可以追溯到1998年[②]。当时为应对经济下行压力，以增发1000亿元国债用于加快基础设施建设为标志，第一次主动发挥财政政策的积极作用进行宏观管理。截至2003年，累计发行6600亿元长期建设国债，带动银行贷款和其他社会资金形成3.28万亿元的投资规模。2008年全球金融危机爆发后，中央相应推出了扩大内需、加快基建投资等政策举措，并提出到2010年前实施4万亿元政府公共投资计划，由此开启了一轮更为积极的财政政策周期。

近年来，伴随着供给侧结构性改革的实施，积极财政政策又有了更新的内涵，除了要继续实现熨平经济周期波动的短期政策目标外，还着眼于中长期政策目标，在为经济结构调整和增长动力转换创造有利的宏观环境方面发挥更加积极的作用。可以预期，在中国进入高质量发展的新阶段，以减税降费为核心的财政政策在推动整个国家发展模式重构中的正面效应将会得到进一步的强化。

---

① 在西方主要经济体中，2008年全球金融危机爆发前的较长一个时期内，受财政平衡理念的影响，财政政策在宏观调控体系中的地位并不突出。直到危机爆发之后，面对货币政策传导不畅的局面，西方经济体才重新通过功能性财政政策直接作用于实体经济的总需求层面，通过不断强化税收、政府支出的反周期属性，以维持总支出达到既定水平，进而实现宏观经济稳定的目标。在财政政策发挥更大作用的过程中，基于凯恩斯主义思想的系列主张提供了重要的理论支撑。比如近年来重新受到关注的现代货币理论（Modern Money Theory，MMT）就认为，政府可以通过货币化来偿还债务（也就是政府债务由货币当局进行融资）从而避免违约破产风险，只要这种做法不引发通货膨胀，政府债务和预算赤字就不会成为问题。尽管这种观点引发了不小的争议，但无疑很好地契合了财政扩张的需要。

② 楼继伟：《40年重大财税改革的回顾》，《财政研究》2019年第2期。

一、降低企业部门税费负担与培育增长新动能

对于企业部门而言，减税降费最直接的效应是降低了生产经营成本。这就有利于实现需求面和供给面的双重改善，同时从周期性和结构性两个角度培育新的增长动能，缓解经济下行压力。从需求端看，可以直接刺激企业加大投资，也可以间接通过增加就业机会带动居民收入和消费水平的提高（也有可能通过生产者价格调整的传导效应使消费者间接受益）。从供给端看，则可以通过提高资本存量和全要素生产率增速来提升潜在经济增速。基于这一思路，近年来中央在降低企业税费负担方面出台了一系列有针对性的举措。

（一）推进营业税改征增值税改革

从2012年1月1日起，开始以上海作为首个试点城市，对交通运输业和部分现代服务业（研发和技术服务、信息技术服务、文化创意服务、物流辅助服务、鉴证咨询服务和有形动产租赁服务）开展营业税改征增值税（简称“营改增”）改革试点。之后试点范围不断扩大，至2013年8月1日，交通运输业和部分现代服务业“营改增”试点范围扩大至全国。再之后不断扩大行业范围，至2016年5月1日全面推行“营改增”，试点范围扩大到建筑业、房地产业、金融业、生活服务业等。由此实现了货物和服务行业增值税全覆盖，打通了税收抵扣链条，有利于减轻企业税负。

（二）降低增值税税负

首先是简化税率结构，从2017年7月1日起，将增值税税率由四档减至17%、11%和6%三档，取消13%这一档税率。在此基础上又着手降低税率。先是自2018年5月1日起，纳税人发生增值税应税销售行为或者进口货物，原适用17%和11%税率的，分别调整为16%和10%，自2019年4月1日起，进一步下调至13%和9%。

在调低税率的同时，还扩大进项税抵扣范围，加大抵扣力度，从而缩小税基。2009年实施生产型增值税向消费型增值税转型改革时就曾将企业购进机器设备纳入抵扣范围，2016年全面推开“营改增”时又将新增不动

产纳入抵扣范围。自2019年4月1日起，进一步将旅客运输服务纳入进项税抵扣范围，并把纳税人取得不动产支付的进项税由分两年抵扣改为一次性全额抵扣，增加纳税人当期可抵扣进项税额；同时对主营业务为邮政、电信、现代服务和生活服务业的纳税人，按照当期可抵扣进项税额加计10%抵减应纳税额（政策实施期限暂定截至2021年底）。税率与税基的调减可以有效降低企业的投资成本。

此外，还实行增值税留抵退税政策。2018年对部分行业增值税期末留抵税额予以退还，包括装备制造等先进制造业和研发等现代服务业方面专用设备制造业、研究和试验发展等18个大类行业，以及取得电力业务许可证（输电类、供电类）的全部电网企业。自2019年4月1日起，进一步试行增值税期末留抵税额退税制度，符合一定条件的纳税人可以申请退还增量留抵税额，这也有利于降低企业的资金成本。

（三）加大对小型微利企业税收支持力度

近年来不断加大对增值税小规模纳税人的税收优惠力度，包括上调小规模纳税人年销售额标准，逐步提高小规模纳税人免税标准，等等。与此同时，扩大享受减半征收企业所得税优惠政策（所得减按50%计入应纳税所得额，按20%的税率计算缴纳企业所得税）的小型微利企业范围，不断提高年度应纳税所得额标准。

在此基础上，2019年又对小型微利企业推出一批新的普惠性减税措施。主要包括：第一，大幅放宽可享受企业所得税优惠的小型微利企业标准（年度应纳税所得额从100万元提高到300万元以下、从业人数从工业企业100人和其他企业80人提高到工业企业和其他企业均300人以下、资产总额从工业企业3000万元和其他企业1000万元提高到工业企业和其他企业均5000万元以下），同时加大所得税优惠力度，对小型微利企业年应纳税所得额不超过100万元，以及100万元到300万元的部分，分别按25%、50%计入应纳税所得额，使税负降至5%和10%，调整后优惠政策将覆盖95%以上的纳税企业，其中98%为民营企业；第二，对主要包括小型微利企业、个体工商户和其他个人的小规模纳税人，将增值税起征点由月销售额3万元提高到10万元。通过上述措施，有利于扩大免税政策受益面，降低创业创新成本，增强小型微利企业发展动力。

（四）完善固定资产加速折旧企业所得税政策

2014年、2015年两次出台相关政策，主要包括：一是六大行业（生物药品制造业，专用设备制造业，铁路、船舶、航空航天和其他运输设备制造业，计算机、通信和其他电子设备制造业，仪器仪表制造业，信息传输、软件和信息技术服务业）和四个领域重点行业（轻工、纺织、机械、汽车）企业新购进的固定资产允许加速折旧，可缩短折旧年限或采取双倍余额递减法、年数总和法等加速折旧方法；二是上述行业小型微利企业新购进的研发和生产经营共用的仪器、设备，单位价值不超过100万元的，可一次性税前扣除，即允许一次性计入当期成本费用在计算应纳税所得额时扣除，不再分年度计算折旧；三是所有行业企业新购进用于研发的仪器、设备，单位价值不超过100万元的，可一次性税前扣除，超过100万元的，允许加速折旧；四是所有行业企业持有的单位价值不超过5000元的固定资产，可一次性税前扣除。

在此基础上，自2018年1月1日起，将固定资产一次性税前扣除优惠政策范围由企业新购进的单位价值不超过100万元的研发仪器、设备，扩大至企业新购进的单位价值500万元以下的设备、器具。2019年《政府工作报告》又进一步提出将固定资产加速折旧优惠政策扩大至全部制造业领域。该政策的施行，可以支持企业缩短设备更新周期，加大技术改造投资力度。

（五）实施企业研发费用税前加计扣除所得税优惠政策

这一政策最早开始于1996年，当时作为促进企业技术进步的配套税收政策，首次提出了研发费用税前加计扣除问题，但只限于国有企业、集体工业企业。之后，政策享受主体逐步扩大，政策架构也逐步系统化。

近年来，在推进供给侧结构性改革的大背景下，不断扩大政策适用范围，提升加计扣除比例。先是自2016年1月1日起，放宽享受优惠的企业研发活动及研发费用的范围，明确企业开展研发活动中实际发生的研发费用，未形成无形资产计入当期损益的，在按规定据实扣除的基础上，按照本年度实际发生额的50%，从本年度应纳税所得额中扣除；形成无形资产的，按照无形资产成本的150%在税前摊销。之后专门针对科技型中小企业，提高其享受研发费用税前加计扣除的比例，明确2017年1月1日到2019年12月31日，科技型中小企业开展研发活动中实际发生的研发费用，未形成无形资产计入当期损益的，在按规定据实扣除的基础上，再按照实际发生额的75%在税前加计扣除；形成无形资产的，按照无形资产成本的175%在税前摊销。再之后又将这一优惠做法扩大至所有企业（暂定2018年1月1日至2020年12月31日期间）。该政策的实施，能够降低企业研发活动的实际成本，有利于激励企业加大研发投入从事创新活动。

在上述诸项政策共同发力的同时，未来还需要进一步优化面向企业的减税方案。增值税作为目前整个税收体系的第一大税种（见图5-4），可继续按照税制简化的方向推进增值税税率三档并两档的改革，并进一步降低税率，同时扩大抵扣和留抵退税的范围及加大抵扣和留抵退税的力度。通过改变增值税税负偏高的现状，可以更加主动地在税制结构重新设计的基础上适当降低间接税在整个税收收入中的比重。至于企业所得税方面，在税制结构从以间接税为主向以直接税为主转型的同时，也可考虑适度调降税率，以因应国际上的降税趋势，提高税收国际竞争力。

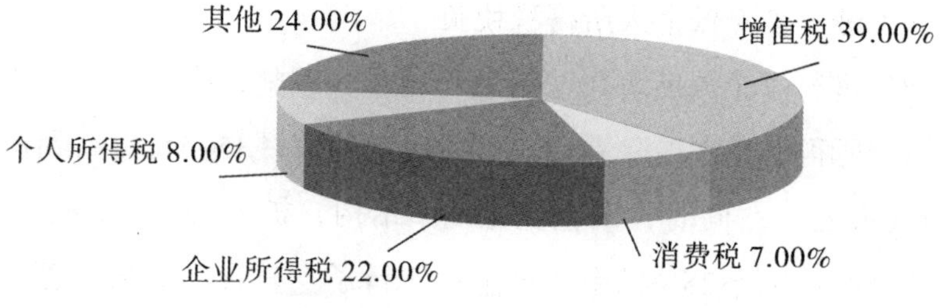

图5-4　2017年我国税收收入结构

资料来源：根据财政部2017年全国财政决算数据计算得到。

此外，还应允许以更大幅度加速折旧。在推动经济增长由要素投入驱动转向技术进步或全要素生产率驱动的过程中，迫切需要加大企业设备更新和技术改造升级的力度。进一步扩大加速折旧政策的使用范围，有利于调动企业投资和更新改造设备的积极性。从全球来看，不少国家采用加速折旧的方法，以激励企业加快设备更新，提高生产率和竞争力。如1981年里根政府制定的《经济复兴税收法案》就提出了加速成本回收制度（ACRS）。在折旧政策的激励下，美国企业普遍重视对新工艺、新技术和现代化设备的投资，企业固定资产更新速度明显加快。借鉴这一国际经验，未来对于高新技术企业、改造升级的传统产业、战略性新兴产业，应通过更快地摊销应折旧金额，使固定资产的价值在使用期尽快得到补偿，加快设备投资的现金回流，激发企业的固定资产更新改造动能。

二、降低居民部门税费负担与推动经济再平衡

过去数年，针对内外需结构失衡以及内需中消费与投资比例关系失调的问题，在促进经济增长由主要依靠投资、出口拉动向依靠消费、投资、出口协调拉动转变方面取得了一定成效，突出表现在近年来最终消费支出对经济增长的贡献率提升较快。但客观来说，围绕需求结构调整的经济再平衡过程仍未完成，最终消费率，特别是居民消费率偏低的问题依然未有实质性改善。如何通过加大减税降费力度，促进居民消费进一步快速增长，仍然值得期待。

（一）进一步降低个人所得税税负

2018年进行了个人所得税法的新一轮重大调整，决定自2019年1月1日起，将综合所得的基本减除费用标准由此前的每月3500元提高到每月5000元（每年6万元）；同时，调整优化税率结构，扩大3%、10%、20%三档低税率的级距，缩小25%税率的级距；实行子女教育、继续教育、大病医疗、住房贷款利息、住房租金、赡养老人等6项专项附加扣除。通过采取这些措施，可以减轻纳税人压力，特别是降低中等以下收入群体的税负，提高居民的可支配收入，促进其消费能力的提升。

未来按照“简税制、宽税基、低税率、严征管”的原则，个人所得税的调整空间依然存在。一方面，在个人所得税的税率、级次、级距设置，甚至费用扣除标准上，还应根据社会经济形势发展的需要，进行动态优化。另一方面，向综合与分类相结合的税制过渡还需要持续推进。在对部分所得项目实行综合计税的同时，进一步以家庭为单位进行抵扣，以更多地反映纳税人实际的家庭负担情况。

（二）进一步降低社保缴费负担

2015年以来，在降低或者阶段性降低社会保险费率方面连续出台政策。特别是2016年部署了阶段性降低社会保险费率的任务，其中，明确从2016年5月1日起，企业职工基本养老保险单位缴费比例超过20%的省份，将单位缴费比例降至20%；单位缴费比例为20%且2015年底企业职工基本养老保险基金累计结余可支付月数高于9个月的省份，可以阶段性地将单位缴费比例降低至19%。到2018年4月，总体的社会保险费率已经从高峰时的41%降至37.25%。之后根据部署，社会保险费率下降工作再延迟一年至2019年4月30日。而按照最新的安排，自2019年5月1日起，下调城镇职工基本养老保险单位缴费比例，各地可从20%降到16%。总体来看，企业缴费比例的调降有助于降低用工成本，在刺激投资的同时也为就业创造了更好的环境，从而促使居民收入分配状况的改善，并增大潜在消费空间。

除了社会保险费率下降，缴费基数也在着手下调。根据最新的决策安排，各地由过去依据城镇非私营单位在岗职工平均工资，改为以本省城镇非私营单位和私营单位加权计算的全口径就业人员平均工资，核定缴费基数上下限，使缴费基数降低。个体工商户和灵活就业人员可在本省平均工资的60%～300%之间自愿选择缴费基数。在此之前，2016年10月出台的《国务院关于激发重点群体活力带动城乡居民增收的实施意见》就曾提出，将城镇私营单位在岗职工平均工资纳入缴费基数统计口径范围，形成合理的社会保险和住房公积金缴费基数，避免对低收入群体的制度性挤出。事实上，以往仅仅以城镇非私营单位在岗职工平均工资来统计社会平均工资进而确定社保缴费基数的做法，对于低收入群体而言是不利的。由于工资水平较低的私营单位未纳入统计，造成了社会平均工资水平虚高，进而抬高低收入群体通常要面对的社保缴费基数下限。而此番调整之后的缴费基数核定方法无疑将下拉缴费基数，这在降低企业缴费负担的同时也可以有效降低中低收入群体的社保负担，并有助于保障低收入职工的社保权益（提高参保率和参保水平）。特别是对于个体工商户和灵活就业人员而言，可以在某种程度上达到降低缴费门槛的效果。总之，减少具有某种累退性特征的社保缴费而形成的税收负担，将有助于刺激消费。未来这方面应还有潜力可挖掘。

三、大力减税降费视野下的财政可持续问题

自2008年应对国际金融危机中形成减税降费的积极财政政策理念以来，从最初的单纯结构性减税发展到后来的普惠性减税与结构性减税并举，减税降费力度逐渐加大。在当前及今后一个时期，面对大规模降低实体部门税费负担的迫切需求，以什么样的财政来源去填补减税降费带来的潜在政府收入缺口，确保财政可持续基础上的稳健运行，是需要特别考虑的问题。在以增列赤字、增发国债来实现减税降费的方式面临财政纪律约束的情况下，需要寻找更为有效的支撑点。除了收回长期沉淀资金、盘活财政存量资金、用好结转结余资金等财政管理方面的手段外，还有以下两方面的措施可以充分利用。

（一）继续优化政府支出结构

近年来，围绕减税降费后的预算平衡问题，已经在削减政府支出方面作了不少努力，包括压缩非重点支出、削减一般性支出以及“三公”经费零增长等。这应当视作一个十分积极的变化。不仅对于实现政府收支再平衡至关重要，而且关系到减税降费的实质效应以及宏观经济政策的最终导向，对于供给侧结构性改革背景下实现降成本这个减税降费的目标具有实

质性意义[①]。

为了实现“节流”的目标，政策重点还可以放在压缩不必要的公共投资支出上。以公共基础设施为代表的经济建设型支出历来是政府尤其是地方政府支出的一个重要方向。根据国际货币基金组织（IMF）“政府财政统计（GFS）”数据库的相关资料，在对有关国家政府基于职能分类的财政支出结构（COFOG）进行比较后，可以发现，无论是与发达经济体还是与新兴经济体和发展中经济体相比，无论是与转轨经济体还是与具有政府主导传统的东亚经济体相比，中国在经济事务方面的支出比例都显著偏高（见表5-1）。伴随着公共投资规模的不断扩大和政府资本存量的相应累积，出现了过度投资的倾向，导致投资效率不断降低，增量资本产出率（ICOR）迅速上升。同时，政府债务负担也不断增加，尤其是与地方政府融资平台相关的隐性债务风险防控形势严峻。

表5-1　中国与若干国家政府财政支出结构的比较（%）

项目	中国	法国	德国	意大利	日本	英国	美国	波兰	俄罗斯	南非	泰国
一般公共事务	8.9	10.5	12.7	16.8	9.7	11.5	14.9	10.8	30.9	41.4	33.2
国防	4.3	3.2	2.4	2.7	2.3	4.8	8.3	4.1	5.5	2.2	6.2
公共秩序和安全	4.8	2.9	3.5	3.8	3.2	4.4	5.3	5.2	6.3	6.4	5.4
经济事务	25.1	10.5	7.1	7.3	9.2	7.6	8.7	11.3	9.8	11.1	16.2
环境保护	2.2	1.7	1.4	1.9	3.0	1.8	0	0.9	0.3	0.6	0.2
住房与社区生活设施	8.6	1.8	0.9	1.2	1.7	1.8	1.6	1.4	2.2	4.7	2.2

① 高培勇：《准确把握本轮减税降费的目的和方法》，《经济日报》2017年8月11日第14版。

续表

项目	中国	法国	德国	意大利	日本	英国	美国	波兰	俄罗斯	南非	泰国
健康	9.7	14.2	16.2	14.0	19.8	18.2	24.6	11.4	6.5	8.8	5.6
文化娱乐和宗教事务	1.4	2.5	2.3	1.7	1.0	1.5	0.7	2.9	1.2	1.7	1.4
教育	12.3	9.6	9.4	7.9	8.2	11.3	15.8	11.9	2.1	14.1	15.9
社会保障	22.9	43.1	44.1	42.9	42.0	37.2	20.1	40.0	35.2	9.1	13.7

注：中国为2016年数据，其他国家为2017年数据。

资料来源：国际货币基金组织“政府财政统计”数据库。

鉴于这种情况，适当降低公共投资支出，特别是减少可市场化的基建项目（具有稳定经营性收入的准公益性项目，以及具备市场前景的非公益性项目）支出，不但有助于提高资源配置效率，缓解公共债务压力，而且也可以作为一条节约财政资源以支撑减税降费的可行路径。2019年5月出台的《政府投资条例》就明确提出，政府投资资金应当投向市场不能有效配置资源的社会公益服务、公共基础设施、农业农村、生态环境保护、重大科技进步、社会管理、国家安全等公共领域的项目，以非经营性项目为主。这就有利于在进一步厘清政府与市场关系的基础上，通过不断优化政府投资方向和结构，促使政府投资聚焦重点，进而适当收缩财政支出范围。

（二）进一步加大国企红利上缴进入国库的力度

目前来看，这方面的潜力还很大。首先，当前国有企业利润上缴水平依然偏低，覆盖范围也有限。与此同时，国企红利的支出结构不尽合理，仍然没有主要用于国民福利的改善。这里就以2017年中央企业红利分配情况为例作分析。

2017年纳入中央国有资本经营预算实施范围的中央企业为中国烟草总

公司等840多户中央一级企业，税后利润（净利润扣除前年度未弥补亏损和提取的法定公积金）的收取比例分为五类执行：第一类为烟草企业，收取比例为25%；第二类为石油石化、电力、电信、煤炭等资源型企业，收取比例为20%；第三类为钢铁、运输、电子、贸易、施工等一般竞争型企业，收取比例为15%；第四类为军工企业、转制科研院所、中国邮政集团公司、中国铁路总公司、中央文化企业、中央部门所属企业，收取比例为10%；第五类为政策性企业，免缴当年应交利润。符合小型微利企业规定标准的国有独资企业，应缴利润不足10万元的，比照第五类政策性企业，免缴当年应缴利润。

从实际执行情况看，2017年中央国有资本经营收入为1244.27亿元，其中利润收入为1107.63亿元，具体构成为：第一类企业386.42亿元，占中央企业税后利润收取额的34.9%；第二类企业364.84亿元，占比32.9%；第三类企业259.97亿元，占比23.5%；第四类企业96.4亿元，占比8.7%。而2017年已纳入中央国有资本经营预算实施范围的中央企业实现归属于母公司所有者的净利润为7395.21亿元。这意味着中央企业以国有资本收益形式上缴至中央政府的部分占国家以所有者身份所能取得的国有资本收益的比例仅为15%左右。这一红利上缴水平不仅低于上市公司股东分红占税后可分配利润的普遍份额，也低于其他国家国有资本收益上缴的水平。从国际上看，国有企业要上缴相当大比例的利润给国家，一般为30%～40%，甚至更高。此外，在覆盖范围方面，仍有一部分国有企业未纳入国有资本经营预算。

从资金使用情况看，2017年中央国有资本经营支出为1001.71亿元，主要支出内容包括：①解决历史遗留问题及改革成本支出为625.12亿元，主要用于“三供一业”［供水、供电、供热（供气）及物业管理］移交补助支出、国有企业棚户区改造支出、化解过剩产能及“僵尸企业”人员安置支出、离休干部医药费补助支出。②国有企业资本金注入为252.43亿元，从作为支出绝对主体的中央本级层面看，包括国有经济结构调整支出

128.73亿元，用于支持中央文化企业产业升级与发展等；前瞻性战略性产业发展支出100.05亿元，用于支持前瞻性战略性产业发展；对外投资合作支出5.65亿元，用于推动中央企业实施国际产能合作；其他国有企业资本金注入14.02亿元，主要用于支持国家应急救援基地（队）的建设和运营维护。③国有企业政策性补贴为77.28亿元，主要是根据预算执行情况及相关改革工作进展，用于国有企业的政策性补贴。而真正调入一般公共预算用于保障和改善民生的部分则相对有限，2017年国有资本经营预算调出资金仅为257亿元，占中央国有资本经营收入的比重只有20%左右。

从上述情况可以看出，未来在完善国有资本经营预算制度方面还需要采取进一步的举措，包括：①进一步扩大国有企业利润上缴的主体，除国资委管理的企业，其他中央党政部门、事业单位和群众团体管理的企业，以及财政部代表国务院履行出资人职责的中央文化企业和中国烟草总公司、中国邮政集团有限公司、中国国家铁路集团有限公司等企业外，国有金融企业也要尽快实行资本分红。2018年7月出台的《中共中央 国务院关于完善国有金融资本管理的指导意见》已经作出部署，要落实国有金融资本经营预算管理制度，合理确定国有金融机构利润上缴比例，平衡好分红和资本补充。②进一步提高国有企业利润上缴的水平，动态调整分红比例。③进一步提高国有企业分红资金进入一般公共预算的份额，以专项补贴的形式用于提高全体人民的福利水平。按照党的十八届三中全会的部署，到2020年，国有资本收益上缴公共财政的比例将提高到30%，更多用于保障和改善民生。在此基础上，可以为国企红利上缴弥补公共预算收支缺口提供更大的可能。尤其是考虑到降低社保缴费负担可能加剧社会保险基金财务困境的情况，特别需要加大国有资本收益补贴社会保障的力度。当然，也可以通过进一步实施国有股减持、划转国有资本充实社会保障基金等手段来弥补资金缺口。

第三节 宏观审慎政策的创新与完善

所谓宏观审慎管理，是指从宏观的、逆周期的视角采取措施，防范由金融体系顺周期波动和跨部门传染导致的系统性风险，维护货币和金融体系的稳定。正是因其具有逆风向调节的特征和总体经济效应，宏观审慎政策从本质上才归属于宏观调控的范畴。这一政策是在2008年全球金融危机后才逐步成为各国宏观调控体系的重要组成部分。中国在这一领域的政策实践开展得较早，应用范围也相对广泛。尽管如此，相较于货币政策和财政政策这两大主流宏观稳定政策而言，宏观审慎政策总体上还处于摸索阶段，在进一步完善定型方面尚面临较大的挑战。

一、宏观审慎管理的历史由来与政策架构

从国际上看，宏观审慎政策框架形成于2008年全球金融危机深化以后。2009年初，国际清算银行提出用宏观审慎性的概念来概括危机中“太大而不能倒”、顺周期性、监管不足、标准不高等问题形成的原因。在2009年9月20国集团（G20）匹兹堡峰会上，最终形成的会议文件及其附件中开始正式引用了“宏观审慎管理”和“宏观审慎政策”的提法[①]。

（一）宏观审慎管理的政策定位

传统宏观经济理论重视的是实际经济变量对经济周期波动的影响，并不把金融摩擦作为引致经济周期波动的主要因素来看待，认为货币稳定与金融稳定具有内在一致性，只要实现了物价稳定就能够自动实现经济和金融稳定，即可在较大程度上代表宏观经济稳定。基于这种认识，货币政策的主要目标就是通过逆周期调节来熨平经济周期波动，促进物价稳定；至

① 关于宏观审慎政策框架的形成背景、内在逻辑和主要内容，参见周小川2010年12月15日在北京大学的演讲内容。

于金融稳定，由于只具有局部意义，因此可以在功能上实现与价格稳定的分离，借助微观审慎监管政策就可实现。

新一轮全球金融危机后，金融的因素被广为关注，逐渐进入宏观经济学分析框架，其对宏观经济稳定的影响通过两个方面来体现。一是金融周期的存在，使得金融变量本身呈现周期性波动。表征金融周期的两个最核心指标分别是广义信贷和房地产价格。由于房地产是信贷的重要抵押品，因此两者共同作用下易形成放大效应，加剧自我强化基础上的顺周期波动。一般来说，在经过金融周期的波峰形态之后，可能预示着金融危机的到来。二是经济周期与金融周期的联动。广义信贷和房地产价格等金融变量还会通过资产负债表等渠道对实体经济产生影响，如果经济周期与金融周期形成共振，经济扩张或收缩的幅度就会被放大，从而加剧经济波动。

鉴于日益重要的金融周期问题，宏观金融政策体系也需要进行重新构造。一方面，针对系统性金融风险，需要引入宏观审慎政策加强防范。新一轮全球金融危机的实践表明，传统上单一以一般物价水平为锚的货币政策，即使有效应对了高通胀，保持了价格基本稳定，也不能保证金融系统稳定，资产价格或金融市场还是可能会出现大幅震荡。这是因为，面对市场与经济主体的异质性、资产市场超调等结构性问题，货币政策难以有效应对或者单独应对。特别是考虑到“丁伯根法则”，要同时实现多项政策目标，至少需要数量相等的政策工具。在货币政策工具有限的情况下，无法同时兼顾不同层面的稳定诉求。基于此，通过宏观审慎政策更加直接和有针对性地集中作用于金融体系本身，可实现“精准打击”“对症下药”，还可与货币政策相互配合共同进行逆周期调节，维护金融稳定。另一方面，考虑到经济周期与金融周期可能不同步、作用方向甚至相反的情况，单独使用货币政策工具恐怕无法有效平衡好两种周期调控。为防止政策冲突，需要使宏观审慎政策与货币政策相互补充和强化，更好地将保持币值稳定与维护金融稳定有机结合起来。

从宏观审慎政策与货币政策之间的相互关系看，两者既密切相关，也各有侧重。从相辅相成的一面看，两者均通过金融系统发挥作用，都可以逆风而行，产生宏观效应，共同具有宏观管理的属性，可以在同一个方向上用力。当然，从政策目标的定位和政策工具的选择上，两者又存有差异。货币政策侧重于经济和价格总水平稳定，主要针对总量性问题，以利率等作为工具，偏于市场化调节。而宏观审慎政策旨在维护金融体系的整体稳定，更多针对特定市场、特定部门的结构性问题，主要依靠资本要求、杠杆水平等参数调整，偏于行政性调节。两者只有充分协调、紧密配合，才能形成政策合力，避免彼此对冲、相互牵制。

从宏观审慎管理与微观审慎监管之间的相关关系看，是宏观金融稳定目标和微观金融稳定目标的区别，也就是说，前者是着眼于维护整个金融体系的稳定，而后者主要关注单个金融机构的风险敞口和稳健运行。值得注意的是，个体健康的加总并不代表总体健康，微观审慎性的总和也并不等于宏观审慎性。微观审慎监管可能产生的顺周期效应，有时会加剧整体的不稳定，产生系统性风险。考虑到金融风险的外部性和溢出效应，需要运用宏观审慎政策工具来管理整个金融体系的风险。当然，宏观审慎政策工具的运用，也依赖于微观审慎监管工具，如资本、流动性等指标的弹性要求，在因应宏观金融形势变化的基础上进行适时、灵活的逆风向调节。正是在这个意义上，构建宏观审慎管理与微观审慎监管协调配合、互为补充的金融监管框架正成为各国金融改革的重要内容。

（二）宏观审慎管理的政策工具

宏观审慎管理的核心是防范金融体系的系统性风险。这一风险主要来自两个方面。跨部门方面风险，主要是金融机构之间、金融机构与市场和基础设施之间的相互关联性导致金融体系的脆弱性和网络化风险。跨时间方面风险，主要是由于金融体系存在自我增强的正反馈环和顺周期性，在经济周期的更迭过程中，金融风险通过金融体系内部以及金融体系与宏观经济的相互作用被催生甚至放大。

针对上述两种不同的风险来源，宏观审慎管理也相应产生了两大类政策工具。针对跨部门风险问题，主要针对在系统重要性金融机构（SIFIs）基础上形成的金融网络内在关联性，通过提高其流动性和资本要求、降低杠杆率和风险敞口等举措，防范风险在不同机构和市场之间的传染。针对跨时间风险问题，主要通过对资本水平、流动性、杠杆率等进行动态的逆风向调节，为经济金融系统添加负反馈环，以此削弱正反馈环机制的放大作用，平滑金融体系的顺周期波动。

具体来说，主要涉及如下几个方面的内容：

一是资本要求。主要针对商业银行的风险加权资产和资本的比例关系。从1988年的巴塞尔资本协议（巴塞尔协议Ⅰ）发展到后来的巴塞尔协议Ⅱ，再到巴塞尔协议Ⅲ的宏观审慎性管理框架，关于资本充足率的标准逐步提高，尤其是在最低监管资本要求之上增加了资本留存缓冲和逆周期资本缓冲要求。前者是在经济景气时通过利润积累建立缓冲机制，以更好地应对经济和金融冲击。后者作为前者的延伸，根据信贷规模/GDP缺口（信贷占GDP的比率和长期趋势之间的偏差）的程度进行测算，以保护银行体系免受信贷激增所带来的冲击。此外，巴塞尔协议Ⅲ还提出了资本的质量问题，即考虑资本能够吸收损失的能力。总的原则是，提高资本质量就要增加吸收损失能力强的普通股的占比，对吸收损失能力弱的资本在计量上打折扣，对不能吸收损失的资本则予以扣除。

二是流动性要求。考虑到在高杠杆率且过分依靠债务工具尤其是批发性融资的情况下，通常是流动性最先出问题，巴塞尔协议Ⅲ实施了更加严格的审慎性标准，主要涉及流动性覆盖率（LCR）和净稳定资金比率（NSFR）两项指标。前者主要用来衡量商业银行的短期流动性水平，其核心是测算各项负债的净现金流出与各项资产的净现金流入之间的差额，要求银行拥有更充足的高质量流动性资产以应对短期内可能出现的资金流压力。后者作为前者的补充，其目的是测算银行负债和权益类业务提供的资金是否能满足资产类业务的长期资金需要，用以解决更长期的流动性错配问题。通过鼓励银行使用更加稳定、持久的资金来源，以推动其改进流动性风险管理，提高防范流动性风险的能力。

三是杠杆率要求。主要是对银行一级资本占其表内资金、表外风险敞口和衍生品总风险暴露的比率提出了统一的要求，作为资本充足率要求的补充，旨在控制金融体系中杠杆率过高的问题。

四是拨备规则。针对风险资产可能引致损失的概率，相应形成了拨备方面的要求。从采用的方式看，倾向于"向前看"的预期损失型拨备制度。也就是基于经济周期的变化进行前瞻性拨备或动态拨备，特别是在经济景气周期上升阶段多计提拨备，确保在景气周期下降阶段可以消耗这些拨备，这也是逆周期调节的体现之一。

五是对系统重要性金融机构的特别要求。金融稳定理事会（FSB）将SIFIs划分为两个档次：全球系统重要性金融机构（G-SIFIs）和国内系统重要性金融机构（D-SIFIs）。由于SIFIs关联性很强，因此对其审慎性要求相应也更高。需要在前述最低资本要求的基础上增加额外资本要求，以便更多地积累资本并提高吸收损失能力，进而增强应对系统性金融风险和危机的能力。

二、不断完善宏观审慎管理在中国的政策实践

中国开展宏观审慎政策实践的时间较早[①]。2004年就曾经为达到调节贷款增速的目的，而对具有不同风险特征的金融机构实行差别存款准备金率制度。具体来说，就是对在资本充足率等指标方面未能达到一定要求的金融机构要求相对较高的存款准备金，借此约束过度扩张的行为，鼓励风险控制的行为。由此开启了货币政策与金融监管政策结合的探索实践。2005年，为调控房地产市场，曾在房地产价格上涨过快的城市或地区，引导商业银行适当提高个人住房贷款最低首付款比例。2007年，为保持货币信贷适度增长，曾三次对部分贷款增长较快，且流动性充裕的商业银行定

① 关于中国宏观审慎政策的具体实践，参见相关年份的《中国货币政策执行报告》。

向发行3年期央行票据3530亿元，在回收流动性的同时，也对信贷增长较快的机构起到警示作用。可以说，这些政策举措就是宏观审慎工具早期应用的雏形。

（一）不断完善对金融机构行为的宏观审慎管理

2008年全球金融危机爆发后，在总结以往教训的基础上，中国人民银行从2009年中就开始研究强化宏观审慎管理的政策措施。2011年，对金融机构引入差别准备金动态调整机制，主要基于社会融资规模、银行信贷投放偏离国民经济所需适度水平的程度，并考虑具体金融机构的系统重要性程度和稳健性状况，适时适度调整该机制的有关政策参数，引导金融机构自我保持稳健，促进信贷平稳适度投放。该机制能够为金融机构提供一种从提高资本水平和改善资产质量两个方面增强风险防范能力的弹性机制。

2016 年，又将差别准备金动态调整机制升级为宏观审慎评估体系（MPA），在对宏观审慎资本充足率保持核心关注的基础上，将单一指标拓展为包括资本和杠杆情况、资产负债情况、流动性情况、定价行为、资产质量情况、跨境业务风险情况、信贷政策执行情况等在内的七个方面的十多项指标，将对狭义贷款的关注扩展为对广义信贷的关注，包括贷款、债券投资、股权及其他投资、买入返售资产以及存放非存款类金融机构款项等资金运用类别（不含存款类金融机构之间的买入返售）。通过引入该机制，银行表内资金运用的绝大部分被纳入广义信贷范围。

2017年，进一步将表外理财纳入广义信贷范围，以引导金融机构加强对表外业务风险的管理。这是考虑到随着金融创新和金融市场的发展，影子银行体系的扩张速度通常快于传统信贷的扩张速度；而且表外业务的投向与表内广义信贷并无太大差异，表内表外并未真正实现风险隔离。将更广泛的金融资产、金融机构、金融市场纳入宏观审慎管理，有利于更全面地反映银行体系信用扩张状况，防范系统性风险。

2018年，宏观审慎体系再次扩大范围，将资产规模5000亿元以上的银行发行的同业存单纳入同业负债占比指标进行考核，同时对资产规模5000

亿元以下的银行发行的同业存单进行监测，旨在更全面地反映金融机构对同业融资的依赖程度。

（二）将外汇流动性和跨境资金流动纳入宏观审慎管理范畴

首先是重视利用价格手段对外汇流动性进行逆周期调节。2015年8月底至9月中旬，为抑制部分企业及境外主体在汇率方面的投机套利行为，央行分别针对银行远期售汇和人民币购售业务采取了宏观审慎管理措施。一方面，要求金融机构按其远期售汇（含期权和掉期）签约额的20%交存外汇风险准备金；另一方面，提高跨境人民币购售业务存在异常的个别银行购售平盘手续费率。之后在市场环境转向中性的情况下，将之前上调的部分银行人民币购售平盘手续费率恢复至正常水平。2017年9月，外汇风险准备金率也调降为零。2018年8月，针对外汇市场顺周期波动再起的迹象，又将远期售汇业务的外汇风险准备金率从零调整为20%。

其次是加强对跨境资金流动的宏观审慎管理，尤其是对境内主体借用外债行为的宏观审慎管理。2015年，在上海自贸区启动对经济主体跨境融资的宏观审慎管理。2016年1月，扩大了本外币一体化的全口径跨境融资宏观审慎管理试点，主要面向27家银行类金融机构和在上海、广东、天津、福建四个自贸区注册的企业。2016年5月，进一步将本外币一体化的全口径跨境融资宏观审慎管理试点扩大至全国范围内的金融机构和企业。在此模式下，可根据宏观调控需要和宏观审慎评估的结果设置并调节相关参数，对金融机构和企业的跨境融资进行逆周期调节，使跨境融资水平与宏观经济热度、整体偿债能力和国际收支状况相适应，控制杠杆率和货币错配风险，防范系统性金融风险。此外，为了加强对人民币跨境资本流动的宏观审慎管理，2016年1月起，对境外金融机构在境内金融机构存放执行正常存款准备金率，建立了对跨境人民币资金流动进行逆周期调节的长效机制。

（三）强化对住房金融的宏观审慎管理

在有关货币政策与资产价格的关系问题上，2008年全球金融危机前的主流认识是，货币政策不应关注资产价格，除非资产价格变动影响到通胀预期；央行的职责只是事后清理，即在泡沫破灭后作为最后贷款人来维护市场稳定，善意忽视资产价格泡沫由此成为货币政策选择的一个构成要件。美联储前主席艾伦·格林斯潘就是坚持这一立场和采取这一策略的代表人物之一。

进入后危机时期，随着认识的不断深化，有关逆风向干预的观点受到了越来越多的重视。一方面是加强货币政策的事前防范，一旦出现资产价格泡沫迹象等金融风险，央行就应主动采取紧缩性货币政策，比维持价格稳定所需的力度还要大，以规避风险的累积；另一方面，为应对资产价格波动对金融稳定的影响，尤其是有针对性地防范房地产金融市场可能形成的系统性风险，还可引入宏观审慎政策工具进行逆风向调节，包括“针对房地产的资本充足率”（SCR）、“贷款价值比”（LTV）和“债务收入比”（DTI）等。其中，SCR是对银行部门发挥作用，DTI是对债务主体发挥作用，LTV则是对两者都起作用。

在对房地产金融市场加强宏观审慎管理方面，中国的实践经验比较丰富，LTV和DTI等工具都得到应用，以达到对房地产信贷市场进行逆周期调节的目的。

总之，在吸收全球相关经验教训并结合国内自身金融实际的基础上，中国已经在宏观审慎政策方面积累了大量的实践经验。未来一个时期，根据相关部署，还将进一步扩大宏观审慎政策框架的实施范围，纳入更多影子银行、资管产品、互联网金融等金融活动，更有效针对金融市场加杠杆行为、金融机构流动性风险等关键环节，最终实现对金融机构、金融活动和金融风险的广泛覆盖。

参考文献

［1］中共财政部党组. 更好发挥财政在国家治理中的基础和重要支柱作用：党的十八大以来我国财政政策的理论与实践［J］.求是，2017（19）：31-33.

［2］陈彦斌，刘哲希. 中国宏观经济政策体系面临的困境与改革方向［J］. 中国人民大学学报，2016（5）：12-20.

［3］高培勇. 转入高质量发展阶段的积极财政政策［N］. 经济日报，2018-10-15，第1版.

［4］高培勇. 我们究竟需要什么样的减税降费？［N］. 经济日报，2018-12-7，第14版.

［5］高培勇. 理解和把握新时代中国宏观经济调控体系［J］. 中国社会科学，2018（9）：26-36.

［6］李波. 构建货币政策和宏观审慎政策双支柱调控框架［M］. 北京：中国金融出版社，2018.

［7］卢锋. 宏调的逻辑［M］. 北京：中信出版集团，2016.

［8］马骏，管涛，等. 利率市场化与货币政策框架转型［M］. 北京：中国金融出版社，2018.

［9］彭文生. 中国双支柱调控框架下宏观金融调控的着力点［J］. 清华金融评论，2018（2）：21-23.

［10］孙国峰. 货币政策工具的创新［J］. 中国金融，2017（4）：16-18.

［11］伍戈，李斌. 货币数量、利率调控与政策转型［M］. 北京：中国金融出版社，2016.

［12］徐忠. 中国稳健货币政策的实践经验与货币政策理论的国际前

沿［J］．金融研究，2017（1）：1-21．

［13］徐忠，纪敏，牛慕鸿，等．中国货币政策转型：转轨路径与危机反思［M］．北京：经济管理出版社，2018．

［14］张晓慧．宏观审慎政策在中国的探索［J］．中国金融，2017（11）：23-25．

［15］TAYLOR J．The role of policy in the great recession and the weak recovery［J］． American Economic Review，2014，104（5）： 61-66.

第六章
加快建立现代财政制度

财政在加快完善社会主义市场经济体制进程中的重要性和特殊性，既集中体现于它同政府职能血脉相连，是政府所从事的所有活动的经济基础；又集中体现于它与国家治理之间的天然关联，是国家治理的基础和重要支柱。作为政府活动的经济基础，财政不仅要围绕加快完善社会主义市场经济体制，致力于自身职能格局的适应性调整，而且要依托其特有的牵动作用支持和推进整个政府职能格局的适应性调整。作为国家治理的基础和重要支柱，财政不仅要以构建现代国家治理格局为主轴，致力于实现自身治理体系和治理能力现代化，而且要依托其特有的基础性和支撑性作用支持和推进国家治理体系和治理能力现代化。

从党的十八届三中全会首次提出建立现代财政制度的命题并作出系统部署，到党的十九大发出加快建立现代财政制度的号令，再到党的十九届四中全会将现代财政制度纳入中国特色社会主义制度“图谱”、从制度建设意义上加以拓展和深化，迄今我们围绕建立现代财政制度所走出的基本轨迹一再说明，加快建立现代财政制度不仅对于推进国家治理体系和治理能力现代化举足轻重，是具有基础性和支撑性意义的关键要素，而且对于加快完善社会主义市场经济体制不可或缺，是具有基础性和支撑性意义的重要举措。

本章拟从加快完善社会主义市场经济体制的目标出发，就加快建立现代财政制度的意义及其相关举措作系统分析。

第一节　什么是现代财政制度

中国的财税体制改革如同“接力赛跑”，具有显著的阶段性特征。建立现代财政制度，是新时代这一棒的改革目标。此前一棒的改革目标，则是构建公共财政体制。关于加快建立现代财政制度意义的讨论，显然要将其置于财税体制改革的历史进程，在同公共财政体制的比较分析中展开。

一、以财政公共化为基础的财税体制改革目标

追溯中国财税体制改革的轨迹，便能看出，在很长一段时间内，我们并未形成一个能够统领、覆盖整个财税体制领域的改革线索和改革项目的概念。即便是1994年的财税体制改革，在锁定“建立与社会主义市场经济体制相适应的财税体制基本框架”这一目标定位的同时，也未对改革之后作为一个整体的财税体制基本形态作出相应的描述。

直到1998年，随着财税体制改革由零敲碎打型的局部调整转入整体体制机制构建阶段，方以那一年举行的全国财政工作会议为契机，将“构建中国的公共财政基本框架”作为财税体制改革的目标定位，正式纳入官方话语体系①。也是从那以后，举凡牵涉财税体制改革目标问题的讨论，无论在学术界还是在实践层，都是以构建公共财政体制来标识的，也都是在公共财政概念的基础上进一步归结其基本制度形态的。

从根本上来说，公共财政体制的概念也好，由此而归结的基本制度形态也罢，其主要着眼点，都落在了财税体制的属性特征上。之所以以构建公共财政体制标识财税体制改革目标，其基本的依据无非在于，只有公共性质的财税体制而非别的什么方面性质的财税体制，才可以与社会主义市

① 李岚清：《深化改革振兴财政确保明年财税目标实现》，人民日报，1998年12月16日，第1版。

场经济体制相适应。也正因为如此，我们才会作出类如“搞市场经济，就要搞公共财政”那样的理论判断[①]。

与之有所不同，现代财政制度的主要着眼点是落在财税体制的时代特征上的。也就是说，它是在全面深化改革总棋局中、立足于匹配国家治理体系和治理能力现代化总目标而形成的概念。意在强调，只有跟上人类文明发展进程、体现现代文明的现代化财税体制而非别的什么方面特点的财税体制，才可以与国家治理体系和治理能力的现代化相匹配。若将现代国家治理比作一座大厦，那么，这座大厦须建立在现代财政制度的地基之上，须由现代财政制度的框架支撑起来。

由构建公共财政体制到建立现代财政制度，由追求与社会主义市场经济体制的“性质匹配”到追求与国家治理体系和治理能力的“现代化匹配”，财税体制改革在目标定位问题上走出的这一轨迹告诉我们，建立现代财政制度并非另起炉灶或推倒重来，而是在初步实现构建公共财政体制基础上的目标升级，凸现了新时代财税体制改革的阶段性特征。

这意味着，公共财政体制和现代财政制度实质上是具有一脉相承关系的统一体。从这个意义上讲，现代财政制度站在了公共财政体制的肩膀上，实质上是以财政公共化为基础的财政现代化。

二、以时代特征标识的财税体制改革目标

进一步观察还可以发现，在中国财税体制改革的历史进程中，公共财政体制也好，现代财政制度也罢，其思想的来源和基础并无多少不同。

就构建公共财政体制来看，从改革开放的那一天起，我们对于财税体制改革目标进行的探索，无论是发生在收入一翼的改革还是发生在支出一翼的改革，也无论是仅涉及局部调整的改革还是牵动全局的改革，更无论

① 高培勇：《市场经济体制与公共财政框架》，载财政部办公厅、国家税务总局办公厅《建立稳固、平衡、强大的国家财政——省部级主要领导干部财税专题研讨班讲话汇编》，人民出版社，2000，第145—168页。

是在以公共财政体制标识改革目标之前还是在此之后，事实上，作为参照系的，都是当今世界范围内实施的具有现代意义的财政制度形态。其中，既有典型市场经济体制国家的成功做法，也有体制转轨国家的经验教训，当然更包括中国自身财政制度建设所积累下的深刻体会。所有这些，均构成了中国公共财政体制建设的思想基础，也由此形成了关于公共财政体制概念及其基本特征的理论概括。

就建立现代财政制度而论，党的十八届三中全会在赋予财政和财税体制全新定位的同时，也提出了“完善立法、明确事权、改革税制、稳定税负、透明预算、提高效率”等24个字的基本改革思路。以此为基础，中共中央政治局于2014年6月审议通过的《深化财税体制改革总体方案》，还从加快形成有利于转变经济发展方式、有利于建立公平统一市场、有利于推进基本公共服务均等化等若干方面拿出了系统的改革方案①。党的十九大在“加快建立现代财政制度”的旗帜下，就推进中的财税体制改革又作出了相关部署。党的十九届四中全会从制度建设角度，围绕现代财政制度建设进一步提出了完善和发展的方向及要求。将这些作为基本思路的表述和作为系统方案的内容以及相关部署一一展开并加以分析，可以看到，作为其参照系的，其实就是现代化的财政制度形态。或者说，就是在立足中国特殊国情的基础上，广泛借鉴了包括典型市场经济体制国家在内的当今世界财税体制的一般规则和基本做法。

所以，就其实质内容而言，公共财政体制和现代财政制度如同一枚硬币的两个面。只不过前者对应的是社会主义市场经济体制，以属性特征标识财税体制改革目标，表述为公共财政体制；后者则对应的是国家治理体系和治理能力现代化，以时代特征标识财税体制改革目标，表述为现代财政制度。

---

① 这一方案作出的描述是：“建立统一完整、法制规范、公开透明、运行高效，有利于优化资源配置、维护市场统一、促进社会公平、实现国家长治久安的可持续的现代财政制度”，参见楼继伟：《深化财税体制改革，建立现代财政制度》，《求是》2014年第20期，第24—27页。

三、与时俱进的财税体制改革目标

其实，作为中国财税体制改革目标的高度概括，无论是公共财政体制还是现代财政制度，都是开放性的概念。在某种意义上，均非经过严谨论证的纯学术范畴。换言之，它们是根植于中国国情，以海纳百川的胸怀和气魄汲取一切人类社会文明成果并将两者有机融合的产物。与此同时，孕育于实践，萌生于实践，专注于实践，立足于实践，与实践如影随形，也是它们共同的突出特点。

这意味着，公共财政体制和现代财政制度揭示的实质内容并非是一成不变的，而是与时俱进的。随着时间的推移和认识的深化，公共财政体制与现代财政制度的内涵和外延也会发生变化。在财税体制改革目标的标识上，由关注属性特征、体制性质对接到强化时代特征、现代文明对接的转变，便是其中的一个重要体现。

还可进一步看到，公共财政体制也好，现代财政制度也罢，本来就是为了解决中国自身问题的需要而提出的富有中国特色的概念，两者均寄托并融入了我们对于中国财政制度建设的理想和追求。这些理想和追求，既是发展变化的，又是在一以贯之的中国特色社会主义思想脉络下产生并逐步成熟的。在它们之间，自始至终就是，也只能是继承和发展的关系。

四、定义现代财政制度

可以看出，公共财政体制与现代财政制度并非泾渭分明、互不搭界的“平行”目标。两者既一脉相承，又各有侧重。既同出一源，又与时俱进。归根结底，现代财政制度是建立在公共财政体制基础之上的财政制度安排。也可以说，现代财政制度是公共财政体制的“升级版”。

因此，可以将现代财政制度的定义概括如下：现代财政制度是与社会主义市场经济和现代国家治理相匹配的财政制度形态。

这一定义启示我们，随着中国特色社会主义进入新时代，中国财税体制正在向形态更高级、功能更齐全、作用更完整、结构更合理的阶段演化。建立现代财政制度既非另起炉灶，也非原版的简单复制，而是在新的历史起点上，基于更高的发展阶段和更高的前行目标而展开的既有继承又有发展的具有一系列全新特点的新的行动。

这一定义还告诉我们，现代财政制度一头连着社会主义市场经济，另一头连着现代国家治理，实际上是社会主义市场经济和现代国家治理结合在一起的产物。或者说，只有作为经济基础的社会主义市场经济与作为上层建筑的现代国家治理相对接，财政才会成为现代国家治理的基础和重要支柱，加快建立现代财政制度才会成为加快完善社会主义市场经济体制的具有基础性和支撑性意义的重要举措。

这一定义也提醒我们，以建立现代财政制度为目标标识的新时代中国财税体制改革，既非限于财税体制自身的改革，也非发生于经济体制领域的改革，而是现代国家治理层面的改革，是牵动包括经济、政治、社会、文化、生态文明等诸方面体制在内的全面改革。其复杂性和艰巨性，远高于我们经历的以往任何一轮的财税体制改革。围绕它的推进，事实上面临着相当的不确定性。我们只有以敢于啃硬骨头，敢于涉险滩，敢于过深水区的气魄，才可能突破障碍、化解困局，取得改革的成功。

第二节　现代财政制度的基本特征

加快建立现代财政制度，总要围绕其基本特征而绘制“施工图”。这是保证加快建立的是现代财政制度而非别的什么性质的财政制度的前提所在。由此而提出的问题是，现代财政制度具有什么突出的特征？

根据上述定义以及围绕它的一系列讨论，可以把现代财政制度的基本特征归结为如下“五性”：公共性、非营利性、规范性、基础性和支撑性。其中，公共性、非营利性和规范性同社会主义市场经济相匹配，是对于公共财政体制的传统要求，是作为现代财政制度基础的公共财政体制的基本特征。基础性和支撑性同现代国家治理相匹配，是对于现代财政制度的新要求，也是建立于公共财政体制基础之上的现代财政制度所添加的新的基本特征。

换言之，现代财政制度的基本特征，就是“公共财政体制的基本特征+基础性和支撑性”。

一、公共性

所谓公共性，无非是表明，现代财政制度以满足整个社会的公共需要作为财政收支活动的根本宗旨。凡不属于或不能纳入社会公共需要领域的事项，财政就不去介入；凡属于或可以纳入社会公共需要领域的事项，财政就必须涉足①。

所谓社会公共需要，是在同私人个别需要的比较中加以界定的。与对应市场体系、通过市场满足的私人个别需要根本不同，社会公共需要是对

① 李岚清曾将公共财政的功能归结为满足社会公共需要的功能、法制规范的功能和宏观调控的功能，并以“公共性”定义满足社会公共需要的功能，将满足社会公共需要视作公共财政的基本功能。

应政府体系、现代财政制度框架下的财政收支的，是以社会作为一个整体或以整个社会为单位而提出的需要。它不只是满足一部分人的需要，也不只是满足大多数人的需要，而是满足所有人的需要。

应当指出，公共性是财政这一范畴与生俱来的本质属性。这在任何社会形态下、任何经济体制中和任何发展阶段，都概莫能外。可以说，财政本姓“公共”。有所不同的，只在于其公共性的充分程度以及其实现形式。相对而言，现代财政制度对财政收支活动的要求，是更加充分的公共性以及更加公开透明的公共性实现形式。

二、非营利性

所谓非营利性，无非是表明，现代财政制度以谋求公共利益的极大化作为财政收支活动的行为动机。凡不契合或不能纳入谋求公共利益极大化系列的收支项目，财政就不去介入；凡契合或可纳入谋求公共利益极大化系列的收支项目，财政就必须涉足。

所谓公共利益极大化，是区别于利润极大化的行为动机而加以界定的。与企业活动谋求的利润极大化根本不同，政府活动以及与其相伴随的现代财政制度框架下的财政收支，只能谋求公共利益，只能以公共利益极大化作为基本出发点和归宿。决不能偏离公共利益轨道，夹杂或穿插类如企业那样的牟利动机。

非营利性是由公共性派生出来的，也可说是基于公共性本质属性的派生属性。这是因为，公共性天然排斥营利性，满足社会公共需要同谋求商业利润绝对不相容。它意在强调政府与企业扮演的角色根本不同，市场经济体制下的政企关系与传统经济体制下的政企关系根本不同。以此为基础，将财政收支活动与企业收支活动严格区分开来，以非营利属性定位现代财政制度框架下的财政收支，从而将财政收支活动纳入非营利化轨道。

三、规范性

所谓规范性（也可称为法治化），无非是表明，现代财政制度以公开透明、依法理财作为财政收支活动的行为规范。

所谓公开透明、依法理财，排斥的是暗箱操作、长官意志之类的非规范性收支行为。与其他行为主体收支牵涉的利益范围相对狭窄根本不同，政府活动以及与其相伴随的现代财政制度框架下的财政收支，同全体社会成员的切身利益息息相关。不仅收入来自全体社会成员的缴纳，支出用于事关全体社会成员福祉的事项，而且随收支差额而产生的成本和效益，最终仍要由全体社会成员分担和分享。如此性质的收支行为，当然要建立并遵循严格的制度规范。对于这种制度规范的基本要求，就是公开透明而非暗箱操作，坚持依法理财而非遵从长官意志。

规范性也是由公共性派生出来的，是公共性的派生属性。这是因为，公共性天然排斥非规范性，满足社会公共需要与暗箱操作、长官意志绝对不相容。它意在强调财政收支与其他行为主体收支的性质差异，以及市场经济体制下的财政收支运作与传统经济体制下的政府收支运作的性质差异。以此为基础，以规范属性定位现代财政制度框架下的财政收支，从而将财政收支行为纳入规范化轨道。

四、基础性

所谓基础性，无非是表明，现代财政制度以充当国家治理的基础、在国家治理体系中发挥基础性作用作为财政收支活动的基本底色。

所谓国家治理的基础，是相对于其他方面的国家治理活动而加以界定的。与国家治理领域其他方面活动的影响根本不同，财政收支是整个国家治理活动的根本或起点，在国家治理领域具有根本性、全局性和长远性影响。没有财政收支或离开了财政收支的基础，则其他方面的国家治理活动都无从谈起。

基础性是国家治理现代化的必然产物。它意在强调现代财政制度是国家治理体系的基础性要素，如同现代国家治理这座大厦起基础作用的地基或根脚。不仅推进国家治理现代化须从夯实现代财政制度的根基做起，而且现代国家治理活动也须以此为基础，由财政收支活动给予稳固支持。

五、支撑性

所谓支撑性，无非是表明，现代财政制度以充当国家治理的重要支柱、在国家治理体系中发挥支撑性作用作为财政收支活动的基本底色。

所谓国家治理的重要支柱，是相对于其他方面的国家治理活动而加以界定的。与国家治理领域其他方面活动的作用根本不同，财政收支是整个国家治理活动的中坚力量，在国家治理领域起着引导和推动作用。

支撑性是国家治理现代化的必然产物。它意在强调现代财政制度是国家治理体系的支撑性要素，如同现代国家治理大厦起支撑作用的“四梁八柱”，是现代国家治理的命门所在。不仅推进国家治理现代化须从构建现代财政制度的基本框架做起，而且现代国家治理活动也须以此为依托，循着财政收支活动的触角和线索而展开。

概括起来说，“公共性+非营利性+规范性+基础性+支撑性”，既可称作现代财政制度的基本特征，也可视为现代财政制度建设的基本标准。只有同时具备这五个基本特征的财政制度形态，才能称得上现代财政制度。

第三节　加快构建现代中央和地方财政关系

现代财政制度是一个统称，在其项下，包括一系列子领域的制度安排。中央和地方财政关系（也称财政管理体制）、预算管理制度、税收制度等，便是其中的主要内容。

一、以有利于发挥两个积极性为工作主线

作为现代财政制度的重要组成部分，现代中央和地方财政关系的构建，当然要建立在有利于发挥中央和地方两个积极性的基础上。这不仅是因为，只有发挥两个积极性而非一个积极性，才能极大增强党和国家的生机活力，才能真正契合社会主义市场经济体制的本质属性。也是因为，面对推动经济高质量发展的新形势新要求，面对人民日益增长的美好生活需要，我们比以往任何时候都更需要发挥两个积极性而非一个积极性。

进一步说，在当前的中国，有利于发挥两个积极性的主要着力点，还应放在有利于发挥地方的积极性上。作出如此判断的基本考虑有以下两点：

其一，历史的经验告诉我们，中国经济之所以能在过去40多年中走出一条持续高速增长的轨迹，在很大程度上依赖于地方之间你追我赶、竞相迸发的竞争力。高速增长阶段如此，高质量发展阶段同样如此。甚至可以说，随着中国经济由高速增长阶段转向高质量发展阶段，保持经济社会持续健康发展，更加离不开地方的积极性。

其二，中央和地方财政关系“不清晰、不合理”，地方积极性不够充分、亟待调动[①]，是存在于当前中央和地方财政关系格局上的突出矛盾和问题。倘若这个矛盾和问题不能恰当解决，且不说推动经济高质量发展、

① 楼继伟：《深化财税体制改革》，人民出版社，2015，第51—53页。

满足人民日益增长的美好需要等一系列历史任务难以顺利完成，单就加快完善社会主义市场经济体制而言，其应有的生机活力及其制度优势也难以充分显现。加快完善社会主义市场经济体制，当然要将破解这一长期困扰我们的体制机制性障碍摆到重要位置。

事实上，从党的十八届三中全会到党的十九大，再到党的十九届四中全会围绕中央和地方财政关系调整作出的部署，都是基于有利于发挥两个积极性这一目标而展开的，也都是奔着解决地方积极性尚不够充分、亟待调动这一突出矛盾和问题而去的。

党的十八届三中全会在“发挥中央和地方两个积极性”的旗帜下，围绕“建立事权和支出责任相适应的制度”作出了如下部署：“适度加强中央事权和支出责任，国防、外交、国家安全、关系全国统一市场规则和管理等作为中央事权；部分社会保障、跨区域重大项目建设维护等作为中央和地方共同事权，逐步理顺事权关系；区域性公共服务作为地方事权。中央和地方按照事权划分相应承担和分担支出责任。中央可通过安排转移支付将部分事权支出责任委托地方承担。对于跨区域且对其他地区影响较大的公共服务，中央通过转移支付承担一部分地方事权支出责任。保持现有中央和地方财力格局总体稳定，结合税制改革，考虑税种属性，进一步理顺中央和地方收入划分。”①

党的十九大在发出“加快建立现代财政制度”进军号的同时，提出了“建立权责清晰、财力协调、区域均衡的中央和地方财政关系”的明确要求②。

在党的十八届三中全会、党的十九大基础上，党的十九届四中全会从制度建设意义上拓展和深化了中央和地方财政关系调整“施工图”：“健

---

① 《〈中共中央关于全面深化改革若干重大问题的决定〉辅导读本》编写组：《〈中共中央关于全面深化改革若干重大问题的决定〉辅导读本》，人民出版社，2013，第19页。
② 习近平：《决胜全面建成小康社会，夺取新时代中国特色社会主义伟大胜利》，人民出版社，2017，第34页。

全充分发挥中央和地方两个积极性体制机制。……优化政府间事权和财权划分，建立权责清晰、财力协调、区域均衡的中央和地方财政关系，形成稳定的各级政府事权、支出责任和财力相适应的制度。构建从中央到地方权责清晰、运行顺畅、充满活力的工作体系。”①

二、以“分税制”为根本方向

问题在于，中央和地方两个积极性特别是地方积极性的发挥，须以相对稳定的中央和地方财政关系为前提。将地方积极性与中央和地方财政关系两个方面的变化轨迹联系起来，可以清楚地看到，以往地方发展经济的积极性，在很大程度上源于中央和地方财政关系的合理调整和相对稳定。倘若没有旨在调动地方积极性的中央和地方财政关系的推动，倘若离开了有利于发挥地方积极性的相对稳定的中央和地方财政关系，且不说地方积极性的有效调动难以想象，中国经济的规模和质量也很难达到今天这样的程度。

认识到这一点非常重要。它提醒我们，只有按照《中华人民共和国预算法》要求，将“国家实行中央和地方分税制”落实到位，让地方服下“分税制”这颗事关现代中央和地方财政关系调整的定心丸，发挥两个积极性才不会停留于纸面上。

毋庸赘言，“分税制”所对应的是“分钱制”，是将“分钱制”作为其对应面来设计的。因而，以比较分析的方法认清“分税制”的本来意义并以此引领现代中央和地方财政关系的构建，无疑是十分重要的。

从1993年国务院颁发的《关于实行分税制财政管理体制的决定》中可以看到，与我们曾经经历过的以统收统支、财政大包干为代表的“分钱制财政管理体制”安排有所不同，本来意义上的“分税制管理财政体制”至

① 《党的十九届四中全会〈决定〉学习辅导百问》编写组：《中共中央关于坚持和完善中国特色社会主义制度、推进国家治理体系和治理能力现代化若干重大问题的决定》，《党的十九届四中全会〈决定〉学习辅导百问》，学习出版社，2019，第13—14页。

少具有“分事、分税、分管”三层含义：

所谓“分事”，就是在明确政府职能边界的前提下，划分各级政府间职责（事权）范围，并在此基础上划分各级财政支出责任。

所谓“分税”，就是在划分事权和支出范围的基础上，按照财权与事权相统一的原则，在中央与地方之间划分税种，即将税种划分为中央税、地方税和中央地方共享税，以划定中央和地方的收入来源。

所谓“分管”，就是在“分事”和“分税”的基础上实行分级财政管理。一级政府，一级预算主体，各级预算相对独立，自求平衡。

至此可以确认，无论是预算法意义上的“分税制”，还是旨在有利于发挥两个积极性意义上的“分税制”，都是本来意义上的“分税制”，而非走了样的“分税制”，更非以“分税制”之名行“分钱制”之实或将“分钱”与“分税”搅在一起、纠缠不清的“分税制”。

引申一步说，按照本来意义上的“分税制”规范中央和地方财政关系，进而构建现代中央和地方财政关系新格局，方是发挥两个积极性的必由之路。

三、以“权责清晰、财力协调、区域均衡”为具体目标

正是基于上述认识和判断，同时针对现行中央和地方财政关系存在的突出矛盾和问题，从党的十八届三中全会到党的十九大，再到党的十九届四中全会作出的有关中央和地方财政关系的一系列部署中，可以看出，在坚持以“分税制”为根本方向的同时，我们旨在构建现代中央和地方财政关系，其核心要义，集中体现于“权责清晰、财力协调、区域均衡”这12个字上。

所谓权责清晰，就是要有清晰的中央和地方之间事权和支出责任划分。一方面，要按照让市场在资源配置中发挥决定性作用、政府更好发挥作用的原则，以厘清政府与市场之间边界为前提，清晰界定好作为一个整

体的政府所须履行的职责（事权）范围。另一方面，将政府所须履行的职责（事权）在中央和地方之间加以分解，从而明确各级政府的职责（事权）范围。在此基础上，与事权相对应，划分各级政府的财政支出责任。

所谓财力协调，就是要形成中央和地方之间的合理财力布局。在清晰划分事权和支出责任的基础上，一方面，根据现行税制体系中的各个税种属性，将其分别划分为中央税、地方税和中央地方共享税。另一方面，按照财权与事权相统一的原则，按税种划定中央和地方的收入来源。以此为基础，形成稳定的各级政府事权、支出责任和财力相适应的格局。

所谓区域均衡，就是要稳步提升各区域之间的基本公共服务均等化水平，促进区域协调发展。立足于我国各区域之间发展极不平衡的现状，一方面，要以基本公共服务均等化为目标，在清晰论证基本公共服务均等化、可及性的基础上，合理确定基本公共服务保障标准。另一方面，要通过调整和完善中央对地方的一般转移支付办法，将中央转移支付的效果落实在提升各区域之间的基本公共服务均等化和可及性水平上。

第四节　加快构建现代预算制度

一、以现代预算原则为镜鉴

作为现代财税制度的重要组成部分，现代预算制度当然要以现代预算原则为镜鉴。这是因为，只有现代预算原则而非别的什么性质的预算原则，才能与现代国家治理相匹配。也是因为，只有现代预算原则而非别的什么性质的预算原则，才能真正契合社会主义市场经济体制的基本规范。简言之，现代预算原则既是现代国家治理的基本特征，也是社会主义市场经济体制的题中之义。

之所以作出如此判断，是因为我国现行预算管理格局具有非规范性。其基本的考虑至少有以下两点：

其一，公开透明无疑是现代预算的一个基本原则。以此为参照系，我国现行预算管理制度存在的主要问题，就是“不规范、不透明”，不适应国家治理现代化的基本要求①。一个十分突出的例子是，尽管《中华人民共和国预算法》涵盖了四本预算，但迄今我国尚无全面反映政府收支规模及其占GDP比重的统计指标。也正是出于上述原因，迄今我国尚无一个相对清晰且为人们所能接受的关于宏观税负水平的判定标准。毋庸置疑，推进国家治理体系和治理能力现代化，离不开政府预算管理体系和管理能力的现代化。政府预算管理体系和管理能力的现代化，又必须建立在实行“全口径”预算管理以及所有预算收支公开透明的基础之上。

其二，完整统一无疑是现代预算的另一个基本原则。以此为参照系，我国现行预算管理制度存在的主要问题，就是“不完整、不统一”，不符

① 楼继伟：《深化财税体制改革》，人民出版社，2014，第45—49页。

合社会主义市场经济体制的基本规范。一个十分突出的例子是，尽管四类政府预算收支都是公共性质的收支，但迄今我国只有一般公共预算收支可在各级政府层面统筹安排。其余的三类预算收支，则由不同的政府职能部门分别掌控。与此相关，迄今我国对于不同预算的政府收支仍使用不同的管理标准和管理规范。不能将所有的政府收支纳入统一的制度框架，各级人民代表大会对政府预算进行的审批就只能是“区别对待”；不能将全部的政府收支关进“统一”的制度笼子，本属于同一性质的各种政府收支的运作也就会“政出多门”。毋庸置疑，完善的社会主义市场经济体制必须建立在社会主义市场经济体制基本规范的基础之上。政府预算管理的统一和完整，又是社会主义市场经济体制基本规范的重要内容。

事实上，从党的十八届三中全会到党的十九大，再到党的十九届四中全会围绕预算管理制度改革所作出的部署，都是基于建立现代预算制度这一目标而展开的，也都是奔着解决现行预算管理格局的非规范性这一突出矛盾和问题而去的。

党的十八届三中全会围绕“改进预算管理制度”作出了如下部署：“实施全面规范、公开透明的预算制度。审核预算的重点由平衡状态、赤字规模向支出预算和政策拓展。清理规范重点支出同财政收支增幅或生产总值挂钩事项，一般不采取挂钩方式。建立跨年度预算平衡机制，建立权责发生制的政府综合财务报告制度，建立规范合理的中央和地方政府债务管理及风险预警机制。”①

党的十九大在发出“加快建立现代财政制度”进军令的同时，提出了“建立全面规范透明、标准科学、约束有力的预算制度，全面实施绩效管理”②的明确要求。

---

① 《〈中共中央关于全面深化改革若干重大问题的决定〉辅导读本》编写组：《〈中共中央关于全面深化改革若干重大问题的决定〉辅导读本》，人民出版社，2013，第19页。

② 习近平：《决胜全面建成小康社会，夺取新时代中国特色社会主义伟大胜利》，人民出版社，2017，第34页。

以此为基础，党的十九届四中全会从制度建设意义上将现代预算制度“施工图”进一步高度概括为：“完善标准科学、规范透明、约束有力的预算制度。”[①]

二、以矫正既得利益纠葛和传统体制惯性为治本之策

其实，追溯起来，我国对于政府预算管理非规范性问题的关注，始于20世纪90年代后期治理政府部门乱收费问题的尝试。为此而启动的“费改税”改革，最初的着眼点，是通过将五花八门的收费改为统一征税来减轻企业和居民的负担。然而，费与税之间的所谓“对应调整”进程很快就让人们意识到，表现在政府收费上的种种弊端，并非出在政府收费本身。无论是在改革之前的中国，还是在当今的世界，收费都是政府取得公共收入的形式之一。将收费改为征税固然可获得暂时的“治乱”之效，但不能根除“乱”的病因。被冠为政府收费的大量项目之所以会“乱”，其根源在于，它们作为自立规章且自收自支的财政来源，同各部门、各地区甚至有关人的自身利益绑在了一起。若不能从根本上斩断这种利益上的瓜葛，政府收费便摘除不了其内在的利益驱动器，从而使“费改税”陷入“割韭菜”般——割下一茬之后，还会不断地长出新的一茬——的尴尬循环。

进一步看，各种政府收费之所以能够自立规章，之所以能够自收自支，之所以能够同各部门、各地区甚至有关人的自身利益绑在一起，是因为它们能够脱离各级人民代表大会的审查视野，或作为预算外收入，或归为制度外收入，直接装入各部门、各地区的“小金库”并用于同其自身利益相关的支出项目。“乱收费”的根源存在于政府收支行为及其机制的非规范之中。因而，若能在对各种政府收费加以清理的基础上，将其有关的

① 《党的十九届四中全会〈决定〉学习辅导百问》编写组：《中共中央关于坚持和完善中国特色社会主义制度、推进国家治理体系和治理能力现代化若干重大问题的决定》，《党的十九届四中全会〈决定〉学习辅导百问》，学习出版社，2019，第13页。

收支项目纳入政府预算之内，并同其他的政府收支一道进入各级人民代表大会的审查视野，则不失为一种“治本”之策。

正是基于“财政收支≠政府收支”这一基本事实的揭示和认定，“费改税”的着眼点由单纯的“治乱”转到了“规范”政府收支行为及其机制的轨道上。于是，把所有政府收支纳入预算管理，让“财政收支＝政府收支”，便成为破解同“乱收费”绑在一起的既得利益格局难题并实现“费改税”改革目标的基本路径。也正是在改革视野得以拓展的背景之下，“费改税”一词逐步为“税费改革”所代替，进而演变为旨在规范政府收支行为及其机制、重构政府收支体系的预算管理改革的标识性概念。

然而，说来容易做到难。在当时，至少在不少政府部门内部，如下信条被视为天经地义：税收作为集中性的政府收入以及由此形成的政府支出，当然要遵守统一的制度规范，由财税部门统一管理并纳入预算。收费，特别是由各个政府部门自立规章而分别征集的收费收入以及由此形成的支出，则属其自身“创收”领域内的收支项目，既不应交由财税部门统一管理，也不必纳入统一的政府预算。

如此似是而非的信条，实际上折射了经济体制转轨过程带来的特殊矛盾现象。

回顾一下我们的历程就会看到，在计划经济体制下，我国财政收入的绝大部分来源于国有制经济单位。财政支出的绝大部分，投向于国有制经济单位。身处那样一种“取自家之财，办自家之事”的财政运行格局之中，政府部门的财政收支便集中表现为国有制经济自家院落内的收支。名义上的“国家财政”，也基本演化成事实上的“国有制财政”。在那个时候、那样一种条件下，有关政府部门收支运作的事项，虽并非没有规范，但是，那毕竟属于“家规”范畴——在国有制财政的环境下生成、适用于国有制经济自家院落内的规范，而未走出国有制经济的家门，也基本谈不上进入公共的视野之中，接受广大社会成员的监督。故而，举凡牵涉诸如政府收支是否全部进入预算以及是否编制覆盖全部政府收支预算之类的问题，在很大程度上，是被视为无关紧要的事情的。

认识一旦深入这一层，以矫正既得利益纠葛和传统体制惯性作为解决政府预算管理非规范性的治本之策，也就演变为顺理成章之事。

也正是在这样一种背景下，从矫正既得利益纠葛和传统体制惯性入手，将所有的政府收支从头到尾纳入各级人民代表大会以及全体社会成员的监督视野，以此为基础，构建起现代预算制度新格局，越来越成为人们的共识。

三、以“标准科学、规范透明、约束有力”为具体目标

基于上述认识和判断，同时针对现行预算管理制度存在的突出矛盾和问题，从党的十八届三中全会到党的十九大，再到党的十九届四中全会作出的有关预算管理制度改革的一系列部署中，可以看出，在坚持以现代国家治理和社会主义市场经济体制基本规范为根本方向的同时，我们旨在构建现代预算制度，其核心要义，集中体现于“标准科学、规范透明、约束有力”这12个字上。

所谓标准科学，就是收支预算尤其是支出预算的编制要有科学的标准作为依循。一方面，要合理确定各类支出预算的定额标准，建立健全定额标准的动态调整机制，推动预算科学精准编制。另一方面，要深入推进支出标准体系建设，发挥标准对预算编制的基础性作用，并将其运用于预算评审过程。

所谓规范透明，就是预算的编制、执行以及决算须严格遵循现代预算管理的基本规范，坚持全面公开透明。一方面，要将全部政府收支纳入预算管理，既不允许有游离于预算之外的政府收支，也不允许有游离于预算管理一般规范之外的政府收支。另一方面，要以公开为常态、不公开为例外，全面提升预算透明度，将全部政府收支从头到尾置于人民代表大会和社会的监督之下。

所谓约束有力，就是全面落实预算法，强化硬化预算的法治约束。一方面，要严格执行人民代表大会批准的预算，实行先预算后支出，无预算不支出。另一方面，要坚持所有政府支出以取得人民代表大会的授权为前提，任何预算调整或调剂事项，都要经过人民代表大会的审议、批准。

在此基础上，全面实行预算绩效管理，构建全方位、全过程、全覆盖的预算绩效管理体系，提高财政资金使用效率和政策实施成效。

第五节 加快构建现代税收制度

一、以实现现代税收职能为出发点和归宿

作为现代财政制度的重要组成部分，新时代深化税收制度改革的方向当然是建立现代税收制度。现代税收制度的基本特征，又集中体现于现代税收职能的实现。这是因为，现代税收职能，实质上就是现代税收制度的建设标准。建立现代税收制度，无非就是基于实现不同于以往的现代税收职能的需要而重塑或调整税收制度。在现代国家治理框架下实现大不同于以往的现代税收职能，实质上就是建立现代税收制度的出发点和归宿。

这里所说的现代税收职能，按照党的十八届三中全会的界定，是指优化资源配置、维护市场统一、促进社会公平和实现国家长治久安。以此为镜鉴，可以发现，现行税收制度最迫切需要解决的核心问题，就是“不健全、不完善”，不利于促进社会公平[①]。

作出如此判断的基本考虑在于：

其一，随着社会主要矛盾的变化，新时代人民对于更高层次、更广范围的美好生活需要，虽然涵盖了物质和精神两个层面，但重点拓展且成为重心的更多是精神层面——对于民主、法治、公平、正义、安全、环境等方面的要求日益增长。这其中，就包括了对税收公平和公正的追求。

其二，随着经济发展阶段的变化，在从“有没有”“有多少”向“好不好”“优不优”的转变中，当然包括从关注税收收入规模和增速向关注税收收入质量和效益的转变。衡量税收收入质量和效益的一个重要标尺，就是税收公平和公正。

其三，随着改革开放进入全面深化改革新时期，以推进国家治理

① 楼继伟：《深化财税体制改革》，人民出版社，2014，第49—51页。

体系和治理能力现代化为总目标的全面深化改革，当然包括税收制度改革。税收制度改革的一个重要维度，就是在融入经济、政治、文化、社会、生态文明体制改革联动的进程中，推进税收治理体系和治理能力现代化。税收治理体系和治理能力现代化的一个重要标志，就是顺应人民群众公平意识、民主意识和权利意识不断增强的趋势，将公平和公正作为一个重要考量融入税收制度设计棋盘，让税收负担分配建立在公平和公正的基础上。

诸如此类的变化，肯定不限于上述所列。但不管怎样，可以清晰看到的一点是，税收在调节居民收入分配、促进社会公平方面发挥更大的作用，承担更重的任务，这无疑是现代税收制度所须面对的时代命题。

事实上，从党的十八届三中全会到党的十九大，再到党的十九届四中全会深化税收制度改革所作出的部署，都是基于实现现代税收职能这一目标而展开的，也都是奔着解决现行税收制度难以支撑现代税收职能这一突出短板和弱项而去的。

党的十八届三中全会围绕“完善税收制度”作出了如下部署：“深化税收制度改革，完善地方税体系，逐步提高直接税比重。推进增值税改革，适当简化税率。调整消费税征收范围、环节、税率，把高耗能、高污染产品及部分高档消费品纳入征收范围。逐步建立综合与分类相结合的个人所得税制。加快房地产税立法并适时推进改革，加快资源税改革，推动环境保护费改税。”①

党的十九大在发出“加快建立现代财政制度”进军令的同时，提出了“深化税收制度改革，健全地方税体系”的明确要求②。

以此为基础，党的十九届四中全会从制度建设意义上将现代税收制度“施

---

① 《〈中共中央关于全面深化改革若干重大问题的决定〉辅导读本》编写组：《〈中共中央关于全面深化改革若干重大问题的决定〉辅导读本》，人民出版社，2013，第19页。

② 习近平：《决胜全面建成小康社会，夺取新时代中国特色社会主义伟大胜利》，人民出版社，2017，第34页。

工图”进一步高度概括为：“健全以税收、社会保障、转移支付等为主要手段的再分配调节机制，强化税收调节，完善直接税并逐步提高其比重。”[①]

二、以优化税收收入结构和税收来源结构为着力点和着重点

现代税收职能特别是促进社会公平职能的实现，无疑要以相对均衡的税收收入结构和税收来源结构为前提，让每一项税收职能均可获得与其相对称的税种支撑。一方面，要针对现行税制体系间接税比重相对较高、直接税比重相对较低的短板，通过完善直接税制度并逐步提高其比重，优化税收收入结构。具体而言，就是逐步降低来自间接税的税收收入比重，同时相应增加来自直接税的税收收入比重，从而由向间接税一边倒变为间接税与直接税相兼容。另一方面，要针对现行税制体系企业税收来源相对偏高，个人税收来源相对偏低的短板，通过建立和完善综合与分类相结合的个人所得税、稳步推进房地产税立法，优化税收来源结构。具体而言，就是逐步降低来自企业缴纳的税收收入比重，同时相应提升来自自然人缴纳的税收收入比重，从而变基本上由企业“独挑”税负为由企业和自然人“分担”税负。

现代税收职能的实现，还要以中央和地方之间税收来源及其管理权限的合理划分为前提，让中央和地方两个积极性同时落地于新时代。一方面，要通过研究将部分品目消费税征收环节后移，同时，让以个人所得税和房地产税为代表的直接税改革“破茧而出”，扩大地方税或中央地方共享税税种的选择空间。另一方面，要通过健全地方税体系，调整完善地方税税制，培育壮大地方税税源，扩大地方财政可以独立组织管理的收入规模及增加其在地方财政收入中的占比，从而稳步扩大地方税管理权，将财

---

① 《党的十九届四中全会〈决定〉学习辅导百问》编写组：《 中共中央关于坚持和完善中国特色社会主义制度、推进国家治理体系和治理能力现代化若干重大问题的决定》，《党的十九届四中全会〈决定〉学习辅导百问》，学习出版社，2019，第15页。

权与事权相统一落到实处，为有利于发挥地方积极性奠定坚实的地方税及其管理权配置基础。

三、以“公平统一、调节有力”为具体目标

正是基于上述认识和判断，同时针对现行税收制度存在的突出短板和弱项，从党的十八届三中全会到党的十九大，再到党的十九届四中全会作出的有关深化税收改革的一系列部署中，可以看出，建立现代税收制度的目标指向，其核心要义，集中体现于“公平统一、调节有力”这8个字上。

这一目标至少包括如下四层含义：

第一，对接现代税收文明。在以往相对重视税收效率的基础上，注重公平与效率之间的平衡，更加重视税收公平和公正，将税收负担分配的公平、公正纳入现代税收制度建设视野。

第二，对接现代税收制度结构。在以往相对重视税收总量的基础上，注重税制结构优化，更加重视税制结构对于现代税收职能的支撑作用，将优化税收结构作为税收制度改革的主要目标。

第三，对接现代税收治理。在以往相对重视税收中性的基础上，注重中性和非中性的统一，更加重视税收的非中性，将加强税收的调节作用摆在税收制度建设的突出位置。

第四，立足当前中国居民收入差距大、财产分布不均的问题，亟待强化税收调节的现实，注重以个人所得税和房地产税为代表的直接税建设，更加重视直接税比重的提升，将促进社会公平作为新时代税收的重要目标加以追求。以促进社会公平正义的行动，实现国家良治。

至此可以正确地指出，站在历史新的更高起点上，将加快建立现代财政制度作为完善社会主义市场经济体制的重要举措，以财政治理体系和治理能力的现代化支持和推进国家治理体系和治理能力的现代化，既是新时代赋予中国财政的重任，也是新时代中国财政理应担负的使命。

第七章

深化金融体制改革

调整和优化金融体制是加快完善社会主义市场经济体制的重要组成部分。经过持续多年的市场取向改革，国内金融体系在发挥中介正常功能、促进储蓄有效转化为投资方面起到了越来越重要的作用。

尽管如此，现行金融制度仍存在若干深层次的矛盾亟须化解，突出表现在五个方面：一是从金融要素价格看，尚未完全形成市场化的利率、汇率决定机制，影响了市场基础性调节作用的充分发挥；二是从金融结构特征看，依然以银行主导、间接融资为主，制约了资源配置能力的提高，同时也导致了风险集聚，不利于金融稳定；三是从金融微观基础看，仍存有国有垄断特性，相应带来资源误配、道德风险和效率损失问题；四是从金融开放程度看，资本项目管制和服务业准入限制尚存，阻碍了在更大范围、更广领域和更高层次上融入金融全球化的进程；五是从金融管理制度看，综合经营趋势与分业监管格局、行业发展职能与功能监管职能、宏观审慎管理与微观审慎监管之间的协调机制还未有效建立，不利于金融风险防范和金融消费者保护目标的最终实现。

有鉴于此，未来深化金融体制改革的基本方向就是在以上几个方面寻求突破，在促进利率市场化、汇率弹性化、银行商业化、融资直接化、金融服务贸易和资本项目投资自由化以及监管协调化等方面不断取得新的实质性进展，以此促进市场在金融资源配置中决定性作用的发挥，进一步提高金融体系的资金配置效率与国际竞争力。

第一节　深化利率形成机制的市场化改革

完善社会主义市场经济体制，要素价格市场化是其中的一个重点。在金融要素方面，就是要进一步深化利率形成机制的市场化改革，通过利率价格杠杆促进资金配置效率的不断优化。

在传统计划经济时期，金融抑制问题普遍存在。其中的一个突出表现，就是对利率的高度管制，金融机构自主确定存贷款利率水平的权限较小，根据经济形势和金融市场变化调整利率的灵活度不够。尽管存贷款名义利率不断被调整，但仍处于市场出清水平以下，实际利率长期接近甚至低于零。当贷款利率被人为压低至市场均衡价格水平之下时，以家庭储户为主的资金净借出方事实上向包括各政府机构、国有企业等在内的资金净借入方支付了一笔隐性补贴。这种价格扭曲，主要是服务于经济赶超的国家战略，便于动员大量廉价要素以尽快实现工业化目标。

社会主义市场经济体制改革目标的确立，开启了利率市场化的探索进程，通过不断放松利率管制，市场主体获得了更多的自主定价权，逐步扩大了市场化利率定价机制的覆盖范围。这一改革的最终目标是，利率水平不再由中央银行直接决定，而是由金融要素的供求双方通过市场机制自行决定并实现合理均衡。

一、对利率直接管制的基本放开

自20世纪90年代中期开始，按照先易后难的原则，依照“先外币后本币、先贷款后存款、先长期后短期、先大额后小额”的顺序，先后放开了货币市场和债券市场利率以及境内外币存贷款利率。“十二五”中期以来，利率市场化进程加速推进，先后多次扩大存贷款浮动区间，不断提高人民币存贷款利率市场化程度，逐步增大商业银行的存贷款定价权限。

（一）率先推进货币市场和债券市场利率市场化定价

1996年1月，全国统一的银行间同业拆借市场建立；同年6月，取消了拆借利率的上限管理，改由拆借双方根据市场资金供求状况自主确定，这是利率市场化改革具有标志性意义的举措。之后随着1997年全国银行间债券市场的建立，同步放开了银行间债券回购利率和现券交易价格，并着手启动债券发行利率的市场化定价机制。1998年8月，国家开发银行在银行间债券市场开启了市场化发债的首次尝试。继政策性金融债之后，1999年10月，国债发行首次采用招标方式进行市场化定价。此后随着直接融资方式的不断发展，非金融企业债务融资工具的一级市场发行利率也更多地采用了市场化方式。

目前除了企业债、短期融资券和中期票据有一定的上下限管理外，债券发行环节名义上基本实现了市场化。当然，由于隐性担保和刚性兑付的存在，公司信用类债券、地方政府债券的定价扭曲问题依然存在，是未来进一步推进债券市场利率市场化的攻坚点（关于这个问题，下文在分析资本市场发展的部分，还将进行更详细的分析）。

（二）稳步开展境内外币存贷款利率市场化改革

2000年9月，首先放开外币贷款利率，由金融机构根据国际市场的利率变动情况以及资金成本、风险差异等因素自行确定；同时放开大额外币存款利率，300万美元以上（含300万美元）或等额其他外币的大额外币存款利率由金融机构与客户协商确定。2003年7月，放开英镑、瑞士法郎和加拿大元的外币小额存款利率管理，由商业银行自主决定。2003年11月，对美元、欧元、日元、港币小额外币存款利率只作上限管理，商业银行可根据国际金融市场利率变化，在不超过上限的范围内自主确定。2004年11月，进一步放开美元、欧元、日元和港币1年期以上小额外币存款利率上限，由交易双方自主协商确定。2014年3月，放开上海自贸区小额外币存款利率上限，在全国率先实现外币存款利率的完全市场化；同年6月，又将放开小额外币存款利率上限的改革试点由上海自贸区扩大至上海市。

这意味着，全国除上海外，其他地区在境内1年期以内（含1年）美元、欧元、港币和日元小额（300万美元以下或等值外币）存款利率方面仍有上限，但其他外币存贷款利率均已实现市场化。

（三）全面放松人民币贷款利率管制

1987年1月，贷款利率管制打开了一个缺口，我国第一次对商业银行的贷款利率定价原则进行调整，允许其以规定的流动资金贷款利率为基准上浮，比例最高不超过20%。之后又在放宽贷款利率浮动区间方面进行了多轮试点和调整，直到2004年10月，决定取消金融机构（不含城乡信用社）人民币贷款利率浮动区间上限，下限保持为贷款基准利率的90%，同时将城乡信用社的贷款利率浮动区间上限扩大为贷款基准利率的2.3倍。2012年6月和7月，又先后两次放宽金融机构贷款利率浮动区间，下限分别调整为基准利率的80%和70%。2013年7月，取消了金融机构除商业性个人住房贷款以外的贷款利率下限，由金融机构根据商业原则自主确定贷款利率水平；同时放开票据贴现利率管制，改变贴现利率在再贴现利率基础上加点确定的方式，由金融机构自行决定；并且不再对农村信用社贷款利率设立上限，由其根据商业原则与客户协商确定。至此，贷款利率管制全面放开，金融机构的贷款自由决策空间进一步扩大。

（四）逐步取消人民币存款利率显性管制

1999年10月，开始允许中资商业银行法人对中资保险公司法人试办由双方协商确定利率的大额定期存款，最低起存金额为3000万元，期限在5年以上（不含5年），进行了存款利率市场化改革的初步尝试。之后不断扩大协议存款人范围，并逐步扩大存款利率浮动区间。2004年10月，决定对人民币存款利率实行上限管理，下限放开。2005年3月，进一步放开金融机构同业存款利率。2012年6月之后，不断扩大金融机构人民币存款利率的浮动区间，上限从存款基准利率的1.1倍分别提高到2014年11月的1.2倍、2015年3月的1.3倍和5月的1.5倍。2015年8月，放开1年期以上（不含1年）定期存款利率的浮动上限。至2015年10月，对商业银行和农村合作金融机构等不再设置存款利率浮动上限，在形式上基本取消了利率管制。

二、尽快实现存贷款基准利率与货币市场利率的并轨

目前看来，尽管以上下限管理制度的终结为标志，名义上已基本放开存贷款利率管制，但这并不意味着利率市场化改革任务已经全部完成。当前在利率形成机制上面临的一个突出矛盾是仍存在比较严重的双轨制问题。一方面，货币市场定价机制的改革推进得相对深入一些，利率市场化程度已经处于比较高的水平；而另一方面，在存贷款利率方面仍由央行公布基准利率作为指导，实际定价是以此为基础加减点形成的。

这种两轨并存的情况表明，金融市场与信贷市场还处于相对隔离的状态，货币市场利率向信贷市场利率的传导并不畅通，而且会刺激套利行为，加剧资金体内循环，弱化金融资源对实体经济的支持力度。以2018年为例，在货币市场利率明显下行的情况下（年末同业拆借加权平均利率和质押式回购加权平均利率分别比上年同期低0.34个百分点、0.43个百分点），实体融资利率虽有一定的下行，但并不明显，其中金融机构一般贷款加权平均利率甚至同比提高0.11个百分点（见图7-1）。

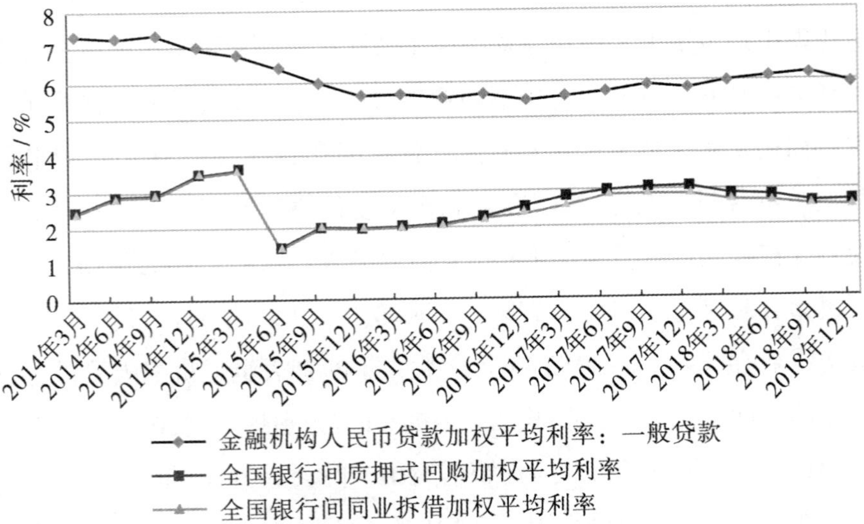

图7-1　货币市场利率与信贷市场利率的比较

资料来源：中国人民银行。

未来应推动利率体系“两轨合一轨”，使基准利率轨逐渐并向市场利率轨。这就意味着，要把定价权真正交给金融机构，显著提高存贷款利率与货币市场利率之间的相关度，逐步形成统一的内部资金转移定价（FTP）曲线，改变定价分割的现状，即：贷款FTP主要基于央行设定的贷款基准利率，而金融市场FTP则主要基于货币市场和债券市场利率。

（一）进一步优化贷款基础利率

在金融机构为信贷产品定价的过程中，过去的政策锚利率主要是参考央行公布的贷款基准利率。考虑到金融机构对风险的自主定价能力和风险管理能力相对较弱，货币政策传导机制尚不成熟，即使在存贷款利率管制放开后，仍在一段时间内继续保留该基准利率作为过渡。未来要推进利率形成机制的市场化，逐渐弱化直至最终取消由官方确定贷款基准利率的做法，并引入新的市场基准利率。

这方面的一个重要选项是贷款基础利率（LPR）。LPR又称最优惠贷款利率，是商业银行对其最优质客户执行的贷款利率，其他贷款利率可在此基础上加减点生成。贷款基础利率集中报价和发布机制是2013年7月金融机构贷款利率下限放开后，为促进贷款定价基准由中国人民银行确定向市场决定稳步转型，于2013年10月由中国人民银行正式推出。该机制是在报价银行自主报出本行贷款基础利率的基础上，指定发布人对报价进行加权平均计算，形成报价银行的贷款基础利率报价平均利率并对外予以公布。LPR报价银行团目前由10家商业银行组成，报价银行应符合财务硬约束条件和宏观审慎政策框架要求，系统重要性程度高、市场影响力大、综合实力强，已建立内部收益率曲线和内部转移定价机制，具有较强的自主定价能力等条件。

从过去几年的实际运行情况看，LPR存在较大的黏性特征，无论是调整频率还是对货币市场利率变动的反应程度都非常低。由于基本上是跟随贷款基准利率波动，再加上期限结构很不完整（目前仅发布1年期利率），因此对改进已有的贷款利率定价机制并没有发挥显著的作用。未来应通过报价机制的完善，更多挂钩货币市场利率，以反映真实的资金成本，逐步提高贷款利率对市场利率变动的敏感度。当然，这不可避免地会加大信贷市场利率的波动性。同时，也应使其与中央银行政策利率之间建立更紧密的联系，使两者间保持相对较为稳定的比价关系，以进一步增强政策利率向信贷市场利率的传导效果。

（二）逐步解除存款利率的隐性上限

存款利率在放开直接管控之后，相较存款基准利率已有一定程度上升，但不同银行之间的差异化程度并不显著，而且一直比较稳定，表明仍有某种隐性管制对金融机构的实际利率定价行为产生影响。

这主要来自市场利率定价自律机制的软性约束。市场利率定价自律机制建立于2013年9月，是指由金融机构组成的市场定价自律和协调机制，旨在符合国家有关利率管理规定的前提下，对金融机构自主确定的货币市场、信贷市场等金融市场利率进行自律管理。自律机制成员分为基础成员、核心成员和观察成员。基础成员是符合财务硬约束条件和宏观审慎政策框架要求且经营较为稳健的金融机构。核心成员是指在基础成员中，系统重要性程度高、市场影响力大、自主定价能力强等综合实力显著的金融机构。截至2018年末，市场利率定价自律机制成员已增加至2051家，包括1182 家基础成员、15 家核心成员和 854 家观察成员。

实施市场利率定价自律机制的基本诉求是避免金融机构可能出现的非理性定价和恶性竞争行为。在全国、省级和市级三级利率定价自律机制的架构下，央行作为监督管理部门会在必要的情况下给予一些定价指导；成员中的大型金融机构在定价方面往往处于领先者的地位，而自主定价能力偏弱的中小金融机构通常采取跟随报价的策略。此外，在宏观审慎评估体系（MPA）的七项考核中，第四项是针对定价行为采取一票否决的制度安排，也与市场利率定价自律机制的评估结果存在直接关联。在上述机制的共同作用下，金融机构的存款利率上浮行为就被施加了某种事实上的限制。

未来应进一步健全市场利率定价自律机制，对于金融机构可能出现的“价格战”等无序竞争行为，可更多采取市场化的监管模式，相应减少偏行政化的管理模式。可考虑适当提高存款利率的浮动上限，直至完全放开存款利率自律上限。

下一阶段在深化存款利率市场化改革方面，除了继续发展市场化程度相对较高的结构性存款和表内保本理财（随着资管新规过渡期的结束，后者可能会并入前者）外，还应继续推动同业存单和大额存单的发展，借此进一步扩大金融机构负债端市场化定价的范围。尤其是以货币市场利率为定价基准的浮息存款或大额存单，直接面对居民和企业等实体经济部门，作为优先放开的重要选项，在定价方面更趋于市场化。未来可通过增加发行主体、扩大发行规模、扩展利率浮动上限区间等举措，进一步提高金融机构存款定价的自主性。

第二节　深化汇率形成机制的市场化改革

作为资金要素的对外价格，发挥好汇率杠杆的调节作用，能够增强其作为国际收支自动稳定器的功效，提升宏观经济抵御外部冲击的韧性。改革开放初期，汇率制度改革的初始状态是外汇收支处于严格的指令性计划集中管控之中，单一官定汇率制的结果是有价无市。为提高外汇资源配置效率，减少市场扭曲，我国逐步开启了市场取向的汇率改革进程。

一、人民币汇率形成机制的三次重大改革

1981年初，与整个价格改革领域的渐进式边际演进路径相一致，在逐步打破计划分配、扩大出口企业外汇自主权的过程中，以引入外汇留成制度并尝试建立外汇调剂市场为基础，汇率领域也实施了双轨制改革，即实行官方牌价与贸易内部结算价并行的双重汇率制度安排，希望通过实施内部结算价来部分矫正长期明显高估的官方汇率水平，减少出口企业亏损。当然，这种双轨制改革总体还是在官定汇率的大框架内所进行的调整，由此形成的只是针对不同用途的两种官定汇率并存的局面。

1985年之后，央行取消了贸易内部结算价，重新恢复单一的官方汇率体制。但随着外汇留成比例的不断提高及外汇调剂中心在各地普遍成立，形成官方汇率与外汇调剂市场结算价并存的局面。实行这种汇率双轨制，是让市场汇率（调剂汇率）随着市场外汇供求状况浮动，发挥价格发现功能，在此基础上通过调剂汇率对官方汇率进行引导，加大市场力量对人民币汇率形成的影响力。到1993年底，外汇调剂市场价格结算的范围显著扩大，80%的进出口收付外汇都通过外汇调剂中心来配置。同其他领域价格双轨制的利弊并存特征相类似，汇率双轨制在不断扩大市场调节范围的同时，也不可避免地产生了套利问题，由此带来了力度更大的改革。

（一）1994年第一次汇改

自1994年1月1日起，按照建立社会主义市场经济体制的目标要求，外汇管理制度发生重大变化：一是取消了外汇留成和上缴的外汇管理制度，实行银行强制结售汇制度；二是在区域性调剂市场合并的基础上建立了全国统一的银行间外汇交易市场；三是实现了官方汇率与外汇调剂市场汇率的并轨，实行以市场供求为基础的、单一的、有管理的浮动汇率制度，由此初步奠定了市场对外汇资源配置的主导性地位。

1994年汇率制度改革启动之后，为顺应市场汇率贬值的压力而压低了原来高估的人民币汇率，此后人民币汇率不断升值。1997年之后，为应对东亚金融危机，稳定汇率预期，防范资本外逃，人民币采取事实上钉住美元的汇率制度。东亚金融危机结束之后，基于出口激励等方面的考虑，并未改变人民币事实上钉住美元的状况。由于人民币（对美元）的汇价水平连续几年波动幅度较小，1999年国际货币基金组织对人民币汇率制度的划分从“管理浮动制”转为“钉住单一货币的固定钉住制”。从2002年开始，随着美国“9・11”恐怖袭击事件和互联网泡沫破灭后持续货币刺激、美元回落，人民币真实汇率出现低估倾向，一般被认为低估了25%～40%。

（二）2005年第二次汇改

为矫正汇率浮动区间收窄所导致的人民币真实汇率低估倾向，应对国际上日趋强烈的人民币升值预期和压力，2005年7月，央行放弃了长达7年的钉住美元的汇率制度，开始推行新一轮汇率制度改革，实行以市场供求为基础、参考一篮子货币进行调节、有管理的浮动汇率制度，并让人民币对美元一次性升值2%。在每日人民币汇率中间价的确定方式上，先是由参考上日银行间外汇市场加权平均价，改为参考上日收盘价；2006年前后在引入做市商制度和即期询价交易机制的基础上，又改为每日开盘前向所有做市商询价、将报价加权平均的方式。在日浮动区间上，最初每日银行间外汇市场美元对人民币的交易价仍在中国人民银行公布的美元交易中间价上下3‰的幅度内浮动。之后引入了增强人民币汇率双向浮动弹性的制度安排，汇率浮动幅度逐步扩大：2007年5月由3‰扩大至5‰，2012年4月又进一步扩大至1%，2014年3月再扩大至2%。

在第二次汇改的整个过程中，人民币渐进式升值，根据国际清算银行（BIS）的数据，至2015年12月，按照贸易权重加权的人民币名义有效汇率较2005年7月汇改前累计升值45.9%，扣除通货膨胀差异的人民币实际有效汇率累计升值56.2%（见图7–2）。

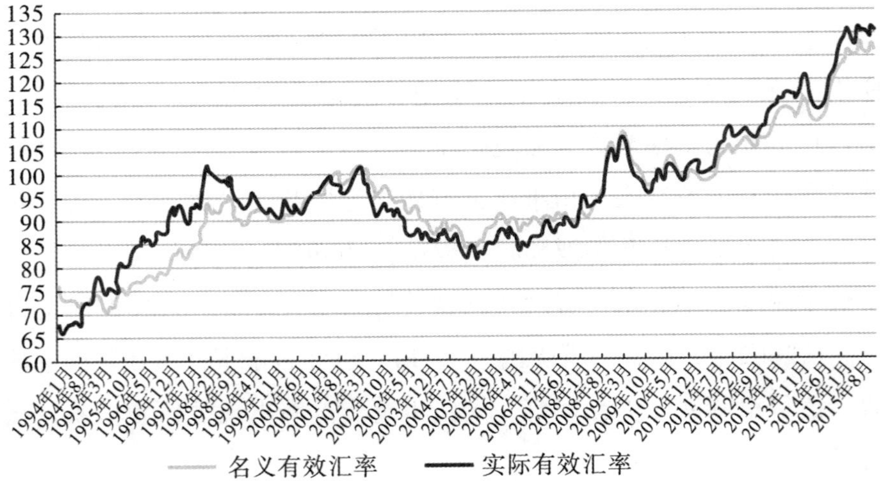

图7–2　1994年以来人民币有效汇率走势

资料来源：国家外汇管理局《2015年中国国际收支报告》。

总体来看，第二次汇改选择了仅次于独立浮动的非常接近完全市场化的汇率制度安排，有利于为进一步的改革探索比较合理的转型路径，勾勒相对理性的发展方向。但又不得不承认，在矫正具有重商主义色彩的汇率政策方面一直面临较大的压力，容易出现摇摆和反复。在2008年全球金融危机的冲击之下，为支持外贸稳定增长，汇率政策向中性回归的纠偏努力被迫中止。人民币事实上再次钉住美元，汇率升值进程也几乎停滞。直至2010年中重新回到管理浮动的轨道并启动人民币汇率机制弹性化改革，情况才有所改变。但随后在2012年国际收支格局发生较大变化的情况下，人民币汇率的升值进程再次面临几乎停滞的局面。

（三）2015年第三次汇改

2015年8月，人民币对美元汇率中间价形成机制进行了新一轮改革，直接将上一个交易日银行间外汇市场的收盘汇率作为参考，以更多反映外汇市场供求状况，这是向浮动汇率转变的市场化改革的积极尝试。2015年12月，中国外汇交易中心发布CFETS人民币汇率指数，加大参考一篮子货币的力度，以更好地保持人民币对一篮子货币汇率的基本稳定。在此基础上初步形成了“收盘汇率+一篮子货币汇率变化”的双目标定价机制。2017年1月，为进一步完善CFETS生成发布机制，增强货币篮子代表性，又将货币篮子数量由13种增加至24种，同时将美元权重相应下调。2017年5月，为对冲外汇市场中的“羊群效应”等非理性行为和顺周期波动，稳定市场预期，又在中间价报价模型中引入逆周期调节因子，由此形成“收盘汇率+一篮子货币汇率变化+逆周期调节因子”的三目标中间价形成机制。之后随着汇率和跨境资本流动形势趋于稳定，逆周期调节因子被调整至中性。

经过多年的人民币汇率形成机制市场化改革，人民币汇率的弹性幅度不断加大。资料表明，2018年，人民币汇率中间价年内低点相对高点的最大跌幅为9.9%，相较2015—2017年的水平（分别为5.9%、7.1%和6.5%）有了较大提高。在国际货币基金组织公布的七大外汇储备货币中，2018年人民币汇率的最大波幅排在第4位，改变了之前3年排名偏后的情况[①]（见图7–3）。从近一个时期官方外汇储备和货币当局外汇占款的变化上也可以看出，央行已基本退出对外汇市场的常态化干预，显示其对汇率双向波动的容忍度在不断增强。在市场供求对汇率决定的影响越来越明显的情况下，汇率水平愈发朝着趋于均衡的方向调整。

---

① 管涛：《2019机遇和挑战并存，深化人民币汇改应待机而动》，http://www.yicai.com/news/100088028.htm/，2003–02–03。

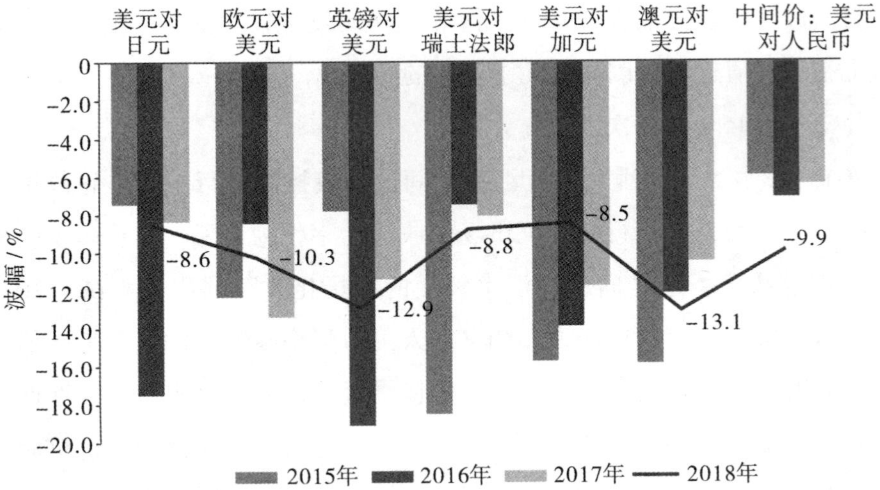

图7-3　主要外汇储备货币的年内最大波幅

注：年内最大波幅为主要货币对美元汇率的年内低点相对于年内高点的偏离。

资料来源：管涛《2019机遇和挑战并存，深化人民币汇改应待机而动》。

二、走出“三元悖论”的困境

在第三次汇改推出之前，为刺激出口而连续多年实施的近乎固定汇率的制度以及由此形成的人民币汇率长期偏离均衡值的状态，给货币政策操作带来极大的困扰。特别是在国际收支经常项目和资本项目“双顺差”而产生大量盈余，同时又实行强制结售汇制度（或者向意愿结售汇制度转型但人民币缺乏弹性、形成单边升值预期增强进而结汇率上升）的情况下，央行为了防止本币升值，在外汇市场上不断购入美元（央行基本成为外汇交易市场美元的唯一买家）进行干预，外汇占款大量增加，通过外汇占款形式被动投放的基础货币也由此源源不断地增加。

事实上，1994年汇率并轨后，央行基础货币投放的结构就发生了根本性变化，由对银行机构的债权（再贷款），逐步转变为以外汇占款为主体的国外净资产。之后的20年左右，新增外汇占款成为基础货币投放的最主要渠道。尤其是2002—2014年，外汇占款存量由2.21万亿元增加到27.1万亿元，增长了11.3倍；基础货币存量也从4.5万亿元增加到29.4万亿元，增长了5.5倍。从外汇占款增量占当年基础货币增量的比例看，在2001年和2003年就超出了100%，2004年和2005年甚至超过200%；2005年第二次汇改之后，这一比例有所降低，但多数年份也超过100%（见图7–4）。

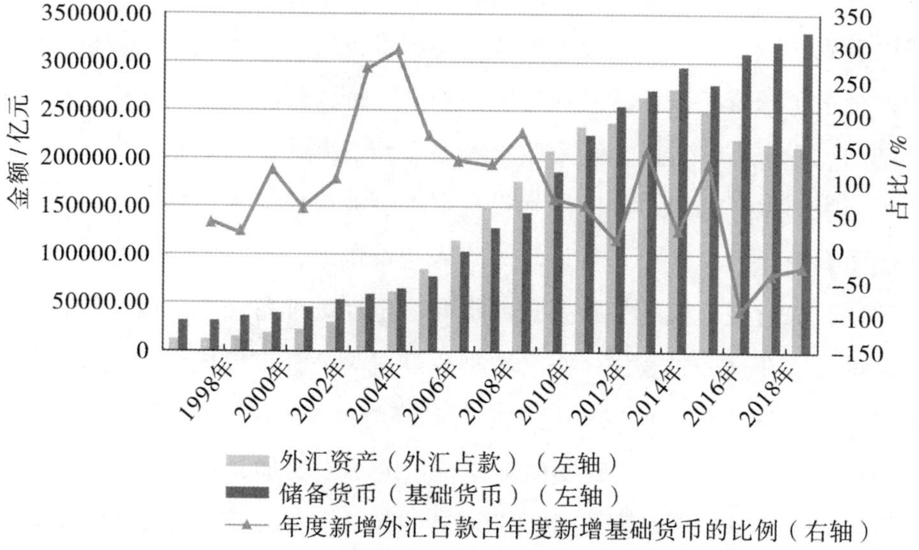

图7–4　外汇占款与基础货币投放

资料来源：中国人民银行及作者计算。

在将人民币汇率长期抑制在一定低位的过程中，升值预期持续存在。特别是2005年第二次汇改之后，由于选择了小幅、渐进的升值策略，国际投资者形成人民币持续升值的单边预期。在人民币升值的预期下，一方面，可能导致经常项目下的非贸易行为，即经常项目掩护下的资本流入，有些外贸企业采取多出口少进口，或者高报出口价格、低报进口价格的方式（特别是跨国公司通过内部的转移定价），形成资本内流，以套取人民币升值收益，这使得中国经常账户的顺差人为加大；另一方面，在资本项目下也存在着短期资本回流特别是非FDI资本回流的现象，有些外商包括一些国际热钱以外汇换成人民币购买房地产、股票等资产进行套利，以赚取人民币升值和投资收益的双重回报，这一方面可能进一步催生中国经济的泡沫，并加剧热钱涌入，增大资本管制的难度，同时也加大中国资本账户的盈余。经常账户和资本账户盈余的加大，则又会使外汇储备增加，进一步加大人民币升值的压力，由此形成循环。

在国际资本流动自由度不断提高的情况下，央行试图稳定汇率，就必然难以绕开“不可能三角”的困境，货币政策独立性受到很大的挑战。可以看到，随着外汇占款渠道投放的基础货币增多，货币供给量也相应扩张，带来了信贷扩张冲动及通货膨胀和资产价格膨胀压力。在应对流动性过剩的过程中：一方面，利率政策容易受到汇率政策的牵制，提高利率的政策会吸引以套利为目的的国际投机资本更大规模流入，从而进一步加剧人民币升值压力，使央行货币政策陷入两难境地；另一方面，为对冲过剩流动性，央行被迫发行央行票据并提高法定存款准备金率，政策操作压力显著增大，在这一过程中，央行票据一度成为公开市场操作的主要工具，年发行规模从2003年的7200亿元增长到高峰期2010年的4万亿元左右（存量规模变化见图7-5）。到期债券兑现量的不断增加，会形成一个新的货币投放渠道。这也意味着在冲销新注入的额外资金之前，先要发行新的债券替代到期债券，持续滚动之下，央行由此承担的利息负担也不断增加。当商业银行投资选择余地增加和贷款意愿增强时，央行为对冲操作支付的成本是相当巨大的。在外汇储备连续大幅增加的情况下，由于冲销成本随着冲销规模的扩大而上升，央行使用对冲手段的能力趋于下降，空间越来越窄。

与此同时，本应慎重的存款准备金率这一货币政策手段被作为常规的流动性管理工具，与公开市场操作相互搭配使用。自2003年9月至2011年6月，央行调整存款准备金率36次，其中上调32次，下调4次，大型存款类金融机构存款准备金率最高达到21.5%（中小型存款类金融机构存款准备金率亦达到19.5%）（见图7-5），这在全球低准备金率甚至零准备金率（法定比率）的对比之下，显得异常之高。由此不但加大了对准备金付息的政策干预成本，也在某种程度上增大了对货币政策的制约。尤其是考虑到货币当局支付的准备金利息偏低的情况，类似于对金融机构征收了隐性税收，不利于银行资产负债表的调整，使其对存款人和借款人的存贷款行为发生扭曲。这不但影响了金融资源的配置效率，也造成货币政策传导效率的损失，特别是使得利率传导变得很不敏感。总之，基础货币供应被动受制于外汇供求的局面，对货币政策的有效性造成明显冲击。

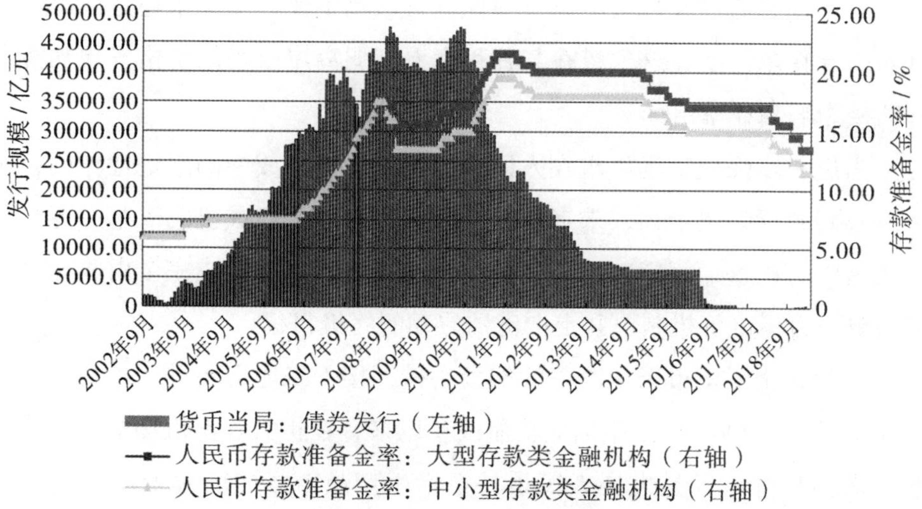

图7-5　央行票据发行与存款准备金率调整

资料来源：中国人民银行。

2015年第三次汇改之后，扩大汇率浮动区间的努力使上述局面发生了一定的改变。外汇占款增量占当年基础货币增量的比例显著降低，甚至进入负值空间，标志着外汇占款不再作为基础货币投放的支点，货币政策自主性得到改善。事实上，作为以内需为主的大国经济体，在开放宏观背景下，货币政策应以产出和物价等内部均衡目标为主，适当兼顾外部均衡。只有协调好本外币政策，才能实现宏观经济内外均衡。

三、进一步提高汇率的灵活性

目前来看，对比全球主要货币，人民币汇率的弹性依然是偏低的。2018 年人民币对美元汇率中间价年化波动率为 4.2%，与欧元、英镑等主要货币的汇率波动程度（欧元兑美元的波动率在7%左右、英镑兑美元的波动率在8%左右）相比仍有差距。

可以看到，在第三次汇改实施的过程中，当汇率不稳定压力增大时，会再次启用逆周期调节因子。这种定价透明性相对不足（如在构成、权重等方面）的逆周期工具的反复使用，将在一定程度上弱化市场的力量。此外，央行也会通过发行离岸央行票据进行市场干预，以此来稳定离岸汇率进而引导在岸汇率，这也将在某种程度上削弱离岸市场的价格发现功能，并间接影响到在岸市场。

为进一步强化市场供求在人民币汇率中间价形成中的决定性作用，避免不必要的行政化干预，未来需要不断深化中间价形成机制改革，逐步增加收盘价的比重，相应减少一篮子货币的比重，最终形成完全由收盘价决定的单一目标定价机制，并走向清洁浮动的终极目标。

作为深化汇率市场化改革的配套举措，接下来还需要进一步加快外汇市场发展。自2005 年汇率形成机制改革以来，在扩大外汇市场参与主体、增加市场品种尤其是发展人民币外汇衍生产品市场（陆续推出远期、掉期、期权等）方面取得了一定成效。未来顺应汇率弹性增加的趋势，还需要从三个方面进一步着力，为以市场供求为基础的人民币汇率形成机制提供制度支持。

一是进一步增加交易主体。从2018年整个外汇市场的参与者结构看，银行间交易所占的比重进一步上升至84.80%，而银行与非银行金融客户交易的比重则进一步下降至14.40%，银行与非银行金融机构交易的市场份额也依然维持在0.81%的极低水平（见图7–6）。由此可见，银行以外的市场主体特别是非银行金融机构在外汇市场的参与度比较有限。为此，还应允许更多符合条件的非银行金融机构参与外汇市场业务。另外，企业投资者也应成为外汇市场的重要参与者，通过强化风险教育、推广“财务中性”理念，引导市场主体综合运用各类外汇市场工具开展套期保值。

二是进一步丰富交易工具。据统计，2018年人民币外汇市场累计成交

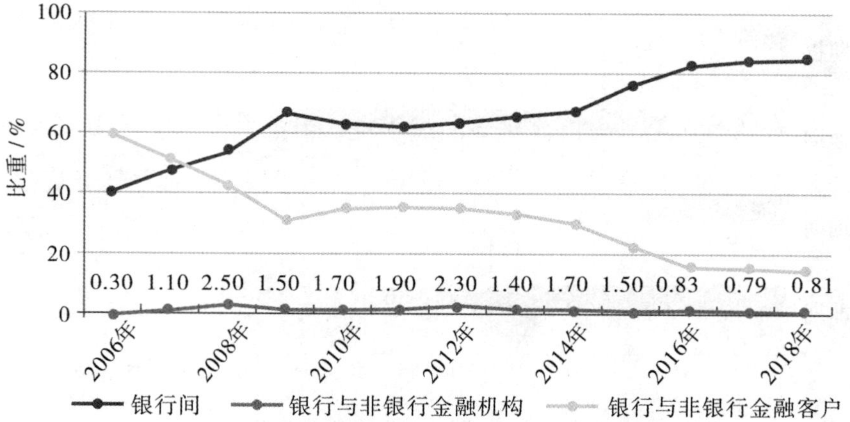

图7-6　中国外汇市场的参与者结构

资料来源：国家外汇管理局《2018年中国国际收支报告》。

29.07万亿美元，其中，即期和衍生产品分别成交11.06万亿美元和18.01万亿美元，衍生产品在外汇市场交易总量中的比重升至61.9%（见图7-7）。但与全球外汇市场的结构相比，还有一定可改进的空间（见图7-8）。未来还应加快发展各种外汇衍生产品，创新汇率对冲手段，为从事进出口、参与涉外投资的企业（也包括为银行和非银行金融机构）提供更多以及更有效的管理汇率风险、控制货币错配敞口的金融工具，满足不同主体的避险需求。

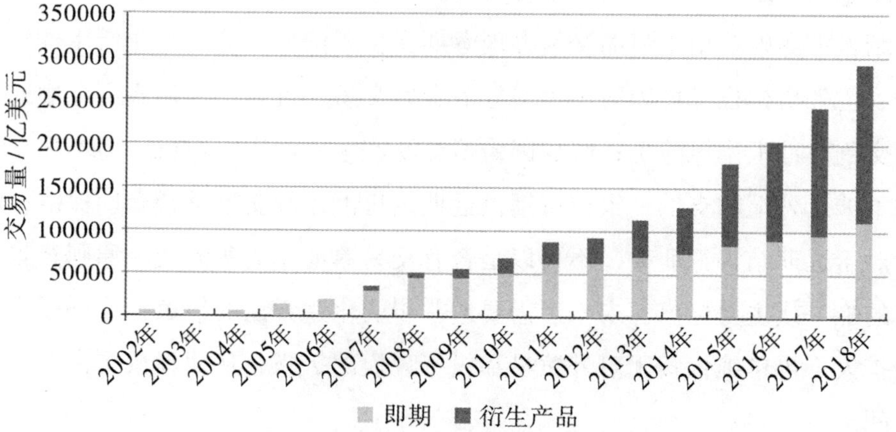

图7-7　中国外汇市场交易量

资料来源：国家外汇管理局《2018年中国国际收支报告》。

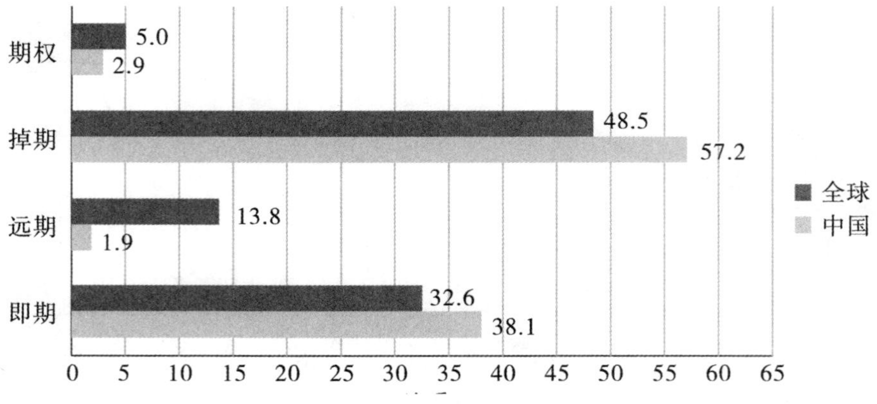

图7-8　中国与全球外汇市场的交易产品构成比较

注：中国为2018年数据，全球为国际清算银行2016年4月调查数据。

资料来源：国家外汇管理局《2018年中国国际收支报告》。

三是进一步放松交易限制。在人民币外汇衍生产品交易方面，过去比较强调要有真实、合规的贸易或者投融资背景。而在经常账户保持顺差、资本项目仍存在一定管制的情况下，企业部门在外汇需求净头寸的方向上缺少变化；同时，银行部门又基于风险规避原则在外汇市场交易方向上趋同性较强。于是，在实需交易原则下，市场参与者的交易方向比较单一，在一定程度上限制了外汇市场的广度和深度。2018年以来，监管当局适度放松了这一原则，明确银行可为客户金融交易项下的汇率风险提供远期结售汇等外汇衍生产品交易办理套期保值（例如，境内企业借用外汇贷款、境外机构投资境内人民币债券等金融交易，可通过远期购汇全额或差额交割对冲汇率风险）；客户因跨境交易产生外汇风险敞口，但实际交易并不涉及外汇收支的，银行可提供远期结售汇差额交割进行套期保值；银行对于远期结售汇业务，不再以是否有交易单证作为实需交易原则背景审核的唯一或主要标尺。未来还需要进一步弱化这方面的约束，使外汇市场的扩大不再单纯依赖于对外贸易和投资规模的扩张，从而释放更大的增长空间。

第三节　深化金融机构改革

金融机构特别是银行业金融机构是金融行业的微观基础，推动这一基础的再造和重塑是整个金融改革的核心组成部分。改革开放之初，中国的金融组织体系呈现典型的“大一统”特征，只有一家金融机构即中国人民银行。它既作为中央银行负责货币发行、信贷管理，承担宏观调控职能，又作为商业银行向社会公众吸收存款、发放贷款，提供金融服务。那时，金融改革的一项重要内容就是打破这一高度集中的单一结构，建立多元化金融组织体系。正是在这样一个逻辑起点上，开启了重构金融组织体系的历史进程。

一、银行业市场化改革的历史路径

从银行业的改革历程看，大体分为三个阶段。

（一）专业银行体系初步建立

20世纪80年代前后，按照构建中央银行与商业性金融相分离的双层体系架构的思路，陆续将直接面向企业和居民从事商业性业务的金融机构从中国人民银行独立出来，恢复和建立了以工商银行、农业银行、中国银行、建设银行为主体的专业银行体系。但从当时这四大银行所从事的具体业务内容来看，基本上处于相互分割、彼此独立的状态，各自服务于工商业、农业、涉外和项目建设等不同的领域，自然也就无法形成充分竞争的格局。与此同时，这些专业银行在从事商业性服务的同时也有义务承担各自领域的政策性业务，两种业务之间的目标冲突与利益掣肘不可避免，也在一定程度上带来了银行行为激励上的问题。

（二）开启专业银行向商业银行的市场化转型

20世纪90年代初，社会主义市场经济体制目标确立后，为构建与之相适应的现代金融组织体系，开始了对金融机构的系统性改革。其中的一个重大改革举措是将政策性金融和商业性金融相分离，以解决国家专业银行身兼二任的问题。为此，成立国家开发银行、中国进出口银行和中国农业发展银行3家政策性银行，专门承担政策性服务。经过此番剥离，国家专业银行开始按照自主经营、自担风险、自负盈亏、自我约束的现代经营原则向真正的国有商业银行转型。此外，国有商业银行也不再按专业领域进行划分，相互之间允许有业务交叉，可以开展竞争，从而为专业银行的企业化改造营造了更加市场化的环境。

在国家专业银行进行商业化改革的同时，其他类型的金融机构也逐渐开始发展起来，以此构建以国有商业银行为主体、各种金融机构并存的多层次、多类型的金融组织体系。

（三）推进国有独资商业银行的股份制改革

国有独资商业银行在转型过程中，面临的一大挑战是如何处理历史遗留下来的巨额不良资产，并解决资本金严重不足的问题。为此，采取了多种措施对不良资产进行处置，并不断充实资本金，以此改善财务状况，从而为国有银行股份制改造奠定重要基础。

第一轮财务重组发生在亚洲金融危机之后。当时，在充分吸收国际经验教训的基础上，着手对国有大型商业银行的资产负债表进行改善和修复。重点采取了如下两方面举措：

1998年，财政部发行2700亿元特别国债（期限为30年，初始年利率为7.2%），为四大国有独资商业银行补充资本金，使其资本充足率达到法定标准（8%）。在具体操作上，采取了财政部向四大国有独资商业银行定向发行的方式。四大国有独资商业银行首先将之前降准释放的2400亿元可使用储备资金和另外的300亿元超额准备金共计2700亿元存到中央银行的专用账户上，用于认购特别国债。之后，财政部再以每家国有独资商业银行购买特别国债的同等金额向其注资，中、农、工、建四大银行分别得到资本金425亿元、933亿元、850亿元和492亿元。

1999年，成立信达、华融、长城和东方4家金融资产管理公司，以对口接收四大国有独资商业银行和国家开发银行不良资产约1.4万亿元。其中既包括逾期呆滞贷款，也包括难以收回的呆账贷款，剥离时按账面原值计价。收购资金来源主要包括两部分：一是将中国人民银行发放给国有独资商业银行的再贷款转拨给资产管理公司；二是资产管理公司向对口国有大型银行发行金融债券（初始期限为10年，年利率为2.25%），并由财政部提供偿还资金支持。

第二轮财务重组发生在2002年第二次全国金融工作会议之后。根据当时的部署，具备条件的国有独资商业银行可改组为国家控股的股份制商业银行，条件成熟的可以上市。为实现这一改革目标，2003年开始采取了“核销、剥离、注资、上市”的“四步曲”改革步骤①。

（1）核销已实际损失掉的资本金。比如，中国银行、建设银行动用准备金、拨备前利润和原有的资本金等自身现存资源核销了部分不良资产损失。

（2）剥离处置不良资产。这一时期，四大国有独资商业银行再次剥离大量坏账至资产管理公司；此外，各银行自身也进行了部分坏账核销。在股份制改革过程中，四大国有独资商业银行共核销、剥离处置不良资产约2万亿元。此次剥离更多采用了市场化的方式，通过公开招投标并基于市场价格进行交易。

（3）运用外汇储备注资。2003年12月成立中央汇金公司，此后向四大国有独资商业银行增补了股本金近800亿美元，实现了“再资本化”。

（4）在境内外公开发行上市。在引入境内外战略投资者的基础上，从2005年10月起，四大国有独资商业银行相继启动境内外资本市场上的首次公开发行工作，至2010年7月，全部完成在香港H股和境内A股的独资上市，四大国有独资商业银行成为公众持股的银行。

可以看出，在上述改革顺序中，由改制银行对部分坏账先行自我消化

① 周小川：《大型商业银行改革的回顾与展望》，《中国金融》2012年第6期，第10-13页。

是第一位的，这也是其获得后续注资的前提条件。这样一种方案设计，旨在激励银行在处理既有损失方面付出最大的努力，以避免对中央银行和财政的过度依赖。

通过上述四个阶段尤其是最后一个阶段的改革，银行业金融机构彻底摆脱了20世纪末技术上濒于破产的状态，整体实力特别是规模实力得到明显提升，资产质量也有了显著改善，一些商业银行在资产总额和一级资本总额方面跻身全球大银行之列。在资产规模方面，截至2018年底，银行业金融机构境内总资产261.4万亿元，继续居全球第一位。在资本实力方面，商业银行资本充足率从底部时期的低于法定标准提高到2018年末的14.20%，一级资本充足率和核心一级资本充足率也分别达到了11.58%和11.03%的历史高位。在资产质量方面，银行业五级分类不良贷款率已从高峰时期的45.00%左右下降到2018年末的1.83%（见图7-9）。根据英国《银行家》（*The Banker*）杂志发布的“2018年全球银行1000强”榜单，中国有135家银行入榜；在前50名的榜单中，中国拥有12家之多，占比近1/4（见图7-10）；特别是全球按照一级资本总额排名，中国四大国

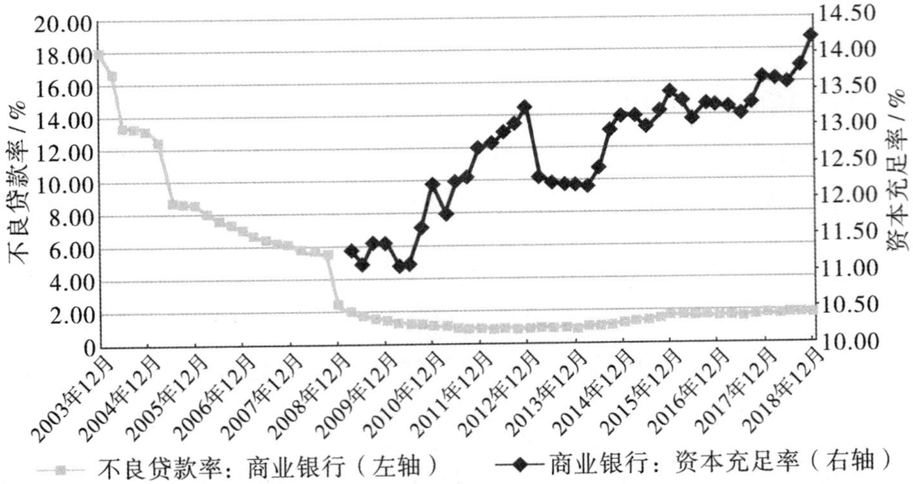

图7-9 商业银行不良贷款率与资本充足率的变化

资料来源：中国银行保险监督管理委员会。

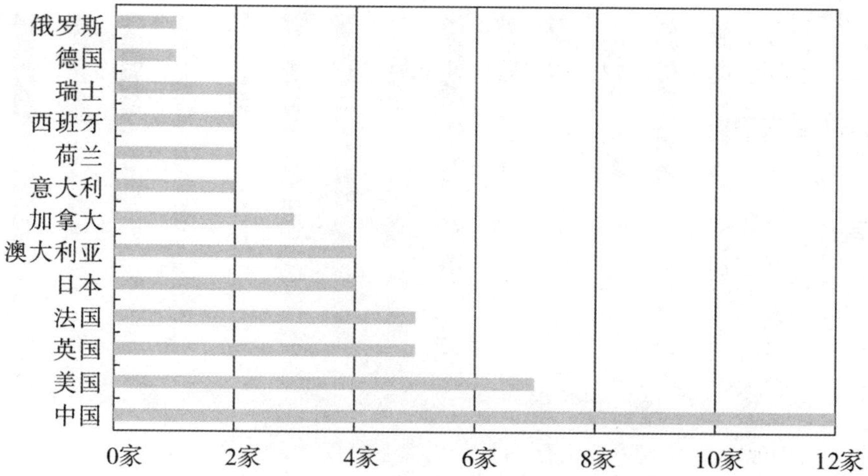

图7-10　2018年全球银行1000强中排名前50银行所在国家分布

资料来源：《银行家》（*The Banker*）。

有独资商业银行首次包揽榜单前四位，稳居全球系统重要性金融机构之列。当然，银行业总体来说还处于“大有余而优不足”的状态，从盈利能力看，2018年末商业银行资产利润率（ROA）和资本利润率（ROE）分别为0.90%和11.73%，继续呈现下降的趋势，与全球同业相比有一定的提升空间。

二、进一步优化金融机构体系的两大着力点

经过前一时期国有大型银行的改革以及全国性股份制银行、地方性中小银行的发展，金融组织体系已经有了较大幅度的完善，银行业市场结构高度垄断的格局发生了不小的改变。尽管如此，以大中型银行特别是大型银行为主体，市场竞争还不太充分的问题仍然比较突出（见图7-11）。在进一步丰富金融供给主体，构建多元化、有差异的银行机构体系方面，依然任重而道远。尤其是在当前倡导金融供给侧改革的背景下，进一步凸显了破解这一难题的迫切性。

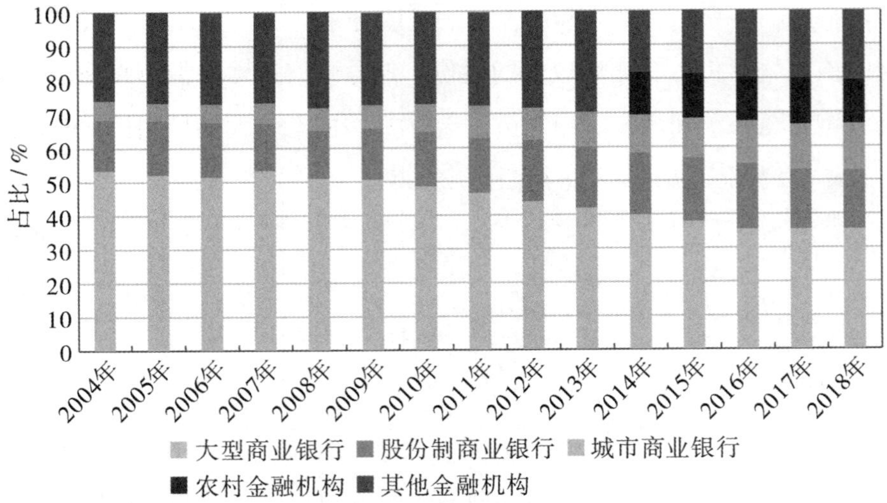

图7-11　银行业金融机构总资产分布的变动情况

资料来源：中国银行保险监督管理委员会。

（一）加大国有金融机构产权制度改革力度

目前来看，国有大型商业银行经过股份制改造和上市，在产权格局上已经改变了国有独资的单一属性，股权结构趋向多元化，但总的来说，国家股和国有法人股占比仍然较大，非国有股占比依然较小。

以中央汇金投资有限责任公司（简称“中央汇金”）为例，作为中国投资有限责任公司的下属子公司，其重要职责是根据国务院授权对国有重点金融企业进行股权投资，以出资额为限代表国家对国有重点金融企业行使出资人权利和履行出资人义务。截至2017年底，中央汇金管理的国有金融资本为4.1万亿元，直接持有17家金融机构股权（包括银行、证券公司、保险公司及综合性金融机构），控参股机构资产总额112万亿元；11家上市控参股机构总市值6.7万亿元，中央汇金所持股票总市值3.1万亿元，占比46.27%，其中对工、农、中、建四大国有银行（A+H上市公司）的持股比例分别达到34.71%、40.03%、64.02%和57.11%。此外，财政部、全国社会保障基金也是重要的国家股东代表。

除了全国性的商业银行，不少区域性的中小型商业银行也为国有控股，比如在一些城市商业银行和农村商业银行，地方政府或者代表地方政府的国有企业仍持有比重较大的股份。地方政府通常凭借所掌握的重要资源，特别是人事任命权，对地方性金融机构握有较大的控制权，有的地方政府甚至把辖区内的商业银行当作第二财政。

下一步应按照市场化原则，继续深化国有金融机构混合所有制改革。应通过减持、引入国内外投资者等方式，进一步降低国有金融机构的股权集中度，并推动具备条件的国有金融机构整体改制上市。

此外，应借助2015年推出的存款保险制度，相应建立起问题金融机构的市场化危机处置和退出机制，尤其是要在以往主要采取兼并重组手段的基础上，引入更具市场导向特征的破产倒闭型退出机制，形成优胜劣汰的市场化出清环境。通过更多采用风险差别费率的市场化手段，替代行政化色彩浓厚的政府隐性担保机制，更好地发挥风险约束和正向激励作用。

作为上述产权制度改革的配套举措，还应重点推进两方面工作：

第一，完善国有金融资本管理体制。根据财政部发布的《国务院关于2017年度金融企业国有资产的专项报告》，金融企业国有资产（国有资本应享有权益）主要分布在财政部管理的中央国有金融企业、金融管理部门管理的金融基础设施类机构、中央企业集团（非金融）管理的下属各级金融子公司，以及地方金融企业。截至2017年末，上述金融机构形成国有资产16.2万亿元。从层级分布看，主要集中在中央本级，地方相对较少，只占20%左右。从行业分布看，银行业金融机构占比最大：在中央层面，银行业金融机构国有资产占比达到65.3%；而在地方层面，银行业金融机构国有资产占比达到54.2%。

目前在国有金融资本的管理上，还存在一些深层次问题，亟须寻找有效的解决方案。具体来说，针对权责不明的问题，应在推进所有权和经营权分开的基础上，进一步规范委托代理关系，明晰出资人的法律地位和权责边界，充分尊重企业法人财产权利，赋予国有金融机构更大的经营自主权和风险责任。针对授权不清的问题，应改革国有金融资本授权经营体制，实现从“管资产”到“管资本”的转变，并通过成立若干国有金融资本投资运营平台，推动国有金融资本运作从“行政化”向“市场化”方式转变。针对布局不优的问题，应根据不同金融机构的功能定位，进一步优化国有金融资本的比重，理顺产权关系：对于开发性和政策性金融机构，保持国有独资或全资的性质；对于涉及国家金融安全、外溢性强的金融基础设施类机构，保持国家绝对控制力；对于在行业中具有重要影响的国有金融机构，保持国有金融资本控制力和主导作用；而对于处于竞争领域的其他国有金融机构，则应积极引入各类资本，国有金融资本可以绝对控股、相对控股，也可以参股。通过这种有进有退的战略性调整，提高国有金融资本配置效率。

第二，完善国有金融机构法人治理结构。从已改制国有金融机构的情况看，虽然在形式上基本建立起了“三会一层”的公司治理架构，但实际上内外部激励和约束机制还不完善，与建立现代金融企业制度的目标要求相比仍存在较大差距。尤其是所有者缺位导致的内部人控制和越位导致的行政干预等现象依然较普遍，当然也存在大股东控制下的不当干预问题。为此，应进一步厘清股东大会、董事会、监事会与经营管理层的权责边界，充分发挥股东（大）会的权力机构作用、董事会的决策机构作用、监事会的监督机构作用和高级管理层的执行机构作用。通过形成有效的内部制衡机制，实现国有金融机构经营机制和运营模式的实质性转变。

（二）进一步增加中小型机构的数量和业务占比

这方面的一个主攻方向是进一步发展组织架构灵活、反应敏捷的非国有金融部门，专门服务民营中小微企业。

近年来，政策层面已逐步降低民间资本进入金融服务领域的市场准入门槛，在支持民间资本参与银行业金融机构（包括国有金融机构）存量改制和增资扩股，特别是以认购新股、受让股权和并购重组等方式投资入股城市商业银行和农村中小金融机构（农村商业银行、农村信用社、村镇银行等）的同时，也开始允许民间资本发起设立民营银行。2014年，首批5

家民营银行试点方案获批；2016年，第二批12家民营银行获批筹建。

从过去几年的实际运行情况看，民营银行在主要经营指标上表现突出。在盈利能力方面，民营银行的净息差在各类商业银行中最高，资产利润率也居于前列。在资产质量方面，民营银行的不良贷款率最低，尽管这与其业务开展时间尚短、风险暴露有限有关，但也在较大程度上归因于其较高的风险控制水平。在抵御风险能力方面，民营银行的拨备覆盖率大幅高于同业水平，流动性比例也超出其他类型银行，同时资本充足率处于较高水平（见表7-1）。当然也应看到，目前民营银行在一些业务领域仍面临身份歧视、资质受限的问题，导致业务规模偏小、业务种类单一，基本上是围绕金融科技或互联网银行模式从事小微企业贷款和消费金融服务，经营同质化程度较高。

表7-1　民营银行与其他类型银行在主要监管指标上的特征比较（2018年末）（%）

银行类型	不良贷款比例	资产利润率	拨备覆盖率	资本充足率	流动性比例	净息差
民营银行	0.53	0.91	671.84	16.55	82.86	3.49
大型银行	1.41	1.00	220.08	15.70	52.34	2.14
股份制银行	1.71	0.84	187.41	12.76	56.49	1.92
城市商业银行	1.79	0.74	187.16	12.80	60.14	2.01
农村商业银行	3.96	0.84	132.54	13.20	58.77	3.02
外资银行	0.69	0.75	311.49	18.40	72.20	1.86

资料来源：中国银行保险监督管理委员会。

为此，要从根本上改变国有银行居于主导的金融体制，切实打破垄断，鼓励非国有银行发展，开展银行业竞争。其中最关键的是应进一步放松针对民营资本的各种管制，确保民营银行获得更加平等的市场地位。特别地，对近年来大量兴起的互联网金融不能单纯采取“堵”的方式。由于它依托金融科技有效降低了信息搜寻成本，方便了信用风险评估，有利于克服中小微企业在抵押、担保上的劣势，因此正发展成为一种重要的普惠金融的工具，这在一定程度上解决了中小微企业的资金可得性和可支付问题。应通过疏堵结合，在有效防范风险的前提下，使其在相对自由的市场环境中为中小微企业提供更好的金融服务。

第四节　深化资本市场改革

资本市场是社会主义市场经济和现代化经济金融体系的重要组成部分，在加速资本形成、优化资源配置、促进价格发现、强化风险管理等方面均具有重要的作用。自1981年恢复发行国库券、1988年允许居民持有的国库券进行流通，特别是1990年底上海证券交易所和深圳证券交易所相继建立一板市场以来，中国的资本市场从单一的政府债券发行市场，发展到以股票、债券为主体的多种证券形式并存、场内集中交易与场外分散交易共生的全国性资本市场体系；并且，随着2004年中小企业板市场（深圳交易所主板市场单独设立）、2009年创业板市场（深圳交易所主板市场的重要补充，也称二板市场）、2013年全国中小企业股份转让系统（也称新三板市场）这一全国性场外市场和各种区域性股权交易市场（又称第四板市场），以及2014年券商柜台交易市场的设立（以中国证券业协会首次公告获准开展业务的试点证券公司为标志，又称新五板市场），多层次的资本市场体系也初步形成。

一、股票市场的发展现状与进一步的改革路径

在股票市场的发展过程中，2005年5月开始的上市公司股权分置改革具有十分深远的影响。在此之前，股票市场长期存在股权分置问题，即上市公司的股份被人为地分割为流通股和非流通股两个部分，有大量的国有股和法人股不能上市交易，形成了某种形式上的双轨制。据统计，改革前，在上市公司总股本中，非流通股大约占2/3（其中七成以上是国有股份）。可以说，股权分置制度是体制转轨期间特有的问题，它造成了市场的割裂，形成了非流通股协议转让与流通股竞价交易两种价格体系，扭曲了市场供求关系和定价机制；在流通股本规模相对较小的情况下，加剧了

股市的投机性和股价的波动性；并在同股不同权的格局下，导致非流通股股东与流通股股东之间的利益冲突，给公司治理带来了明显的负面影响。

为了解决这一历史遗留的制度性缺陷，中国最终采取了帕累托改进型的增量改革路径，通过非流通股股东向流通股股东进行现金或股份补偿以换取流通权的方式，来消除非流通股和流通股的流通制度差异。由于形成了非流通股股东与流通股股东之间以协商对价方式平衡股东利益的改革方案，同时为避免非流通股上市后股票供给增加给市场带来的压力，还设置了分步上市的原则，从而有效平滑了改革带来的冲击。截至2007年，解决了1333家上市公司非流通股与流通股股权分置问题。这场旨在促进规范化的市场取向改革，让股票市场形成了全流通的格局，提升了投资者的信心，使股票市场进入全新的发展阶段。

（一）股票市场的发展现状

根据最新可获得的《中国证券监督管理委员会年报》的统计，截至2017年底，沪深两市共有上市公司3485家（见图7-12），其中主板1872家，中小企业板903家，创业板710家。沪深两市股票总值56.71万亿元，

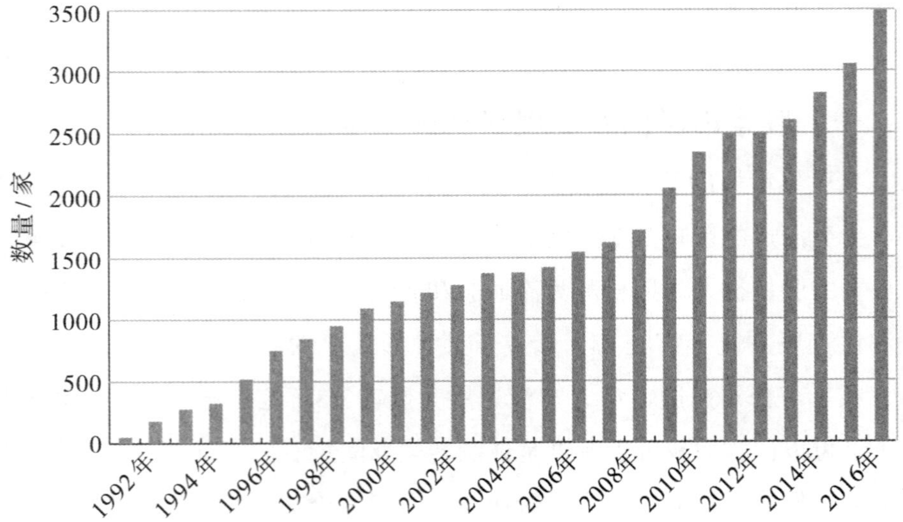

图7-12　沪深两市上市公司数量的变化

资料来源：《中国证券监督管理委员会年报2017》。

流通市值44.93万亿元，流通市值占总市值的79.23%，沪深两市股票总市值占当年国内生产总值（GDP）的68.56%（见图7-13）。在全球股票市场中，中国股票总市值位居第二位，仅次于美国（见图7-14）。

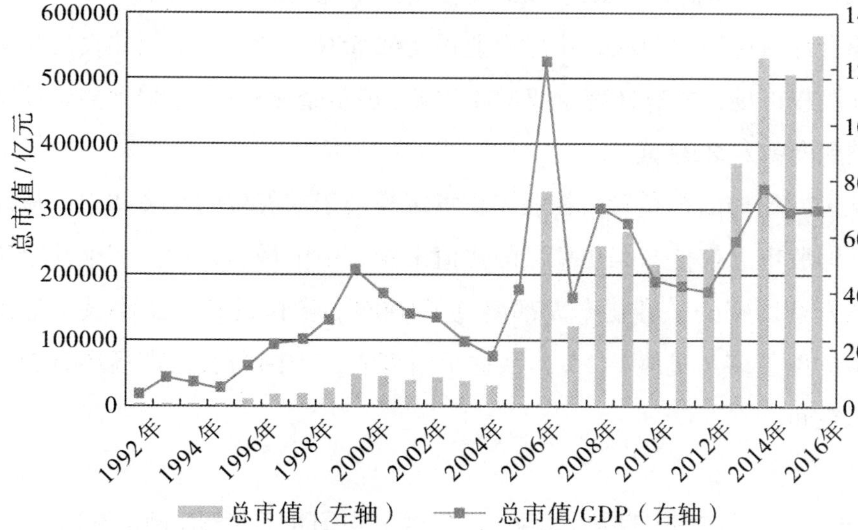

图7-13　沪深两市股票总市值及与GDP比值的变化

资料来源：《中国证券监督管理委员会年报2017》。

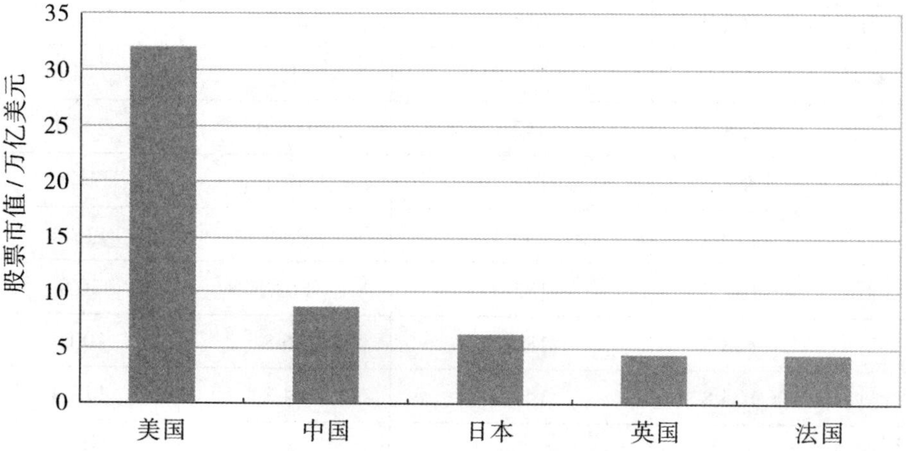

图7-14　2017年底全球股票市值规模前五名

资料来源：《中国证券监督管理委员会年报2017》。

此外，在新三板和新四板市场方面，截至2017年底，全国中小企业股份转让系统挂牌公司11630 家，总股本6756.73亿股，总市值约4.94万亿元。其中创新层公司1353家，占挂牌企业数量的11.63%；基础层公司10277家，占挂牌企业数量的88.37%。按国家统计局企业划型标准，中小微企业合计占比约94.70%，小微企业占比63.65%。同时，全国共设立40家区域性股权市场，共有挂牌企业2.54万家，展示企业8万家，累计为企业实现各类融资9124.82亿元。

从国际比较的视角看，在股票市场规模处于前五位的经济体中，从证券化率即股市总市值与GDP总量的比值来看，中国排名较后。其他几个资本市场发达国家的证券化率大都超过了100%，美国的这一比率甚至达到了中国的两倍多（见表7-2）。从这个角度看，中国的股票市场还有较大的扩张空间。

表7-2　金融结构的国际比较（2016年，占GDP总量的比例，%）

国家	银行资产	资本市场市值合计	资本市场分项	
			股票市场市值	国内债券市值
中国	168.0	148.6	67.3	81.3
美国	62.7	315.8	141.3	174.5
日本	158.3	342.1	105.0	237.1
德国	93.4	123.2	49.1	74.1
法国	112.5	205.3	85.9	119.4
英国	130.5	183.0	112.1	70.9
韩国	148.3	187.5	86.8	100.7
巴西	105.8	147.7	34.3	113.4
俄罗斯	61.1	57.0	38.1	18.9
印度	69.7	98.6	67.5	31.1

注：英国的股票数据为2012年的；美国、德国、法国、英国和印度的债券数据为2011年的。

资料来源：世界银行全球金融发展（GFDD）数据库。

（二）进一步发展股票市场的现实紧迫性

在当前深化供给侧结构性改革的攻坚阶段，资本市场的深入发展具有重要的意义和价值，突出体现在两个方面。

1. 扩大股权融资与防范过度负债

一直以来，中国都是一个高储蓄率的国家。图7–15反映了1992—2016年的国民储蓄率及企业、政府和居民等三大部门各自的储蓄率。从图中可以看出，2007—2011年，国民储蓄率持续高于50%，2012年以来国内部门总储蓄率也大体处于46%以上的较高水平（其中企业部门、政府部门、居民部门的储蓄率分别为5%左右、25%左右、20%左右），远高于多数国家通常20%左右的国民储蓄率（见图7–16），也高于以“高储蓄率”著称的日本、韩国等东亚经济体的水平，中国成为世界上储蓄率最高的国家之一。

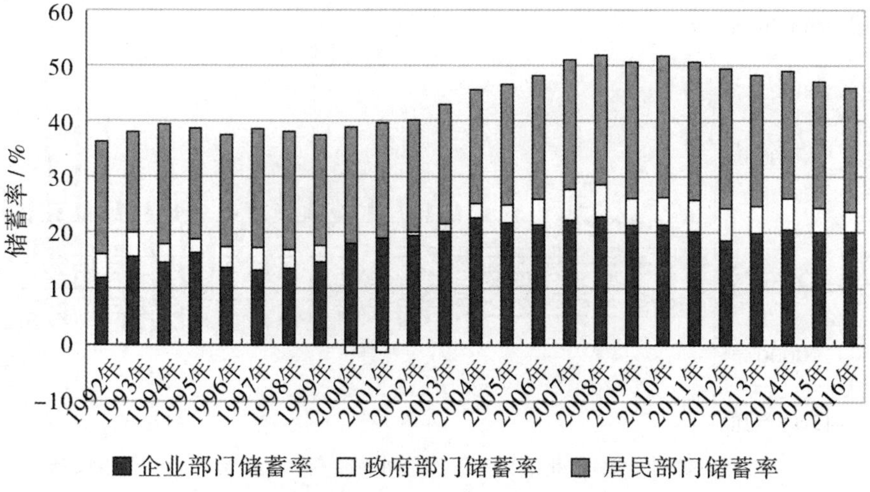

图7–15　国民储蓄率与三大部门储蓄率

资料来源：根据相关年份《中国统计年鉴》有关数据计算得到。

从资金流量表反映的净金融投资格局看，居民部门是主要的净储蓄来源方，而企业部门则为净借贷方（见图7–17）。居民部门的高储蓄率意味着大量的储蓄盈余可以转化为企业部门的投资。

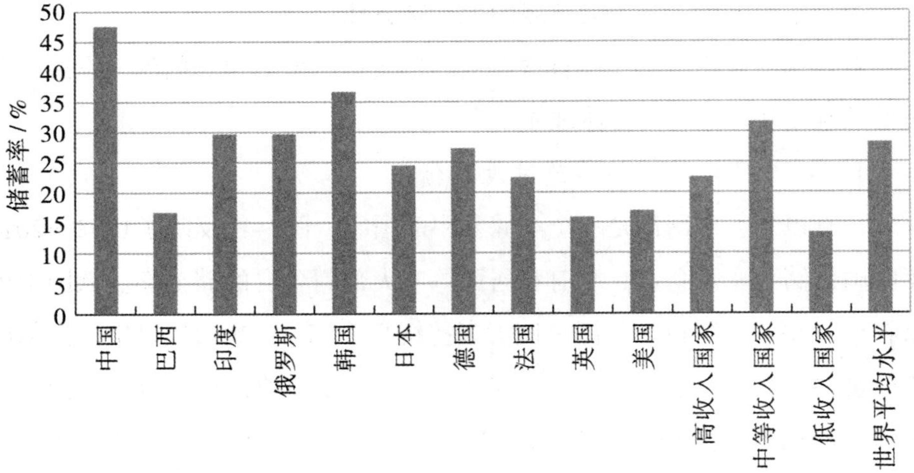

图7-16　国民储蓄率的国际比较（2017年）

注：其中美国、日本和高收入国家为2016年的数据。

资料来源：世界银行世界发展指标（GFDD）数据库。

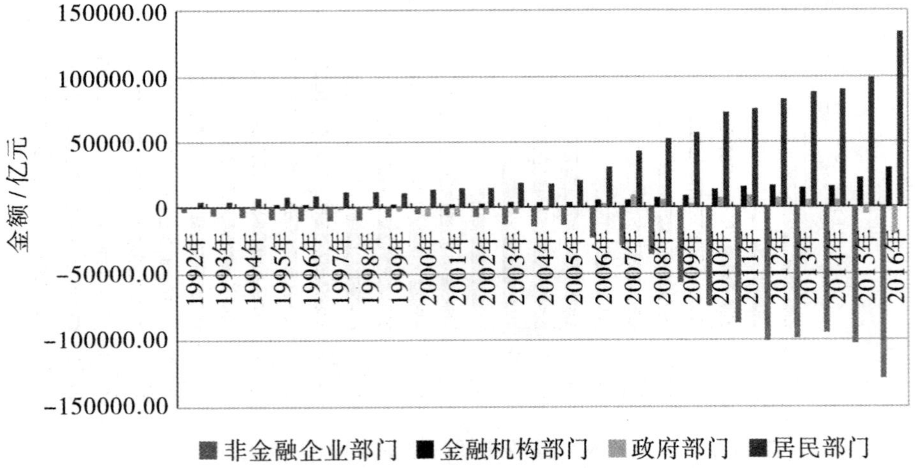

图7-17　净金融投资的部门分布

资料来源：国家统计局。

在这个转化过程中有一个非常重要的影响因素，就是整个金融结构的特征。表7-2显示，中国金融体系的主体仍为银行部门，银行资产占GDP的比例达到168.0%。相比之下，资本市场不够发达，市值总和还低于银行体系，其中股票市场的资产只占银行资产的四成。中国金融体系对银行部门的依赖，在全球主要发达国家和发展中国家中，处于比较突出的位置。

与金融结构的这一特征相呼应的是社会融资结构的特征。从2002年以来社会融资规模结构的变化看，间接融资的比重一度趋于下降，但2014年以来，人民币以及外币贷款的间接融资方式的占比反而趋于上升；直接融资所占比重虽然有所增加，特别是企业债券融资，但总体来说上升有限，其中股权融资形式占比一直偏低（见图7–18）。

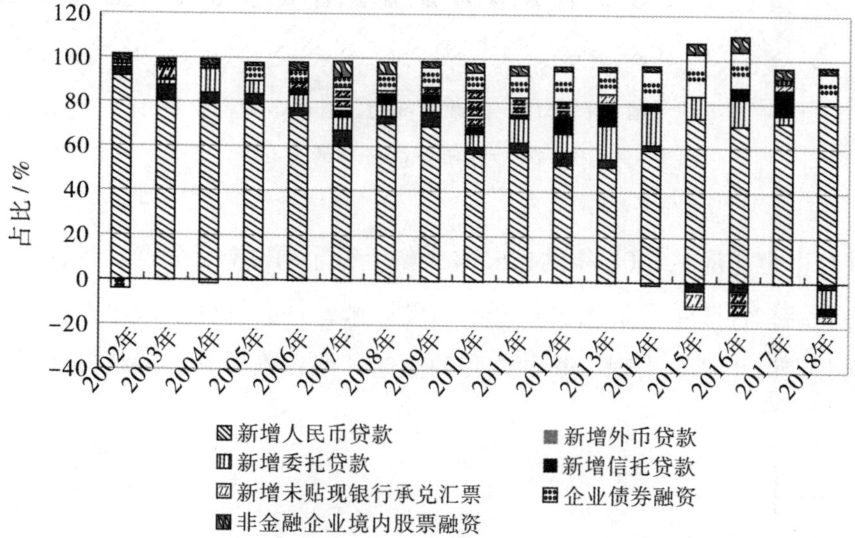

图7–18 2002年以来的社会融资规模结构

资料来源：中国人民银行。

高储蓄率和低股权融资相结合，表明在居民部门的储蓄盈余转化为企业部门的投资过程中，如果不能通过股票市场等渠道以权益性融资的形式实现，而是通过银行等渠道以债务的形式实现，就会导致企业部门积聚过多的杠杆。根据最新估算，截至2018年末，非金融企业部门的杠杆率为148.4%（见图7–19），而实体部门杠杆率为 238.7%。从国际比较的视角看，中国非金融企业部门债务占总债务的比重要显著高于全球主要国家（见图7–20）。在非金融企业部门高杠杆的带动下，全部非金融部门加总

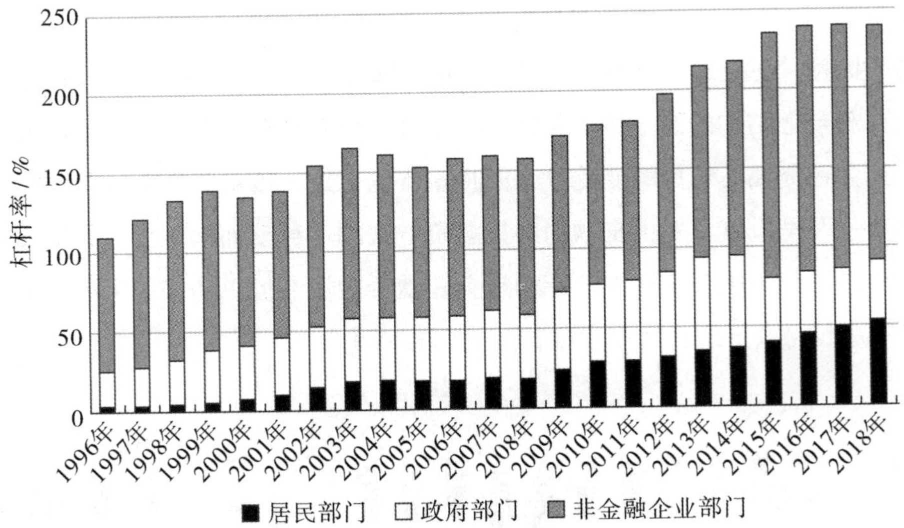

图7-19　全社会杠杆率的变化

资料来源：作者估算。

的杠杆率也相应从2008 年的156.8%大幅上升了81.9个百分点。尽管自实施供给侧结构性改革、加大去杠杆的力度以来，社会杠杆率快速上升的势头受到一定遏止甚至出现了某种逆转的倾向，但在确保其可持续方面仍面临

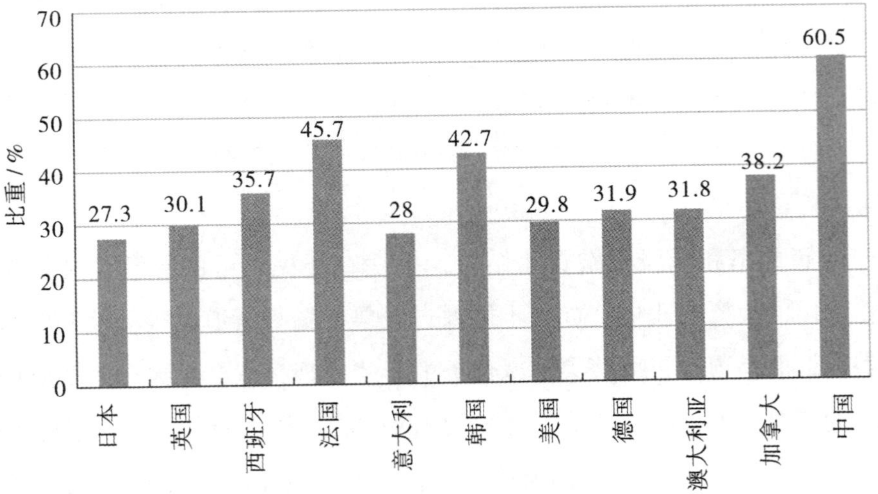

图7-20　非金融企业债务占总债务比重的国际比较（2018年）

资料来源：根据国际清算银行（BIS）数据计算得到。

较大的压力。

要进一步破解企业部门杠杆率高企的难题，保持宏观杠杆率的基本稳定及至进一步实现去杠杆化的目标，就需要着力优化投资的资金来源结构，使国民储蓄中更大比例的资金进行股本融资，以减少企业对借贷杠杆的依赖。为实现这一诉求，一条切实可行的路径就是，通过大力发展资本市场，创造有利于股权资本形成的机制，多渠道增加股权性投资比重，从而促进直接融资与间接融资协调发展，推动金融结构从债务性融资向股权融资格局转变。

2.扩大股权融资与实现创新驱动

实现增长动力结构转换是当前推动供给侧结构性改革的重要内容之一。可以看到，传统上构建以要素密集投入为基础的经济增长模式，由于面临着要素供给能力不足和边际报酬递减的双重制约，已经难以持续。而要素间的交互作用或者说全要素生产率（TFP）的提升才是经济长期增长的真正源泉。

但过去若干年的实际情况表明，在经济增长的动力源泉中，相较于劳动数量、劳动质量和资本要素的贡献，全要素生产率增长率的贡献仍处于相对弱势的低位。从全要素生产率增长率的变动情况看，全要素生产率增长率一直处于不断下降的过程中。即使在2015年部署进行供给侧结构性改革的背景下，2016—2018年依然处在负值区间。与世界平均水平以及与主要发达国家相比，中国无论是在下探的持续时间还是在下探的幅度上，都更加明显。对比尤其强烈的是，同属于发展中大国的印度，则始终保持比较显著的正增长状态（见图7–21）。

在这种情况下，未来要使科技创新真正成为持续发展的根本推动力，完成从“外生增长”模式向“内生增长”模式的转变，就应将股权融资作为重要的依托力量。这是因为，与间接融资模式相比，直接融资模式下的资金来源相对分散，在技术进步路径具有不确定性的情况下，有利于提高对风险的分担与吸收能力。特别是直接融资模式的运作机制

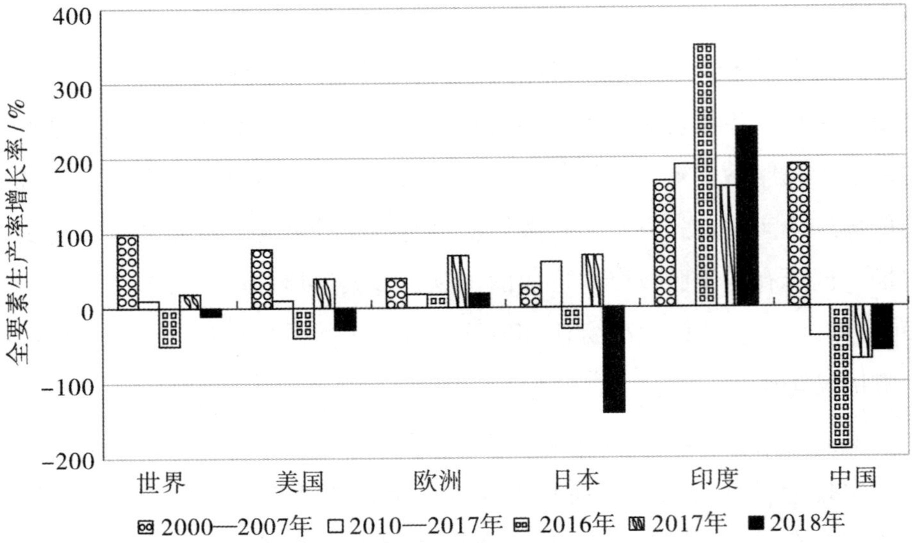

图7-21　中国与世界主要经济体全要素生产率增长率的对比

资料来源：世界大型企业联合会宏观经济数据库。

更加基于市场导向，能够很好地契合当前国际国内环境下各方面对于转变科技创新援助路径的强烈诉求。通过进一步发展资本市场，可以更多借助市场化的力量进行普惠性或者功能性的支持，相应改变一直以来通过专向财政补贴或者定向信贷投放进行选择性扶持的传统模式，进而更好地利用市场信号的传递作用，有效地激发市场主体的活力，建立起持续创新的机制。

（三）股票市场进一步改革的路径

中国的资本市场在成立之初就被赋予了服务于国有企业脱困目标的战略定位，市场化基因先天不足，定价和激励机制扭曲。经过一个时期的改革，新兴加转轨的特征依然较为突出，市场机制还有待进一步完善，尤其是在基础制度层面。近年来，新一轮资本市场的市场化改革正在加速推进。主要涉及两个方面。

1. 市场入口环节的制度建设

调整发行体制是推进股票市场改革的核心任务。之前经过首次公开发行（IPO）制度的第一轮改革，已经从初始的审批制推进到了核准制。但在发行人资格审查、发行规模、发行价格乃至发行上市时间等环节，行政性管控因素依然存在，审批程序也较为复杂。进一步采用国际成熟市场中普遍实行的股票发行注册制是未来深化改革的基本方向，党的十八届三中全会也作了部署。目前借助在上海证券交易所设立科创板并试点注册制的契机，可寻求新的突破。

一是优化发行条件。设定包括预计市值、收入、净利润、研发投入、现金流等在内的多元标准，并允许尚未盈利或存在累计未弥补亏损的企业上市，相应降低对盈利指标的硬性要求，从而更符合处在成长期的科创型企业的特征，增强市场的包容性。

二是建立以信息披露为中心的股票发行上市制度。将发行条件中可以由投资者判断的事项转化为更加严格的信息披露要求，增强市场的自我选择能力。相应形成以信息披露为中心的监管架构，证监会主要负责股票发行注册，发行上市审核权下放到证券交易所，在对发行人的基本发行条件和上市条件进行审核的同时，将更多关注其是否满足了信息披露方面的要求。强化发行人对信息披露的诚信义务和法律责任。

三是发行和交易价格更加市场化。对新股发行定价不设限制，首次公开发行上市、增发上市的股票，上市后的前5个交易日不设价格涨跌幅限制。之后交易日的股票竞价交易价格涨跌幅限制比例也放宽到20%。注意发挥专业机构投资者在新股定价中的作用，探索建立以机构投资者为参与主体的询价、定价、配售等机制。在竞价交易的基础上，条件成熟时引入做市商机制。同时，在发行规模和节奏上也主要通过市场化方式决定，以强化市场约束。

总之，通过引入注册制下的股票发行和交易制度，旨在进一步简化目前依然具有较浓行政许可色彩的核准机制，相应放松准入环节上的严格管制，从而为股票市场基础制度带来根本性变化。

2. 市场出口环节的制度建设

退市制度是股票市场的又一项基础性制度。自2001年开始推行上市公司退市制度以来，实际退出者的数量非常有限，只有100个左右，退市比例几乎可以忽略不计。这与成熟资本市场中的常态化退市现象形成了鲜明的对比。近几年来，为提升上市公司质量，加强投资者保护，国家在完善上市公司退市制度领域加大了改革的力度。一方面，细化了上市公司主动退市、强制退市的具体情形，尤其是对于涉及重大违法行为的上市公司将明确予以退市；另一方面，对于退市公司恢复上市、重新上市的条件也趋于严苛。而在科创板方面，则重点丰富了交易类和规范类退市指标，同时优化了财务类退市指标，并取消了暂停上市、恢复上市和重新上市环节。这些举措，旨在形成优胜劣汰、进退有序的市场良性运作机制。

二、债券市场的发展现状与进一步的改革路径

债券市场曾一度是资本市场发展的短板，但近年来在监管改革等多重因素的共同作用下，发展比较迅速。

（一）债券市场的发展现状

2007年和2015年是债券市场发展中的两个重要时间节点，尤其是2015年之后，债券市场扩张之势更为明显（见图7-22）。这一年有三个重要的推动力量值得提及。

一是在非金融企业债券方面。国家继2007年启动企业债发行从审核制向核准制转变的市场化改革后，2015年进一步加大了改革的力度，特别是在公司债发行制度方面，公开发行债券也由之前的审批制转为证监会核准制，非公开发行债券则转为证券业协会备案制；同时，整个企业债券审批制度改革也在继续寻求突破，探索推动发行管理模式从核准制向注册制过渡的方法。这在较大程度上推动了公司信用类债券发行规模的不断扩大。

二是在地方政府债券方面。国家于2009年启动“代发代还”模式试点

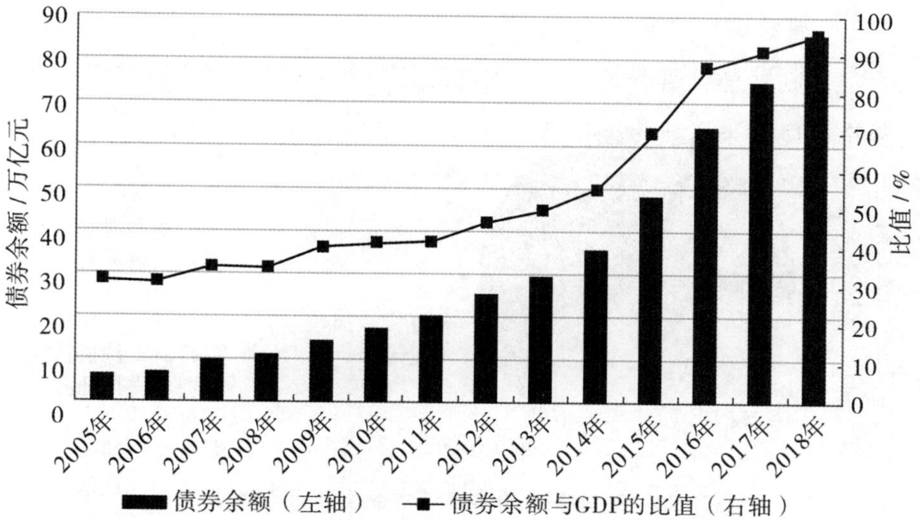

图7-22　债券市场存量规模及与GDP比值的变化

资料来源：WIND。

发行地方政府债券，并在2011年推出“自发代还”模式试点和2014年开展“自发自还”模式试点的基础上，于2015年正式实施“自发自还”并将其作为地方政府新增债务的唯一合法形式，该市场得以快速发展。2018年在整个债券市场托管总量中的余额占比已经超过1/5，成为债券市场中重要的券种（见图7-23）。

三是在同业存单方面。这种由银行业存款类金融机构法人在全国银行间市场上发行的记账式定期存款凭证，自2013年12月启动业务后，伴随2015年金融机构间同业业务的大量兴起而迅速扩张，2018年末已占到全市场一成多的份额，成为一个重要的券种（见图7-23）。

随着债券市场规模的不断扩大，中国已经发展成为全球第三大市场，仅次于美国与日本。根据国际清算银行（BIS）的统计，截至2018年三季度末，全球债券市场市值排名前五位的国家分别是美国（41万亿美元）、日本（12.6万亿美元）、中国（12.4万亿美元）、英国（5.8万亿美元）和法国（4.6万亿美元）（见图7-24）。当然，若以债券市值占GDP的比例来看，日本超过200%，美国和法国也在100%以上，而中国尚不足100%（见

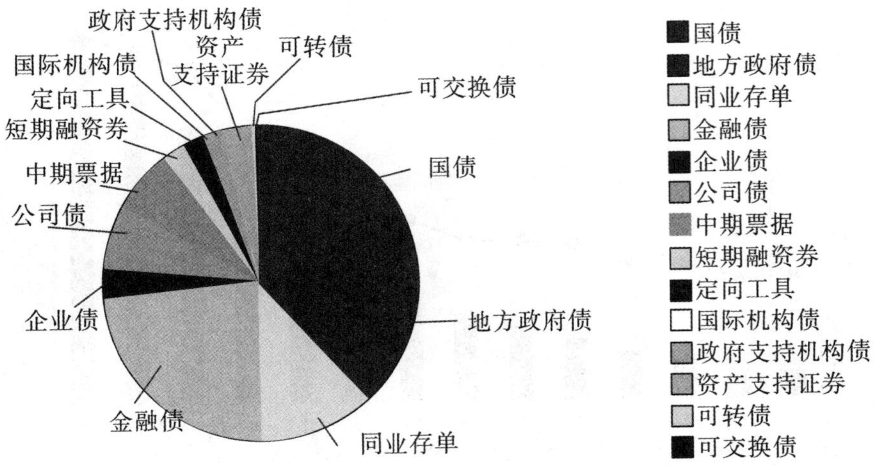

图7-23　2018年末债券市场中主要券种余额占比

资料来源：WIND。

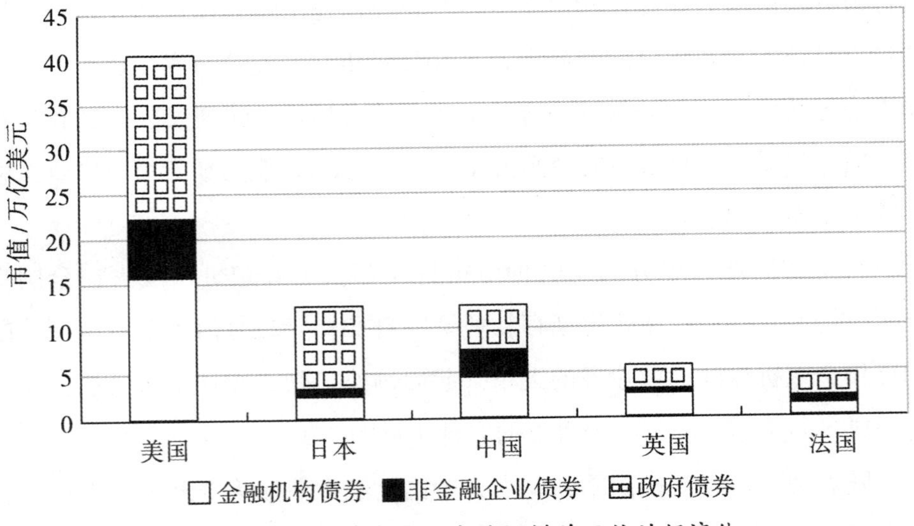

图7-24　全球债券市场市值规模前五位的经济体

注：截至2018年三季度末。

资料来源：国际清算银行。

表7–2）。这也预示着中国的债券市场尚有较大的增长潜力。

（二）债券市场进一步改革的路径

目前来看，债券市场在发展过程中仍面临一些深层次的体制性障碍，需要通过进一步深化改革加以解决，主要体现在如下几个方面：

1. 企业债券定价机制问题

尽管经过前期发行体制的不断改革，目前仍有部分非金融企业债券的发行受到一定的审核性管制，在某种程度上扭曲了债券市场利率的形成机制。尤其是该市场仍有某种程度的隐性担保，尚未形成真正市场化的风险定价机制。目前来看，债券市场违约发生率依然比较低，截至2018年底，违约金额占整个市场的比例仅为0.8%，与国际水平相比还是偏低（全球债券市场的平均违约水平在1.1～2.2之间）。这种情况不但无法对债券发行人形成足够的信用约束，而且会使债券投资者缺乏基本的风险意识，他们认为不会存在违约风险，或者认为即使存在违约风险，政府出于社会稳定的需要，也会采取干预措施阻止投资产品违约。这种安全保障“幻觉”的存在，使得高利率产品被视为无风险溢价的产品，助长了投资者对低风险、高收益金融产品的特殊偏好。

对于中国债券市场而言，未来允许债券违约成为常态化事件，是市场出清的必然选择，也是市场成熟的必经阶段。违约事件的信用风险暴露，能有效避免系统性风险的形成和爆发。从长远看，这有利于建立合理的风险定价体系和有序打破刚性兑付，也有利于建立起市场化、法治化的债券违约处置机制和风险分担机制，能减少政府信用背书下的道德风险问题。强化市场本身的自律机制，强化发行人和投资者的责任约束，使风险与回报相匹配，进而使资金价格回归常态。

2. 地方政府债券定价机制问题

地方政府债券市场自启动以来，发行定价市场化程度呈逐步提升的态势，发行利率与当期国债利率的溢价在扩大，且不同地方政府信用风险上的差异已在价格上有一定体现，区域信用利差与发行主体的经济实力、综合财力以及债务负担水平之间也逐渐呈现出一定的相关性。但总体而言，区域间的票面利率和发行利差的分化仍不显著，债券定价对于相应风险的揭示能力依然有限（见图7-25），定价机制还不能充分反映地方政府债券的市场价值和风险成本。尤其是在定向债券和专项债券方面，发行利率市场化程度仍有待提升。以2017年广东省20个地级市发行的土地储备专项债券为例，各项目对应地块预期出让收入对债券募集资金的保障倍数差异明显，最高的2只分别达到50.84和41.5，另外还有8只介于10～30之间，但这种差异却没有对发行利率产生明显影响，各只债券均为3.8%，未出现分化[①]。2018年8月，为配合稳增长政策，财政部对地方债发行定价进行窗口指导，不同省份间的利率分化又有所退化。地方政府债券定价市场化程度不高，其中一个重要原因在于地方政府在财政存款存放和本地其他经济资源上的腾挪能力提高了其议价能力，在地方政府债券发行中通过采用指导投标、商定利率等非市场化方式干预定价的情况很难完全杜绝。总之，如何进一步发挥市场在地方政府债券发行和交易中的决定性作用，仍有待破题。

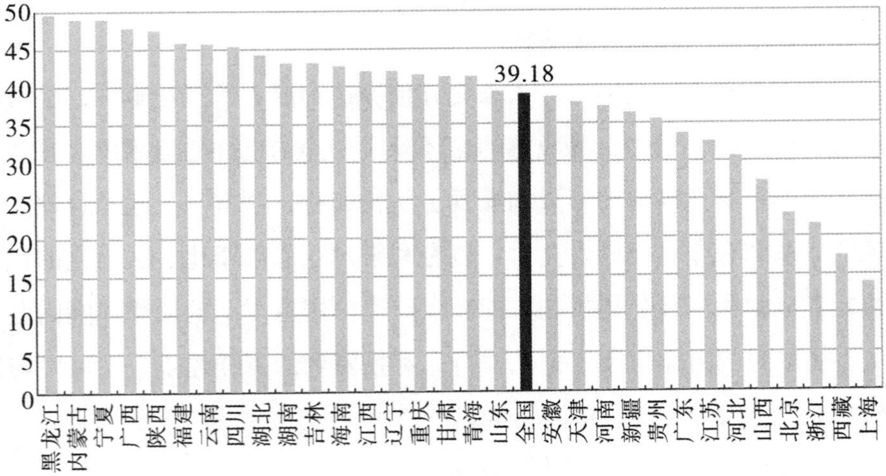

图7-25　2017年各省（区、市）地方政府债券加权平均发行利差情况（BP）

资料来源：中债资信报告。

① 参见“中债资信”微信公众号上的文章《2017年地方债市场全景扫描》。

3. 市场分割问题

首先是监管体系分割。目前的债券市场处于多头监管的体制之下，不同种类、不同主体（比如公司制企业与非公司制企业、上市企业与非上市企业、国有企业与非国有企业、金融企业与非金融企业等）的债券发行由不同的部门分头进行监管。其中，财政部主要负责对国债和地方政府债券的监管；央行和银保监会共同负责对金融债的监管，央行下属的银行间市场交易商协会则负责对短期融资券、中期票据、非公开定向债务融资工具（PPN）的监管；证监会主要负责对公司债的监管；国家发改委则主要负责对企业债的监管；此外，银保监会还负责对保险公司债权投资计划的监管。甚至在某一个具体的券种上，也会采取分别监管的体制。比如，资产支持证券就大致分为四类：第一类是由央行和银保监会监管的信贷资产证券化，一般在银行间市场发行；第二类是由证监会监管的企业资产证券化，一般在证券交易所发行；第三类是银行间市场交易商协会的资产支持票据（ABN）；第四类是银保监会监管下的保险资产管理公司项目资产支持计划。

其次是托管体系分割。除了一级发行市场的监管分立格局，在登记、托管、清算、结算等环节也存在多主体并存的局面，涉及中央国债登记结算有限公司（中债登）、银行间市场清算所股份公司（上清所）、中国证券登记结算有限公司（中证登）三个不同的机构。以2018年为例，年末全国债券市场托管存量76.45万亿元中，中债登托管债券57.62万亿元，占全市场的75.4%；上清所托管债券9.83万亿元，占全市场的12.9%；中证登托管债券9万亿元，占全市场的11.8%。

最后是交易体系分割。经过多年的发展，整个债券市场已形成了以银行间市场为主，交易所市场和商业银行柜台交易市场为辅，场内市场和场外市场共同构成的体系结构，尤其是2018年末银行间市场余额所占的比例已经超过了一半（见图7-26）。但各市场之间，特别是银行间市场和交易所市场之间还处于割裂状态，前者是主要面向合格机构投资者的场外市场，后者则是主要面对个人和中小投资者的场内市场。

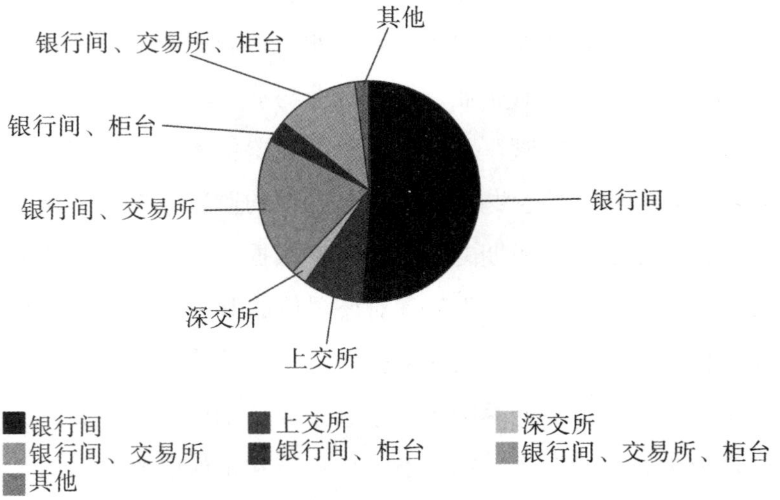

图7-26　2018年末债券市场中主要市场类型余额占比

资料来源：WIND。

上述这种多重分割的格局，不利于整个债券市场在深度和广度上的拓展，还需尽早打破分立状态，促成债券市场的统一互联，进一步提高市场的运行效率。

4. 评级虚高问题

在信用评级方面，目前面临的主要矛盾是过度集中于AAA、AA+和AA三个等级（2018年末，在全部信用债中，AAA级占到41.3%，AA+级占9.7%，AA级占5.9%，三者合计就占到了近2/3）。信用区分度不充分，不利于债券发行利率充分体现风险溢价。这种状况的形成，一方面可归因于对政府“兜底”债券偿付的强烈预期（相应带来对违约概率的系统性低估），另一方面也与付费模式不合理（由发行人通过招投标的方式来选择评级机构，在地位不对等的情况下容易产生恶性竞争）密切相关。

未来应逐步减少政府的隐性担保，同时也可尝试由投资者“埋单”，逐步推广投资者付费模式，切断评级机构与发行人之间的利益关联，确保评级机构的独立性和评级结果的客观性。值得注意的是，国家从2017年7月开始允许境外评级机构开展银行间债券市场信用评级业务，由此带来的竞争压力或将有助于减少评级泡沫问题。

5. 投资者结构单一问题

目前债券持有主体相对单一，以商业银行为主，个人投资者、非银行机构投资者以及非法人机构等其他各类型投资者持有比例偏低。2018 年末，在银行间市场托管总量中，存款类金融机构持有比例就达到了57.4%。未来还需要进一步丰富投资者类型，以推动投资主体多元化，特别是要注意扩大柜台交易的范围和品种，以及提高个人投资者的比例。

第五节 扩大金融领域对外开放

金融领域对外开放包括金融服务业开放和资本项目开放两个方面，前者主要是要逐步放开境外机构在中国设立金融机构以及入股境内金融机构的准入条件，后者主要是要放松对国际收支平衡表中资本和金融项目下对外投资（包括直接投资、证券投资以及其他投资）和外商对中国投资的限制，尤其是要逐步扩大资本市场的双向开放。

一、逐渐减少对境外金融机构实行非国民待遇的做法

中国在2001年签订的《中华人民共和国加入议定书》的附件9《中华人民共和国服务贸易具体承诺减让表》中曾经明确承诺：加入WTO后5年内，将取消本币业务的所有地域限制；允许外国金融机构向所有中国客户提供服务；取消限制所有权、经营及外国金融机构法律形式的任何非审慎性措施，包括关于内部分支机构和营业许可的措施。此外，中国还承诺在满足一定条件后，允许外国金融机构在中国设立外国独资银行或外国独资财务公司。以此观之，中国在履行“入世”承诺推进金融服务业开放方面，包括在持股比例、业务范围等的开放上，还有一定的改善空间。

2018年4月，在博鳌亚洲论坛期间，一系列金融开放措施同时推出，其中绝大部分都涉及金融业开放内容，包括：①取消银行和金融资产管理公司的外资持股比例限制，内外资一视同仁，允许外资银行在境内同时设立分行和子行；②将证券公司、基金管理公司、期货公司、人身险公司的外资持股比例上限放宽至51%，3年以后不再设限；③不再要求合资证券公司的境内股东中至少有1家是证券公司；④允许符合条件的外国投资者来华经营保险代理业务和保险公估业务；⑤放开外资保险经纪公司的经营范围，与中资机构一致；⑥鼓励在信托、金融租赁、汽车金融、货币经纪、消费金融等银行业金融领域引入外资；⑦对商业银行新发起设立的金

融资产投资公司和理财公司的外资持股比例不再设上限；⑧大幅度扩大外资银行的业务范围；⑨不再对合资证券公司的业务范围单独设限，内外资一致；⑩全面取消外资保险公司设立前需开设2年代表处的要求。与此相呼应，《外商投资准入特别管理措施（负面清单）（2018年版）》明确取消对中资银行的外资单一持股不超过20%，合计持股不超过25%的持股比例限制；将证券公司、证券投资基金管理公司以及期货公司由中方控股改为外资股比不超过51%，2021年取消外资股比限制；将寿险公司的外资股比由50%放宽至51%，2021年取消外资股比限制。

2019年4月，银保监会宣布拟再推出12条金融业对外开放新措施，包括：①按照内外资一致原则，同时取消单家中资银行和单家外资银行对中资商业银行的持股比例上限；②取消外国银行来华设立外资法人银行的100亿美元总资产要求和外国银行来华设立分行的200亿美元总资产要求；③取消境外金融机构投资入股信托公司的10亿美元总资产要求；④允许境外金融机构入股在华外资保险公司；⑤取消外国保险经纪公司在华经营保险经纪业务需满足30年经营年限、总资产不少于2亿美元的要求；⑥放宽中外合资银行中方股东限制，取消中方唯一或主要股东必须是金融机构的要求；⑦鼓励和支持境外金融机构与民营资本控股的银行业保险业机构开展股权、业务和技术等各类合作；⑧允许外国保险集团公司投资设立保险类机构；⑨允许境内外资保险集团公司参照中资保险集团公司资质要求发起设立保险类机构；⑩按照内外资一致原则，同时放宽中资和外资金融机构投资设立消费金融公司方面的准入政策；⑪取消外资银行开办人民币业务审批，允许外资银行开业时即可经营人民币业务；⑫允许外资银行经营“代理收付款项”业务。

在政策条件趋于宽松的背景下，2018年下半年以来，外资金融机构进入中国市场的进程开始加快。比如，瑞士银行集团通过增持股权，将对瑞银证券的持股比例提升至51%，使后者成为中国首家外资控股证券公司。再比如，德国安联保险集团获准筹建安联（中国）保险控股有限公司，后者成为中国首家外资保险控股公司。根据银保监会的数据，截至2019年3月，已有41家外资银行法人机构、57家外资保险法人机构落户中国，151家外资银行分行和154家外资银行代表处在中国内地营业。尽管如此，目前来看，境外金融机构的市场份额依然有限，外资银行和外资保险公司的在华资产占比分别仅为1.64%和6.36%。未来还需要按照“准入前国民待遇+负面清单管理”原则，继续扩大金融服务业对外开放，创造公平竞争的市场环境。

二、进一步加大资本市场的对外开放力度

进入21世纪以来，特别是2012年开启新的发展阶段以来，在提高资本市场开放度的过程中，国家重点推进了机制建设，并取得了一定成效，未来还有待继续深入推进相关制度建设。

（一）两大重要机制的推出

一是投资者层面的合格机构投资者制度。早在2002年就推出了合格境外机构投资者（QFII）制度，开始允许外资进入中国资本市场。2006年出台了合格境内机构投资者（QDII）制度，允许国内资金投资于境外资本市场。随着2009年人民币国际化正式启动，2011年12月，出台人民币合格境外机构投资者（RQFII）制度，符合一定条件的境内基金管理公司和证券公司的香港子公司可以运用其在香港募集的人民币资金在经批准的投资额度内开展境内证券投资业务。2014年11月，出台人民币合格境内机构投资者（RQDII）制度，合格的境内机构投资者可以运用来自境内的人民币资金投资境外金融市场的人民币计价产品。截至2018年底，QFII总额度为1500亿美元，共有309家境外机构获得QFII资格，获批投资额度为1011亿美元；RQFII制度从香港扩大到19个国家和地区，总额度为1.94万亿元人民币，共有233家境外机构获得RQFII资格，获批投资额度为6467亿元人民币。此外，共有152家境内机构获得批准QDII投资额度1032.33亿美元（见

图7-27）。目前来看，合格机构投资者制度已经成为跨境资本双向投资的主要渠道，通过这种安排，所有证券类资产都可实现境内外配置的目的，但在投资额度和资金汇兑方面仍面临一定的限制。

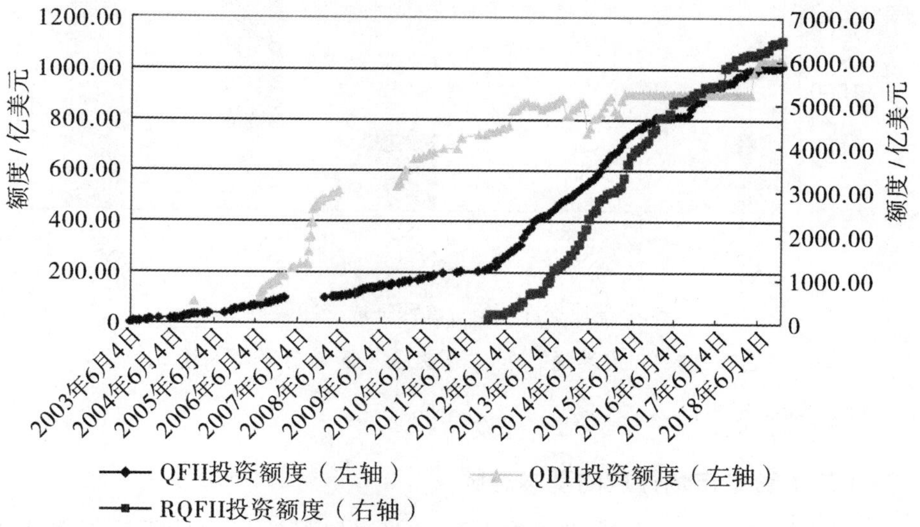

图7-27　QFII、RQFII、QDII投资额度变化

资料来源：国家外汇管理局。

二是交易所层面的境内外基础设施互联互通机制。2014年11月启动“沪港通”，实现上海证券交易所和香港联合交易所的互联互通。2016年12月推出“深港通”，进一步完善内地与香港股票市场互联互通机制。2017年7月推出“债券通”，开展内地与香港债券市场互联互通合作。这些基础设施的联结安排，在投资主体方面更加多元（拓展到普通机构投资者与合格个人投资者），在投资额度方面也更加富有弹性，在进一步便利证券交易的基础上促进了资本的双向流动。自“沪港通”和“深港通”开通以来，至2018年底，A股市场北上资金合计净流入6417亿元（见图7-28），持有A股市场1921只上市公司股份。而“债券通”渠道下进入银行间市场的境外机构投资者数量为505家，持债规模约为1800亿元。

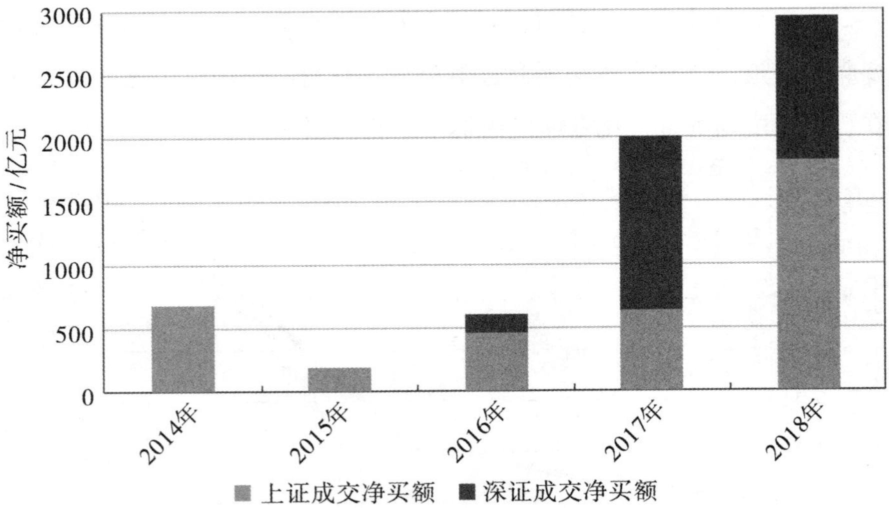

图7-28　“沪港通”和“深港通”下资金净流入情况

资料来源：WIND。

（二）资本市场开放的基本态势

在债券市场投资人对外开放方面，非居民投资境内债券市场基本实现可兑换，特别是向境外投资人全面放开了银行间市场①；居民投资境外债券市场主要通过QDII、债券通实现。在债券市场发行人对外开放方面，居民境外发行债券在登记备案后可实现兑换，非居民境内发行债券仍存在较严格的准入限制。从非居民境内发行人民币债券（熊猫债）的发展进程看，早在2005年9月，国际多边开发机构就首次获准在境内发行人民币债券。从2015年开始，发行主体拓展至境外非金融企业、境外商业银行、外国地方政府和中央政府等。截至2018年末，境外机构已累计发行熊猫债3165.30亿元。目前，境外金融机构法人在银行间市场发行熊猫债由中国人

① 2016年2月，取消境外机构投资者投资银行间市场的额度限制，从事前管理转向事中事后管理，包括商业银行、保险公司、证券公司、基金管理公司及其他资产管理机构等各类金融机构，上述金融机构依法合规面向客户发行的投资产品，以及养老基金、慈善基金、捐赠基金等中国人民银行认可的其他中长期机构投资者，均可投资银行间市场。截至2018年12月，在参与境内银行间市场的境外机构中，央行类机构71家、商业银行232家、非银行类金融机构121家、中长期机构投资者21家、金融机构发行的投资产品832只。

民银行核准，境外非金融企业法人、外国政府类机构、国际开发机构等在银行间市场发行熊猫债由中国银行间市场交易商协会进行事先注册。总的来看，境外机构的发行申请、发行规模、发行利率与资金用途等都需要经过审核与管理。

在股票市场投资人对外开放方面，通过采用合格机构投资者制度、境内外交易所互联互通安排，初步形成了居民直接投资境外股票市场、非居民直接投资境内股票市场的渠道，但其他直投管道尚未打开。在股票市场发行人对外开放方面，居民在境外发行股票基本不受限制，而非居民在境内发行股票则受到较多的限制，酝酿已久的国际板还未有实质性突破。2018年3月，政策层面允许试点红筹企业按程序在境内资本市场发行中国存托凭证（CDR）上市[①]；具备股票发行上市条件的试点红筹企业可申请在境内发行股票上市。但从实际运作情况看，CDR的发展并不顺畅。

总的来看，债券市场的开放程度要高于股票市场，股票和债券二级市场交易渠道的开放程度要高于一级市场发行渠道。

（三）资本市场逐渐进入国际主要基准指数

随着资本市场国际化程度的不断提高，国际主要基准指数为增强其代表性，陆续将中国股票和债券纳入其中。

在股票市场方面，全球三大指数公司相继将A股纳入其旗下指数。

首先是摩根士丹利资本国际公司（MSCI），从2018年6月开始将中国A股纳入MSCI新兴市场指数和全球基准指数。首次纳入分两次完成，初始适应期的纳入比例为2.5%，对应MSCI新兴市场指数市值权重为0.37%，到2018年9月初纳入比例提升至5%，对应权重为0.73%。在此基础上，MSCI在2019年3月决定进一步调高A股在MSCI新兴市场指数中的权重，在同年5月、8月和11月分三步把A股的纳入因子从5%提升至20%：第一步将指数中现有的大盘A股纳入因子从5%提升至10%，同时以10%的纳入因子纳入

① 这里所说的红筹企业，是指注册地在境外、主要经营活动在境内的企业。存托凭证是指由存托人签发、以境外证券为基础在中国境内发行、代表境外基础证券权益的证券。

创业板大盘A股；第二步把所有大盘A股纳入因子从10%提高至15%；第三步把所有大盘A股纳入因子从15%提高至20%，同时将中盘A股（包括符合条件的创业板股票）以20%的纳入因子纳入指数。三步完成后，MSCI新兴市场指数的预计成分股中有253只中国大盘A股和168只中国中盘A股（包括了27只创业板股票，其中大盘A股中有12只创业板股票，中盘A股中有15只创业板股票），这些 A 股在此指数中的预计权重将上升至3.3%。

与此同时，全球第二大指数编制公司富时罗素（FTSE Russell）宣布从2018年9月将A股纳入其富时罗素全球股票指数系列（FTSE GEIS），分类为次级新兴市场（secondary emerging market），第一阶段分三步实施：2019年6月纳入20%，2019年9月纳入40%，2020年3月纳入40%。

此外，2018年12月末，标普道琼斯（S&P DJI）宣布将符合条件的、涵盖在“沪港通”“深港通”中的“北向通”中的A股标的纳入其全球基准指数，分类级别为新兴市场（emerging market），在2019年9月23日市场开盘前生效，纳入因子为25%，占比为0.57%，总计1241家A股上市公司入选。

在债券市场方面，全球主要债券指数供应商也开始将中国债券纳入旗下指数。其中，彭博公司已于2019年4月正式将人民币计价的中国国债和政策性银行债券纳入其旗舰指数彭博巴克莱全球综合债券指数（BBGA）。将在20个月内分步完成，第一个月将纳入中国债券在指数中应占比重的5%，之后每个月会再增加5%。完全纳入后，人民币债券资产将在该指数总市值中占6%，成为这一指数内继美元、欧元、日元之后的第四大货币债券。全球另外两大主流债券指数花旗（富时）全球政府债券指数（WGBI）和摩根大通政府债券指数–全球新兴市场多元化债券指数（GBI–EM GD）也在考虑纳入中国债券。

在国际主流指数编制商纷纷接纳中国股票和债券的背景下，不但跟踪这些指数的被动投资资金将大幅进入中国资本市场，而且主动投资中国市场的增量资金也将大量流入中国资本市场，从而进一步提高中国资本市场的开放度，由此形成良性循环的局面。

（四）境外投资者加大配置人民币资产力度

在新一轮资本市场开放等因素的带动下，境外投资者显著增持人民币资产。根据中国人民银行公布的数据，截至2018年末，外资持有的人民币金融资产总量为4.85万亿元，比2016年末增加1.82万亿元，比2017年末增加0.56万亿元。在四项资产中，2016—2018年间增长显著的是股票和债券。分项数据表明，2018年末，外资持有股票1.15万亿元，比2016年末增加0.5万亿元，但比2017年末减少0.02万亿元；外资持有债券1.71万亿元，比2016年末增加0.86万亿元，比2017年末增加0.51万亿元（见图7–29）。由此可以看出，债券是这两年规模增加最大的资产类别，2018年这一态势更加明显。这也使得资产配置结构发生了较大的变化：2018年末，债券占比达到35%，全年提升7个百分点；而股票占比为24%，全年下降3个百分点。两者的差距由1个百分点明显拉大至11个百分点（见图7–30）。

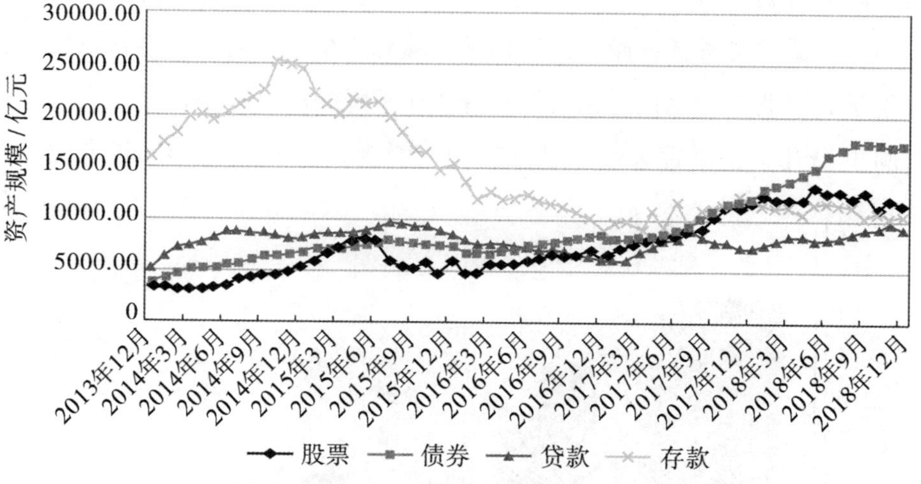

图7–29　境外机构和个人持有境内人民币金融资产规模变动情况

资料来源：中国人民银行。

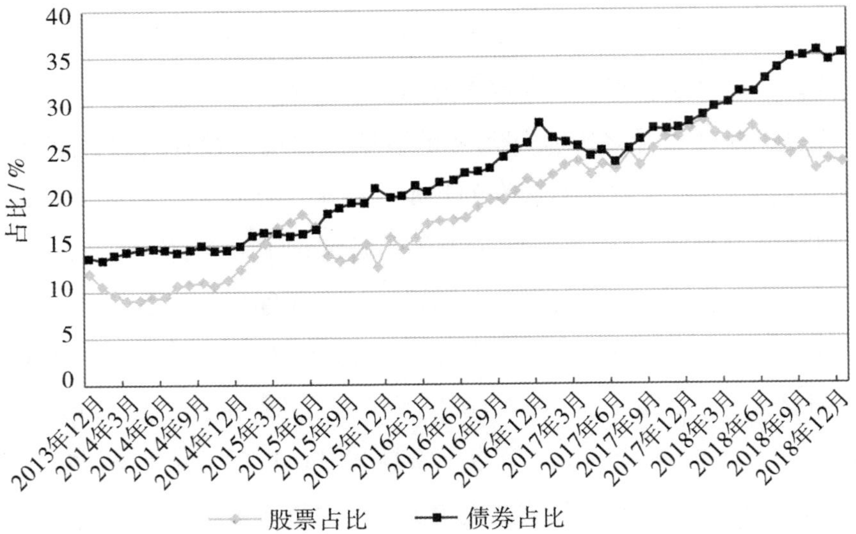

图7-30 境外机构和个人持有境内人民币金融资产结构变动情况

资料来源：根据中国人民银行的资料计算得到。

进一步分析2018年境外机构所大量增持的债券的券种结构，可以看出，国债占到了八成以上，这与偏好中长期资产的境外央行的配置行为密切有关。通过此番增量操作，2018年底境外机构所持有的债券存量结构也发生了此消彼长的变化：在其他券种占比下降的同时，国债占比在一年的时间里提升了10个百分点（见图7-31）。在此基础上，2018年末境外机

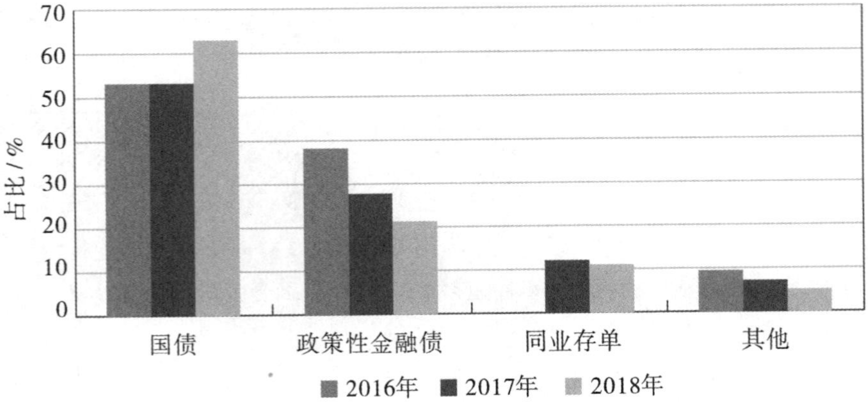

图7-31 境外机构持有境内人民币债券的存量结构变化

资料来源：WIND。

构持有的国债规模在整个国债市场中的占比达到8%，分别比2017年末和2016年末上升了3个百分点和4个百分点。

在境外主体大量投资境内金融市场的背景下，国际收支平衡表中证券投资账户负债端（境外对我国证券投资）显著顺差，带动证券投资净额大幅增加，2018年达到历史高点，同比增加2.6倍（见图7-32），由此也成为支撑非储备性质金融账户顺差的重要因素，2018年证券投资顺差的规模已经与直接投资顺差基本相当（见图7-33）。

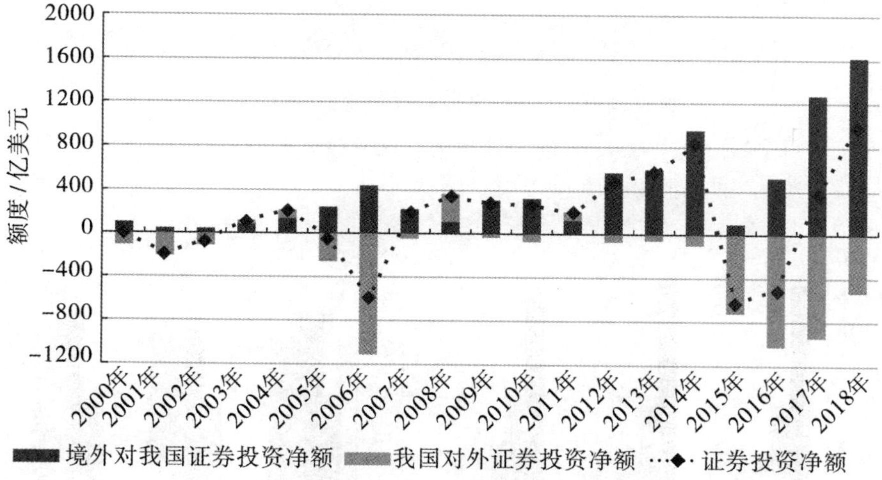

图7-32 跨境证券投资净额

注：我国对外证券投资正值表示减持对外股权或债券，负值表示增持对外股权或债券；境外对我国证券投资正值表示增加对国内股权或债权投资，负值表示减少对国内股权或债券投资。

资料来源：国家外汇管理局《2018年中国国际收支报告》。

2018年，中国资本市场中的外资占比依然偏低。在境内债券市场（含银行间和交易所市场）总规模中，2018年末我国外资持债占比为2.1%，低于美国的25%、日本的12%、韩国的6%和巴西的5%。在境内流通股票市值中，2018年末我国外资持股占比为3.5%，而美国外资持股占其股市总份额的15%，日本占比为30%，韩国占比为33%，巴西占比为21%

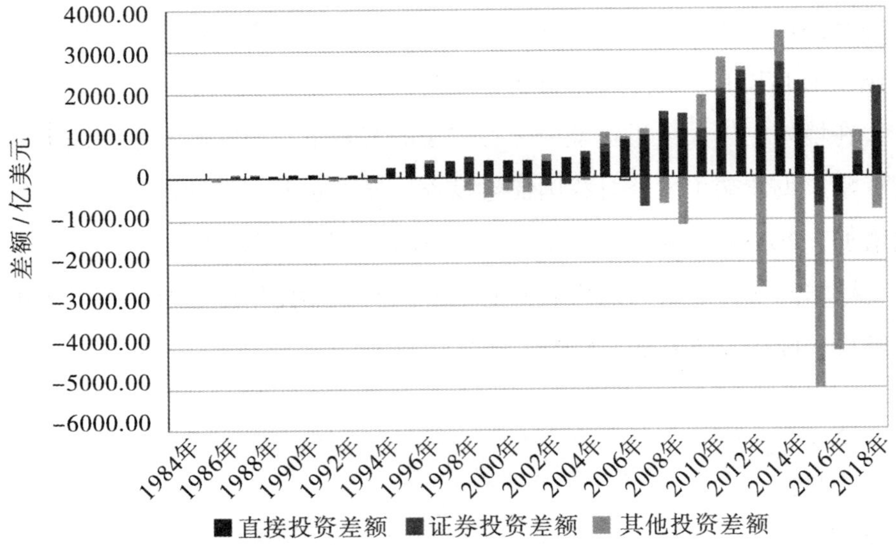

图7–33　非储备性质金融账户差额细项分解

资料来源：国家外汇管理局。

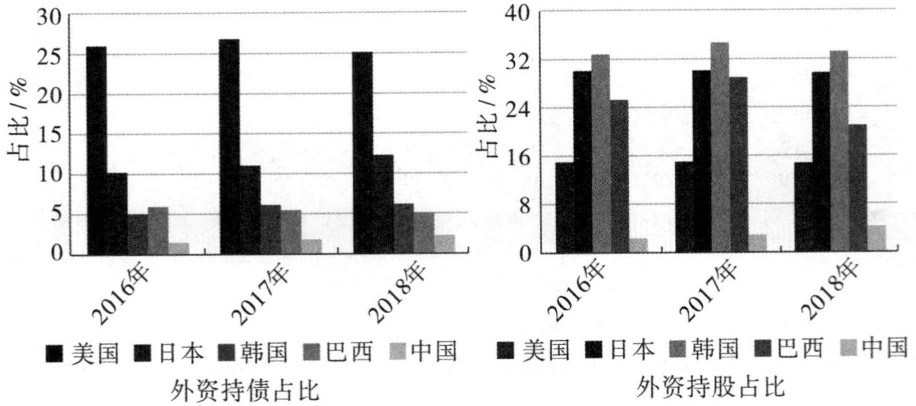

图7–34　外资持有债券和股票占比的国际比较

注：日本的2018年末外资持股占比使用2018年末IIP（国际投资头寸）负债方的股权证券项目；日本、韩国、巴西的2018年末外资持债占比采用三季度末的数据代替，其中，日本外资持债金额为IIP负债方的债务证券项目。

资料来源：国家外汇管理局《2018年中国国际收支报告》。

（见图7–34）。由此可见，中国外资持有债券和股票占比，无论是与美国和日本等发达国家相比，还是与韩国和巴西等新兴市场国家相比，都存在不小差距，未来还有较大的提升空间。

（五）进一步提升境内外主体跨境证券投融资的自由度和便利度

一是完善合格机构投资者制度。国家应进一步放宽准入条件，增加投资者类型，尤其是引进更多中长期投资者。同时，应扩大投资范围，提高投资额度，未来应逐步弱化在资格和额度方面的审批。此外，合格境内有限合伙人（QDLP）和合格境内投资企业（QDIE）两个试点分别于2013年10月和2014年12月启动。QDLP上海试点额度已扩大到50亿美元，QDIE深圳试点额度也已扩大到50亿美元。与QDII相比，QDLP和QDIE在主体资格和投资范围方面均有所突破。在主体资格方面，不再局限于特定金融机构，私募机构和创投机构等都可参与；在投资范围方面，对境外投资的地域、品种、比例等均无特定限制，除了证券类投资标的，还可投资境外非上市公司股权、对冲基金及不动产等。QDLP和QDIE这两种制度安排作为境内资金投资境外的另一渠道，还有进一步扩展的空间。

二是扩展证券市场基础设施境内外联通的覆盖范围，尤其是加快推进股票市场的“沪伦通”，即上海证券交易所与伦敦证券交易所的互联互通，尽早实现国内资本市场与西方发达市场的首次联通，丰富境内投资者标的选择，引入更多的全球投资者参与中国资本市场。

三是放松境外机构在境内资本市场上的融资限制。在股票市场方面，允许境外机构在境内交易所发行股票；在债券市场方面，便利境外机构在境内发行债券及货币市场工具。

四是促进个人资本交易项目开放。放宽境内个人对外投资的过度管制，实质性启动合格境内个人投资者境外投资制度，探索更多境内居民以自有外汇或人民币购汇直接投资境外资本市场的渠道。

此外，也需进一步畅通境外主体直接投资A股的渠道。

三、逐步实现人民币资本项目可兑换

自1996年中国取消所有经常性国际支付和转移的限制、达到《国际货币基金组织协定》第八条款的要求、实现人民币经常项目完全可兑换之后，就基本按照先流入后流出、先直接投资后证券投资、先机构投资者后个人投资者、先长期后短期的顺序渐次开放资本项目交易。虽然在1997年的亚洲金融危机和2008年的全球金融危机期间一度放缓了资本账户开放的步伐，但整体上来说资本项目可兑换进程稳步推进，尤其是在几个重要时间节点上推进的力度尤其明显，包括2001年加入WTO后资本账户开放逐步加快；2005年汇率形成机制改革后，外汇管理方式由过去的“宽进严出”逐步向流入流出“双向均衡”的框架转变，逐步放宽企业和个人持有和使用外汇的行政管制；2012年开启新的发展阶段之后，证券投资领域的资本项目开放呈加速趋势；2017—2018年在金融开放全面提速的背景下，境内外双向投融资渠道进一步扩大。

随着中国循序渐进地放松跨境资本在交易和汇兑环节的管制，资本项目可兑换程度也在逐步提升。国际货币基金组织（IMF）将资本和金融账户划分为7个大类、11个大项和40个小项。7个大类主要包括资本和货币市场工具、衍生工具与其他工具、信贷业务、直接投资、直接投资清盘、不动产交易、个人资本交易等。在这7个大类中，就中国现阶段的发展状况来说，资本管制程度最低的项目主要集中在直接投资、直接投资清盘、信贷业务方面；资本管制程度居中的项目主要集中在资本市场工具和不动产交易方面；资本管制程度较高的项目主要集中在货币市场工具、衍生品及其他工具、个人资本交易方面。根据IMF公布的《2017年汇兑安排与汇兑限制年报》对各国资本管制状况的评估，中国都存在不同程度的交易管制（见表7-3）。而根据中国人民银行和国家外汇管理局对40个小项的评估，截至2017年底，有34个小项实现了全部或部分可兑换，其中实现完全可兑换的小项有7个，实现部分可兑换的小项有27个。这就意味着，85%的小项交易已经实现了不同程度的可兑换。而完全不可兑换的小项还有6个，主要涉及衍生品交易、非居民在境内一级市场发行股票、个人外币贷款等。

表7-3　中国与主要发达国家资本管制情况对比

	国家数/个	中国	美国	英国	法国	德国	日本
对资本市场证券交易的管制	155	·	·	·	·	·	·
对货币市场工具的管制	124	·	·	·	·	·	
对集体投资类证券的管制	126	·	·	·	·	·	
对衍生工具和其他交易工具的管制	104	·	·			·	
商业信贷	88	·					
金融信贷	115	·				·	
担保、保证和备用融资工具	77	·	·				
对直接投资的管制	153	·	·	·	·	·	·
对直接投资清盘的管制	38	·					
对不动产交易的管制	145	·	·	·		·	
对个人资本流动的管制	97	·					
专用于商业银行和其他信贷机构的条款	174	·		·	·	·	
专用于机构投资者的条款	151	·	·	·	·	·	

注："·"表示未放开。

资料来源：国际货币基金组织公布的《2017年汇兑安排与汇兑限制年报》。

伴随着资本项目的不断开放，人民币在国际货币体系中的地位也有所提升。2016年10月1日，人民币正式纳入特别提款权（SDR）货币篮子，进入世界主要储备货币之列，初始权重为10.92%，位列第三位，低于美元的41.73%和欧元的30.93%，但高于日元的8.33%和英镑的8.09%。在初始权重中，金融因素的贡献还比较小，绝大部分的贡献因子来自贸易变量（出口规模）。截至2018年末，根据IMF公布的官方外汇储备货币构成（COFER）数据，全球已分配官方外汇储备资产约为10.73万亿美元，其中人民币资产约为2027.9亿美元，占比升至1.89%，创IMF2016年10月报告人民币储备资产以来的最高水平，在两年的时间里共提升了0.82个百分点，在份额上已经超过澳元的1.62%和加元的1.84%（见图7–35）。当然，也可以看出，人民币对美元、欧元等国际主要储备货币的核心位置还远未构成挑战。

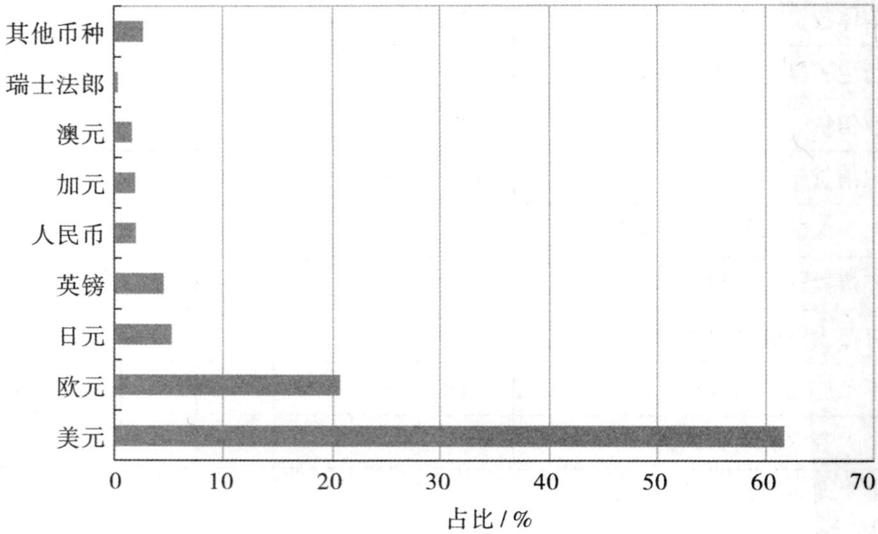

图7–35　2018年全球官方外汇储备货币构成

资料来源：国际货币基金组织。

为了提高跨境资本和金融交易可兑换程度：一方面要进一步推动不可兑换项目的开放；另一方面也要提高一些可兑换项目的便利化程度，减少行政审批，实行负面清单管理。比如，在提高汇兑环节便利性方面，可逐步放松集合类证券投资的总额度管理等限制性举措。而在提高交易环节便利性方面，可逐步简化直接投资、外债的备案或审批管理流程等。

应当指出的是，人民币资本项目开放的目标应为“有管理的可兑换”[①]，也就是说，实现人民币资本项目可兑换之后，并不意味着跨境资本可以完全自由地流入流出，而是还要对资本项目交易保留适当程度的管

① 这是中国人民银行原行长周小川在2015年举行的第31届国际货币与金融委员会系列会议上提出的理念。

理，尤其要防范过度投机性的短期跨境资本流动（即热钱）所引发的金融体系的系统性风险，使得风险管控能力与开放程度相匹配。

需要强调的是，对于资本项目管理的方法，应该进行改革，总的原则是更多采用市场化的管理手段，弱化行政性的管理手段。具体可从三个方面着力。

一是完善跨境资本流动宏观审慎管理框架。应尽量减少额度管理等数量型管理工具的使用，更多采用托宾税、风险准备金等价格型政策工具，以市场化方式进行逆周期调控，防范跨境资本流动冲击过程中的顺周期波动和风险跨市场传染。特别地，宏观审慎调节机制应重点用于对短期跨境资本流动的管理，加强风险监测与预警，降低波动性。

二是改进跨境资本流动微观审慎监管框架。应着眼于维护金融安全，在涉及反洗钱、反恐怖融资和反逃税的跨境交易方面加强资本流动管控，但要保持政策方向和力度的稳定性、动态时间的一致性和可预期性。同时，应创新管理方式，实现从事前审核向事中事后监管的转变。

三是在特殊情况下，可采取临时性资本管制措施。可以看到，IMF对资本项目可兑换的认识在2008年全球金融危机爆发前后发生了一些改变。全球金融危机爆发之前，IMF比较强调资本自由流动在优化全球资产配置和分散投资风险方面的积极效应，认为这有利于缩小资本流入国与资本流出国之间投资回报率的缺口。但全球金融危机爆发之后，在一些新兴经济体中，资本账户开放过程中大规模、不稳定的跨境资本流动对宏观经济和金融稳定带来了比较严重的冲击，尤其是短期跨境资本流动的突然逆转加剧了资产价格的波动性和金融体系的脆弱性。鉴于资本项目开放的潜在风险可能大于收益，2010年前后IMF提出实现资本项目可兑换的国家在需要时也可以实施一定程度的资本流动管理举措以实现金融稳定的目标。中国可以遵从这一原则，但要尽量减少资本管制可能带来的市场扭曲。鉴于上文提到的IMF的评估表明中国资本流动管理比大多数发达经济体资本流动管理都要严格，因此未来在基本政策取向上还是要逐步放开资本管制。

第六节　深化金融监管体制改革

改革开放伊始，中国人民银行在专门履行货币当局职能的同时也承担起对专业银行和其他金融机构的业务活动进行监督和管理的职能，由此形成了以中国人民银行为唯一监管者的集中监管体系。

1992年确立社会主义市场经济体制的改革目标后，中国金融监管体制经历了从统一监管到分业监管的历史性变迁。行业拆分的改革，分散了中国人民银行的监管权限，进而打破了高度集中的传统架构。首先是在证券业监管方面，成立国务院证券委员会和中国证券监督管理委员会，两者于1998年合并，负责对全国证券期货市场的统一监督管理。之后是在保险业监管方面，1998年成立中国保险监督管理委员会，负责对全国保险市场进行统一监督管理。最后是在银行业监管方面，2003年将中国人民银行对银行、金融资产管理公司、信托投资公司及其他存款类金融机构的监管职能分离出来，并和中央金融工委的相关职能进行整合，成立中国银行业监督管理委员会，负责对银行业金融机构进行统一监督管理。在此基础上，确立了银监会、证监会、保监会“分业经营、分业监管”的格局。在金融监管职责调整后，中国人民银行基本上只保留了对银行间市场、货币市场、外汇市场、票据市场、黄金市场等金融市场及上述市场有关场外衍生产品的监管权力。由此形成了三个行业监管机构和中国人民银行并立的“一行三会”金融监管体系。

多个监管机构分立的局面在持续多年之后逐渐暴露出一些问题，特别是在金融业态发生重大变化的情况下，原有监管框架隐藏的矛盾更加突出，迫切需要推进新一轮金融监管体制改革。

一、强化统一协调监管

近年来，随着金融业综合性混业经营趋势日益明显，原有的具有某种碎片化特征的分业监管体制已经无法适应这一变化，因此需要加强不同监管部门之间的统筹协调。在此背景下，2017年召开的第五次全国金融工作会议提出设立国务院金融稳定发展委员会，将其作为国务院统筹协调金融稳定和改革发展重大问题的议事协调机构，以提高金融监管协调的权威性，提高金融监管的专业性、统一性。与此同时，2018年在新一轮国务院机构改革中，将中国银行业监督管理委员会和中国保险监督管理委员会的职责整合，组建中国银行保险监督管理委员会，统一监督管理银行业和保险业。此次改革的一个重要诉求是解决现行体制中存在的监管职责不清晰、交叉监管和监管空白等问题，强化综合监管，优化监管资源配置，更好统筹系统重要性金融机构监管。

为进一步改变分业监管模式下以机构监管为主、相互缺乏协调的局面，还应逐步强化功能监管，同时更加重视行为监管。在这方面，英国的“双峰监管”模式值得参考。

新一轮全球金融危机后，鉴于原有金融监管体制的内在缺陷逐步暴露，英国决定对财政部、英格兰银行和金融服务管理局的三方监管框架进行改革。其中的一个重要举措是，在区分微观审慎监管与行为监管的基础上加强监管协调配合。按照这一思路，首先在机构设置上，将金融服务管理局拆分为两个不同的监管机构：一个是审慎监管局，最初附属于英格兰银行，后整合进入英格兰银行内部，主要负责对1500家存款机构、保险公司和大型投资机构实施微观审慎监管，以确保金融机构的稳健性与安全性；另一个是金融行为监管局，作为向财政部和议会负责的独立机构，主要负责对58000家金融服务企业进行统一的行为监管，并对其中的18000家金融服务企业进行微观审慎监管，旨在保护金融消费者合法权益、促进金融市场的良好运行。由此形成两大监管机构并立的所谓“双峰监管”架构。在此基础上，为确保“双峰”之间保持有效的信息共享与沟通，两大监管机构还采取了多种制度安排，包括签署监管备忘录、定期举办监管联席会议、参加对方董事会等，以避免监管分割，消除监管盲区。

应该说，英国的这一新型金融监管体制顺应了现代金融的发展趋势，符合现代金融的发展特点。相比之下，目前中国微观领域的审慎监管和行为监管还是由银保监会、证监会等行业监管机构统一负责（尽管在监管机构内部有所区分），接下来可考虑逐步向这种职责清晰、分工明确且有序合作的“双峰监管”模式过渡，以建立针对各类投融资行为的功能监管框架和切实保护金融消费者合法权益的行为监管框架，实现金融风险监管全覆盖。

二、分离行业发展与监管职能

在现有的分业监管模式下，监管机构在自身定位和行为取向的认知上往往存在一定的偏差，认不清行业监管机构与行业主管部门的边界，分不清监管目标与发展目标的界限。通常情况下，监管机构在对相关行业进行监管的同时，也对行业发展给予了较多的关注，包括负责制定并实施所监管行业的发展规划等。这种集监管与发展于一身的双重职能属性，不可避免地带来了利益矛盾与目标冲突。特别是当监管机构对行业发展目标赋予了更大权重的情况下，容易引发监管竞争和监管缺位，损害监管有效性，危及金融稳定。

为剥离监管机构的金融发展职能，2018年在推行机构改革的过程中，将中国银行业监督管理委员会和中国保险监督管理委员会拟定银行业、保险业重要法律法规草案和审慎监管基本制度的职责划入中国人民银行，这有利于确保相关监管机构专注于监管执行、减少监管执行机构的自由裁量权和压缩其寻租空间、防范目标偏离和利益冲突。接下来，这方面的调整任务依然比较艰巨。

近年来出现的一些局部金融风险，与不同监管机构趋于放松监管标准，出现某种程度的“竞次”趋势即所谓打到底线的竞争，不无关系。这方面最为突出的表现就是在资产管理业务领域。从本质上说，银行非保本理财产品，信托公司、证券公司、证券公司子公司、基金管理公司、基金管理公司子公司、期货公司、期货公司子公司、保险资管机构、金融资产投资公司发行的资管产品，都是接受投资者委托，对受托的投资者的财产进行管理。但实际上，不同行业金融机构开展资管业务，通常按照机构类型使用不同的监管标准和运作规则。银保监会和证监会针对同一资产管理行为可能有不同的监管规定。比如，各行业在资管产品的风险准备金计提或资本计量要求方面就有着明显的区别：银行实行资本监管，按照理财业务收入计量一定比例的操作风险资本；证券公司资管计划、公募基金、基金管理公司子公司特定客户资管计划、部分保险资管计划按照管理费收入计提风险准备金，但比例不一；信托公司则按照税后利润的5%计提信托赔偿准备金。同类资管业务的监管规则和标准有较大的差异，这不仅造成了市场分割和非充分竞争，而且带来了显著的监管套利空间。

为化解这一矛盾，以2018年出台的资管新规《关于规范金融机构资产管理业务的指导意见》为标志，金融监管体制进行了适应性的调整：一方面是尽力做到对各类金融机构开展资管业务的全面覆盖，另一方面是按照产品类型而非机构类型实施统一规制。后一方面的调整尤为关键。具体来说，就是在基于业务功能对资管产品进行分类的基础上，对同类型产品作出一致性规定，使用统一的监管标准和运作规则，实行公平的市场准入待遇。这种以大类资管产品作为监管对象，替代过往的分行业监管模式的做法，有利于减少监管真空和监管套利。

当然，也应看到，目前的资管业务中，在净资本制度上仍然存在差异，导致资本占用未能实现完全统一。应该说，经过前期的集中整肃，理财子公司、信托公司、券商资管子公司、基金管理公司子公司都已经有了明确的净资本要求，但与净资本的标准还是有所不同。这种情况依然可能诱发监管套利行为，导致净资本消耗小的机构继续为净资本消耗大的机构充当通道。因此，未来还应在净资本约束上进一步实现统一，最大限度地消除套利空间。

三、强化中国人民银行宏观审慎管理和系统性风险防范职责

2008年全球金融危机后，国际上金融监管领域的重大改革动向是确立中央银行在维护金融稳定中的核心地位。这一改革动向的确立，有着深刻的历史背景与原因。可以看到，危机之后，各国对于系统性金融风险的防范与化解给予了高度关注，但对于单个领域监管部门而言，由于其发挥作用的范围有限，已经无法胜任这一任务，需要有机构站在全局稳定的高度，牵头制定重大金融监管规则，尤其是涉及跨部门、跨市场的交叉性金融产品和关联性金融业务的监管规则，同时密切监测整个金融体系的运行，识别可能引发风险的潜在不稳定趋势，并组织采取行动进行应对。在这方面，中央银行无疑具有不可替代的核心作用，而这与其承担最后贷款人责任的天然属性密切相关。危机期间的实践表明，中央银行要有效开展对金融机构和市场的流动性救助，必须被赋予必要的金融监管权力，配备必要的监管工具，以便充分获取整个金融体系相关风险的监管信息。只有实现了中央银行救助责任与权力的对等，确保其危机处置的权威性和执行力，才能提高中央银行行动的及时性和有效性，降低介入成本。

正是在此背景下，2008年全球金融危机之后主要经济体都在着手构建完整有效的宏观审慎管理体制。英国“超级央行”模式就是这方面的典型代表。英国在对金融监管体制进行全面改革的过程中，除了构造上述“双峰监管”模式外，还在构建一个集货币政策、宏观审慎管理、微观审慎监管于一身的强有力的中央银行。目前英格兰银行下设三个专业委员会，除了货币政策委员会负责制定和实施货币政策外，2008年全球金融危机后设立的金融政策委员会和审慎监管委员会分别负责宏观审慎管理和微观审慎监管。三者相互独立运作又密切配合。在这种架构下，中央银行既直接

承担“双峰”中的微观审慎监管职能，又通过宏观审慎管理职能统筹“双峰”中的微观审慎监管与金融行为监管。在保持个体金融机构稳健运行的同时，确保整个金融系统稳健运行。

自实施供给侧结构性改革以来，国内也在逐步强化中国人民银行统筹监管系统重要性金融机构和金融控股公司，统筹监管重要金融基础设施，统筹履行金融业综合统计的“三个统筹”职责。第五次全国金融工作会议也专门就加强中国人民银行在宏观层面的金融监管职能作了部署。根据2019年最新出台的《中国人民银行职能配置、内设机构和人员编制规定》，国务院金融稳定发展委员会办公室设在中国人民银行，负责提出系统性金融风险防范处置和维护金融稳定重大政策建议。中国人民银行的主要职责包括：牵头建立宏观审慎管理框架，制定审慎监管基本制度，建立健全金融消费者保护基本制度，负责宏观审慎管理；牵头负责系统性金融风险防范和应急处置，负责金融控股公司等金融集团和系统重要性金融机构基本规则制定、监测分析和并表监管；牵头组织制定实施系统重要性金融机构恢复和处置计划；牵头负责跨市场跨业态跨区域金融风险识别、预警和处置，负责交叉性金融业务的监测评估；牵头负责重要金融基础设施建设规划并统筹实施监管；统筹金融业综合统计；牵头制定统一的金融业综合统计基础标准和工作机制。同时在内设机构上，增设宏观审慎管理局。由此可见，以央行为核心的宏观审慎管理框架逐步确立。

当然，对比英国模式，目前中国人民银行并不直接负责微观审慎监管工作，最多只是部分参与其中。未来如何进一步加强宏观审慎管理与微观审慎监管之间的联结，形成互为补充的监管合力，仍然是一个有待破解的问题。

除了上述三大改革任务外，在金融监管体制的纵向配置方面，即中央与地方两级金融监管体系的优化方面也需要进一步推出相关举措。此前为尽力避免地方政府对本地金融业活动的过度干预，在金融监管体制安排上逐步形成了垂直化管理的集权模式，由此导致分配给地方政府的金融风险控制的责任较小，进而形成地方发展激励和风险控制不对等的局面，加剧中央和地方之间激励不相容的矛盾。为改变这一状况，未来应在合理界定中央和地方金融监管职责的基础上，通过权责的适度下移，强化地方监管责任，提升地方监管能力，维护属地金融稳定，真正做到促进地方金融发展与区域内金融风险防范的合理匹配。

参考文献

[1] 肖. 经济发展中的金融深化 [M]. 王巍，毛晓威，穆怀朋，译. 北京：中国社会科学出版社，1989.

[2] 戈德史密斯. 金融结构与金融发展 [M]. 周朔，等译. 上海：上海人民出版社，1996.

[3] 麦金农. 经济发展中的货币与资本 [M]. 卢骢，译. 上海：上海人民出版社，1997.

[4] 麦金农. 经济市场化的次序：向市场经济过渡时期的金融控制 [M]. 周庭煜，译. 上海：上海人民出版社，1997.

[5] 格利，肖. 金融理论中的货币 [M]. 贝多广，译. 上海：上海人民出版社，1994.

[6] 纪志宏. 金融市场创新与发展 [M]. 北京：中国金融出版社，2018.

[7] 陆磊. 金融机构改革的道路抉择 [M]. 北京：中国金融出版社，2018.

[8] 徐忠. 有效的金融监管体系探讨 [J]. 清华金融评论，2018（8）：16–18.

[9] 张明. 改革开放四十年来中国国际收支的演变历程、发展趋势与政策涵义 [J]. 国际经济评论，2018（6）：38–51，4–5.

［10］张晓慧．稳步推进利率市场化改革［J］．中国金融，2013（16）：43-46.

［11］周小川．大型商业银行改革的回顾与展望［J］．中国金融，2012（6）：10-13.

［12］周小川．金融改革发展及其内在逻辑［J］．中国金融，2015（19）：11-17.

［13］朱隽．金融业开放和参与全球治理［M］．北京：中国金融出版社，2018.

［14］ALLEN F，QIAN J，Gu X. An overview of China's financial system［J］. Annual review of financial economics，2017，9（1）：191-231.

［15］ALLEN F，QIAN J，ZHANG C，et al. China's financial system：opportunities and challenges［M］. Chicago：Univ. of Chicago Press，2011：63-148.

［16］ALLEN W T，SHEN H. Assessing China's top—down securities markets［M］. Chicago：Univ. of Chicago Press，2011：149-195.

［17］CARPENTER J N，WHITELAW R F. The development of China's stock market and stakes for the global economy［J］. Annual review of financial economics，2017，9（1）：233-257.

［18］CHARLES C L KWONG，TERESA S C POON. On the path to liberalization：emerging issues of China's banking reform after global financial crisis［J］. The Chinese economy，2019，52（2）：125-127.

［19］DERBALI A. Systemic risk in the Chinese financial system：measuring and ranking［J］. The Chinese economy，2017，50（1）：34-58.

［20］CHEUNG E C，NG C M，MA YC. The multi-faceted effects of partial interest rate liberalization in China［J］. The Chinese Economy，2019，52（2）：171-191.

[21] GORDON R H, LI W. Government as a discriminating monopolist in the financial market: the case of China [J]. Journal of public economics, 2003, 87 (2): 283-312.

[22] SARA H. Feasibility of China's financial reforms [J]. The Chinese economy, 2019, 52 (2): 192-202.

[23] MA Q. Contribution of interest rate control to China's economic development [J]. Journal of Chinese economic and business studies, 2017, 15 (4): 325-352.

[24] SHIH V. "Goldilocks" liberalization: The uneven path toward interest rate reform in China [J]. Journal of East Asian studies, 2011, (11): 437-465.

[25] SUN L. Quantifying the effects of financialization and leverage in China [J]. The Chinese economy, 2018, 51 (3): 209-226.

[26] XU B, VAN RIXTEL, A, VAN LEUVENSTEIJN M. Measuring bank competition under binding interest rate regulation: The case of China [J]. Applied Economics, 2016, 48 (49): 4699-4718.

后 记

在中国经济由高速增长阶段转向高质量发展阶段的背景下，作为跨越关口的迫切要求和发展的战略目标，加快完善社会主义市场经济体制、建设现代化经济体系的意义日益凸显。

社会主义市场经济体制往什么方向走，是一个带有根本性的问题。本书基于加快建设现代化经济体系的目标而对加快完善社会主义市场经济体制之路的探索，无论从哪个方面看，都是一个十分庞大的课题，涵盖了从产权制度、要素市场、国有资产、公平竞争、市场准入、区域协调、财税体制、金融体制到宏观调控等方方面面，内涵十分丰富，涉及问题繁多。

本书是在共同讨论确立主题和写作大纲的基础上，由高培勇、常欣、杨新铭分别执笔完成的。其中，高培勇执笔导言、第六章，常欣执笔第五章、第七章，杨新铭执笔第一章、第二章、第三章、第四章。全书由高培勇总纂。

我们自知，迄今为止，本书所完成的工作，还只能算是一次初步探索。我们诚恳地期待着来自广大读者和专家的批评指正。